银/行/业/专/业/人/员/职/业/资/格/考/试/教/材

公司信贷
（初、中级适用）

银行业专业人员职业资格考试命题研究组 编

扫描二维码
获取天一网校APP

关注天一金融课堂
获取增值服务

西南财经大学出版社
Southwestern University of Finance & Economics Press
中国·成都

图书在版编目(CIP)数据

公司信贷:初、中级适用/银行业专业人员职业资格考试命题研究组编．—成都:西南财经大学出版社,2020.12(2023.1重印)

ISBN 978-7-5504-4667-0

Ⅰ.①公… Ⅱ.①银… Ⅲ.①信贷—银行业务—中国—资格考试—自学参考资料 Ⅳ.①F832.4

中国版本图书馆CIP数据核字(2020)第235459号

公司信贷(初、中级适用)

GONGSI XINDAI(CHU ZHONGJI SHIYONG)

银行业专业人员职业资格考试命题研究组 编

责任编辑:冯 梅
责任校对:张 博
封面设计:天 一
责任印制:朱曼丽

出版发行	西南财经大学出版社(四川省成都市光华村街55号)
网 址	http://cbs.swufe.edu.cn
电子邮件	bookcj@swufe.edu.cn
邮政编码	610074
电 话	028-87353785
印 刷	河南承创印务有限公司
成品尺寸	185mm×260mm
印 张	15
字 数	348千字
版 次	2020年12月第1版
印 次	2023年1月第4次印刷
书 号	ISBN 978-7-5504-4667-0
定 价	56.00元

目　录

第一章 公司信贷概述

要点导图

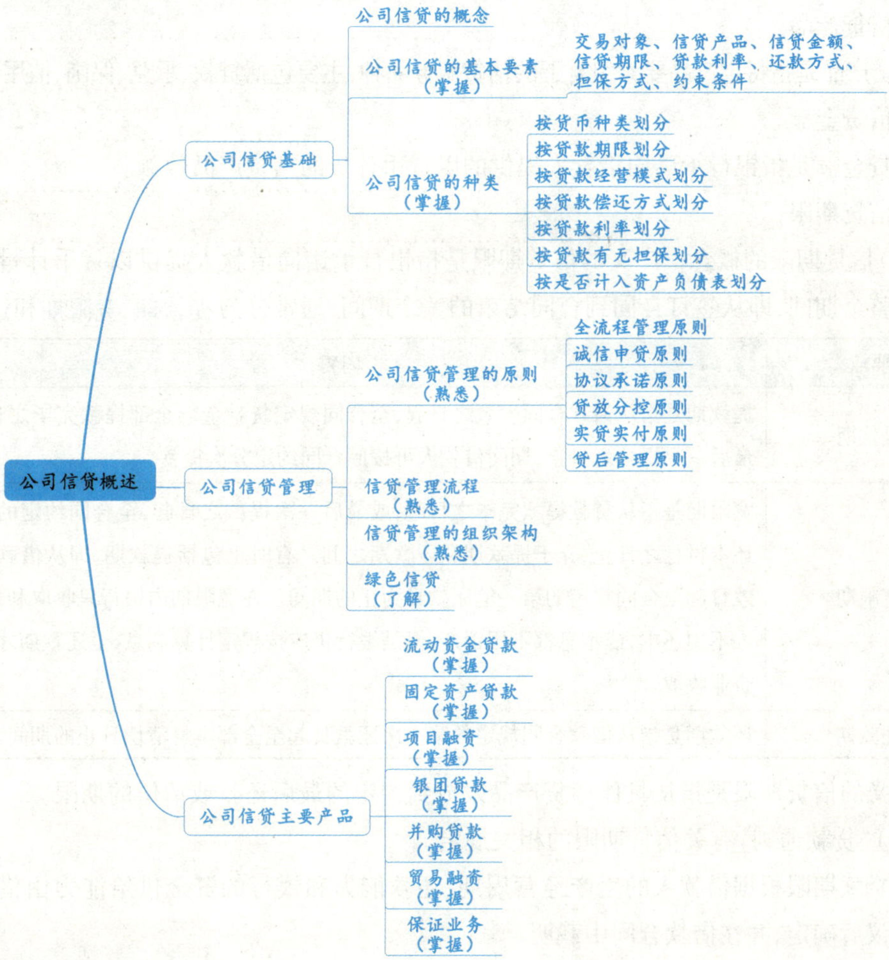

知识解读

一、公司信贷基础

（一）公司信贷的概念

公司信贷是指以银行为提供主体，以法人和其他经济组织等非自然人为接受主体的资金借贷或信用支持活动，主要包括贷款、担保、承兑、信用证、信贷承诺等。

（二）公司信贷的基本要素

公司信贷的基本要素主要包括交易对象、信贷产品、信贷金额、信贷期限、贷款利率和信贷中间业务费率、还款方式、担保方式和约束条件等。

1. 交易对象

公司信贷业务的交易对象包括银行和银行的交易对手，银行的交易对手主要是经市场监督管理部门（或主管机关）核准登记、拥有市场监督管理部门颁发的营业执照的企业法人，事业单位登记管理机关颁发事业单位法人证书的事业法人和其他经济组织等。

2. 信贷产品

信贷产品是指特定产品要素组合下的信贷服务品种，主要包括贷款、承兑、保函、信用证等。

3. 信贷金额

信贷金额是指银行承诺向借款人提供的以货币计量的信贷产品数额。

4. 信贷期限

（1）信贷期限的概念。广义的信贷期限是指银行承诺向借款人提供以货币计量的信贷产品的整个期间，即从签订合同到合同结束的整个期间，通常分为提款期、宽限期和还款期。

要点	内容
提款期	提款期是指从借款合同生效之日起，至合同规定贷款金额全部提款完毕之日止，或最后一次提款之日止，期间借款人可按照合同约定分次提款
宽限期	宽限期是指从贷款提款完毕之日起，或最后一次提款之日起，至合同约定的第一个还本付息之日止，介于提款期和还款期之间。有时也包括提款期，即从借款合同生效日起至合同规定的第一笔还款日为止的期间。在宽限期内银行只收取利息，借款人不用还本，或本息都不用偿还，但是银行仍应按规定计算利息，至还款期才向借款企业收取
还款期	还款期是指从借款合同规定的第一次还款日起至全部本息清偿日止的期间

狭义的信贷期限是指从具体信贷产品发放到约定的最后还款或清偿的期限。

（2）《贷款通则》有关信贷期限的相关规定。

①贷款期限根据借款人的生产经营周期、还款能力和银行的资金供给能力由借贷双方共同商议后确定，并在借款合同中载明。

②纸质商业汇票付款期限为从出票日期起至汇票到期日止，最长不得超过 6 个月，贴现期限为从贴现之日起到票据到期日止。

③自营贷款期限最长一般不得超过 10 年，超过 10 年应当报中国人民银行备案。

④不能按期归还贷款的，借款人应当在贷款到期日之前，向银行申请贷款展期，是否展期由银行决定。

⑤短期贷款展期期限累计不得超过原贷款期限；中期贷款展期期限累计不得超过原贷款期限的一半；长期贷款展期期限累计不得超过 3 年。

（3）电子票据的期限。电子票据较传统纸质票据，实现了以数据电文形式代替原有纸质实物票据、以电子签名取代实体签章、以网络传输取代人工传递、以计算机录入代替手工书写等变化，其期限最长为一年，使企业融资期限安排更加灵活。

5. 贷款利率

(1)贷款利率。贷款利率即借款人使用贷款时支付的资金价格。

贷款利率的种类如下表所示：

要点	内容
按贷款币种的不同分类	①本币贷款利率。 ②外币贷款利率
按借贷关系持续期内利率水平是否变动分类	①浮动利率是指借贷期限内利率随市场利率或其他因素变化相应调整的利率。浮动利率的特点是可以灵敏地反映金融市场上资金的供求状况，借贷双方所承担的利率变动风险较小。 ②固定利率是指在贷款合同签订时即设定好固定的利率，在贷款合同期内，借款人都按照固定的利率支付利息，不需要"随行就市"
法定利率、行业公定利率和市场利率	①法定利率是指由政府金融管理部门或中央银行确定的利率，它是国家实现宏观调控的一种政策工具。 ②行业公定利率是指由非政府部门的民间金融组织，如银行协会等确定的利率，该利率对会员银行具有约束力。 ③市场利率是指随市场供求关系的变化而自由变动的利率

(2)我国贷款利率管理的相关情况。

①人民币贷款基础利率——贷款市场报价利率(LPR)。

2019 年 8 月，中国人民银行发布公告，决定改革完善 LPR 形成机制，LPR 报价方式由参考基准利率改为参考公开市场操作利率，由各报价行按照对最优质客户执行的贷款利率，于每月 20 日(遇节假日顺延)以公开市场操作利率[主要指中期借贷便利(MLF)利率]加点形成的方式报价。经存量贷款转换后，自 2020 年 8 月 31 日起，LPR 成为我国浮动利率贷款的统一定价基准。

目前，LPR 分为 1 年期和 5 年期以上两个期限品种，商业银行发放的 1 年期和 5 年期以上贷款参照相应期限的 LPR 定价，1 年期以内、1 年至 5 年期贷款利率由商业银行自主选择参考的期限品种定价。

商业银行贷款利率按借贷双方共同商定的贷款合同签订日的相应期限 LPR 及加点数值(可为负值)确定，加点数值在合同剩余期限内固定不变。中长期贷款(期限在 1 年以上)合同期内贷款利率调整由借贷双方按商业原则确定，可在合同期内按月、按季、按年调整，每个利率重定价日，利率水平由最近一次相应期限 LPR 与商定的加点数值重新计算确定，也可采用固定利率的确定方式。

贷款展期，期限累计计算，累计期限达到新的利率档次时，自展期之日起，按展期日相应期限 LPR 及加点数值计息；达不到新的利率档次时，按展期日的原档次利率计息。

逾期贷款或挤占挪用贷款，从逾期或挤占挪用之日起，按罚息利率计收罚息，直到清偿本息为止，对不能按时支付的利息，按罚息利率计收复利。

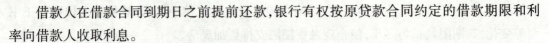

借款人在借款合同到期日之前提前还款，银行有权按原贷款合同约定的借款期限和利率向借款人收取利息。

②外汇贷款利率。

要点	内容
外汇贷款利率档次	外汇贷款利率在我国已经实现市场化。国内商业银行通常以国际主要金融市场的利率为基础确定外汇贷款利率

③利率表达方式。

要点	内容
年利率（年息率）	以年为计息期，一般按本金的百分比表示
月利率（月息率）	以月为计息期，一般按本金的千分比表示
日利率（日息率）	以日为计息期，一般按本金的万分比表示

我国传统的计算利息的标准是分、厘、毫，每十毫为一厘，每十厘为一分。年息几分表示百分之几，月息几厘表示千分之几，日息几毫表示万分之几。

④计息方式。

要点	内容
按计算利息的周期划分	分为按日计息、按月计息、按季计息和按年计息
按是否计算复利划分	分为单利计息和复利计息。单利计息是指在计息周期内对已计算未支付的利息不计收利息；复利计息是指在计息周期内对已计算未支付的利息计收利息

6. 还款方式

还款方式一般分为分次还款和一次性还款，分次还款又有定额还款和不定额还款两种方式。定额还款包括等额还款和约定还款，其中等额还款中通常包括等额本金还款和等额本息还款等方式。

贷款合同应该明确还款方式，借款人必须按照贷款合同约定的还款方式还款。贷款合同中通常规定如借款人不按还款方式还款，则视为借款人违约，银行可按合同约定收取相应的违约金或采取其他措施。还款计划的任何变更须经双方达成书面协议。

7. 担保方式

担保是指借款人无力或未按照约定按时还本付息时的第二还款来源，是审查贷款项目最主要的因素之一。按照《中华人民共和国民法典》的有关规定，典型的担保包括质押、抵押、保证和留置四种方式。在信贷业务中经常运用的是前三种方式中的一种或几种。

8. 约束条件

要点	内容
提款条件	合法授权、政府批准、资本金要求、担保落实、其他提款条件
持续维护条件	财务维持、股权维持、信息交流、其他持续维护条件

典题精练

【例 1 · 多项选择题】贷款的提款条件主要包括（　　）。

A. 合法授权　　B. 政府批准

C. 资本金要求　　D. 担保落实

E. 财务维持

ABCD。【解析】在贷款约束条件中，提款条件主要包括合法授权、政府批准、资本金要求、担保落实和其他提款条件。

【例 2 · 多项选择题】贷款的持续维护条件主要包括（　　）。

A. 信息交流　　B. 政府批准

C. 财务维持　　D. 监管条件落实

E. 股权维持

ACE。【解析】在贷款约束条件中，监管条件主要包括财务维持、股权维持、信息交流和其他持续维护条件。

（三）公司信贷的种类

公司信贷的种类是按一定分类方法和标准划分的信贷类别，划分信贷种类是进行贷款管理的需要，目的在于反映信贷资产的结构和信贷品种的特点。

分类标准	具体分类	内容
按货币种类划分	人民币贷款	人民币是我国的法定货币，以人民币为借贷货币的贷款称为人民币贷款
	外汇贷款	以外汇作为借贷货币的贷款称为外汇贷款。现有的外汇贷款币种有美元、港元、日元、英镑和欧元
按贷款期限划分	短期贷款	短期贷款是指贷款期限在 1 年以内（含 1 年）的贷款
	中期贷款	中期贷款是指贷款期限在 1 年以上（不含 1 年）5 年以下（含 5 年）的贷款
	长期贷款	长期贷款是指贷款期限在 5 年（不含 5 年）以上的贷款
按贷款经营模式划分	自营贷款	自营贷款是指银行以合法方式筹集的资金自主发放的贷款，其风险由银行承担，并由银行收回本金和利息
	委托贷款	委托贷款是指政府部门、企事业单位及个人等委托人提供资金，由银行（受托人）根据委托人确定的贷款对象、用途、金额、期限、利率等代为发放、监督使用并协助收回的贷款
	特定贷款	特定贷款是指国务院批准并对贷款可能造成的损失采取相应补救措施后责成银行发放的贷款
按贷款偿还方式划分	一次还清贷款	一次还清贷款是指借款人在贷款到期时一次性还清贷款本息。短期贷款通常采取一次还清贷款的还款方式
	分期偿还贷款	分期偿还贷款是指借款人与银行约定在贷款期限内分若干期偿还贷款本金。中长期贷款采用分期偿还方式

（续表）

分类标准	具体分类	内容
按贷款利率划分	固定利率贷款	固定利率贷款是指在贷款合同签订时即设定好固定的利率，在贷款合同期内，借款人都按照固定的利率支付利息，不需要"随行就市"
	浮动利率贷款	浮动利率贷款是指贷款利率在贷款期限内随市场利率或法定利率波动按约定时间和方法自动进行调整的贷款
按贷款有无担保划分	抵押贷款	抵押贷款是指以借款人或第三人财产作为抵押发放的贷款。如果借款人不能按期归还贷款本息，银行将行使抵押权，处理抵押物以收回贷款
	质押贷款	质押贷款是指以借款人或第三人的动产或权利作为质押物发放的贷款
	保证贷款	保证贷款是指以第三人承诺在借款人不能偿还贷款时，按约定承担一般保证责任或者连带保证责任而发放的贷款。银行一般要求保证人提供连带责任保证
	信用贷款	信用贷款是指凭借款人信誉发放的贷款
按是否计入资产负债表划分	表内业务	公司信贷的表内业务主要包括贷款和票据贴现
	表外业务	公司信贷的表外业务主要包括保证业务、银行承兑汇票业务和信用证业务等

典题精练

【例 3 · 单项选择题】短期贷款是指期限在（　　）以内的贷款，长期贷款是指期限在（　　）以上的贷款。

A. 1 年;2 年　　B. 1 年;3 年

C. 1 年;5 年　　D. 1 年;7 年

C。【解析】短期贷款是指贷款期限在 1 年以内（含 1 年）的贷款。长期贷款是指贷款期限在 5 年（不含 5 年）以上的贷款。

【例 4 · 多项选择题】按贷款期限划分，公司信贷的种类有（　　）。

A. 短期贷款　　B. 中期贷款

C. 长期贷款　　D. 流动资金贷款

E. 固定资金贷款

ABC。【解析】按贷款期限划分，公司信贷的种类有短期贷款、中期贷款、长期贷款。

本节速览

信贷承诺	公司信贷	担保	贷款期限
还款期	贷款利率	贷款展期	法定利率
市场利率	还款方式	表内业务	表外业务

二、公司信贷管理

（一）公司信贷管理的原则

要点	内容
全流程管理原则	全流程贷款管理原则强调，要将有效的信贷风险管理行为贯穿到贷款生命周期中的每一个环节。银行监管和银行经营的实践表明，信贷管理不能仅仅粗略地分为贷前管理、贷中管理和贷后管理三个环节
实贷实付原则	实贷实付是指银行业金融机构根据借款人的有效贷款需求，主要通过贷款人受托支付的方式，将贷款资金支付给符合合同约定的借款人交易对象的过程。实贷实付原则的关键是让借款人按照贷款合同的约定用途使用贷款资金，减少贷款挪用的风险
诚信申贷原则	诚信申贷主要包含两层含义：一是借款人恪守诚实守信原则，按照贷款人要求的具体方式和内容提供贷款申请材料，并且承诺所提供材料是真实、完整、有效的；二是借款人应证明其信用记录良好、贷款用途和还款来源明确合法等
协议承诺原则	协议承诺原则要求银行业金融机构作为贷款人，应与借款人乃至其他相关各方通过签订完备的贷款合同等协议文件，规范各方有关行为，明确各方权利义务，调整各方法律关系，明确各方法律责任。协议承诺原则通过强调合同的完备性、承诺的法制化乃至管理的系统化，弥补过去贷款合同的不足
贷放分控原则	贷放分控是指银行业金融机构将贷款审批与贷款发放作为两个独立的业务环节，分别管理和控制，以达到降低信贷业务操作风险的目的。推行贷放分控，一方面可以加强商业银行的内部控制，防范操作风险；另一方面可以践行全流程管理的理念，建设流程银行，提高专业化操作，强调各部门和岗位之间的有效制约，避免权力过于集中在单一部门
贷后管理原则	贷后管理是指商业银行在贷款发放以后所开展的信贷风险管理工作。贷后管理原则的主要内容是：监督贷款资金按用途使用；对借款人账户进行监控；强调借款合同的相关约定对贷后管理工作的指导性和约束性；明确贷款人按照监管要求进行贷后管理的法律责任

典题精练

【例5·多项选择题】公司信贷管理的原则包括（　　）。

A. 全流程管理原则　　B. 诚信申贷原则

C. 协议承诺原则　　D. 贷放分控原则

E. 实贷实付原则

ABCDE。【解析】公司信贷管理原则包括全流程管理原则、诚信申贷原则、协议承诺原则、贷放分控原则、实贷实付原则和贷后管理原则。

（二）信贷管理流程

科学合理的信贷业务管理过程实质上是规避风险、获取效益，以确保信贷资金的安全性、流动性、盈利性的过程。一般来说，一笔贷款的管理流程分为九个环节。

要点	内容
贷款申请	借款人需用贷款资金时，应按照贷款人要求的方式和内容提出贷款申请，并恪守诚实守信原则，承诺所提供材料的真实、完整、有效。 申请基本内容通常包括借款人名称、企业性质、经营范围，申请贷款的种类、期限、金额、方式、用途，用款计划，还本付息计划等，并根据贷款人要求提供其他相关资料
受理与调查	银行业金融机构在接到借款人的借款申请后，应由分管客户关系管理的信贷人员采用有效方式收集借款人的信息，对其资质、信用状况、财务状况、经营情况等进行调查分析，评定资信等级，评估项目效益和还本付息能力。同时也应对担保人的资信、财务状况进行分析，如果涉及抵（质）押物的还必须分析其权属状况、市场价值、变现能力等，并就具体信贷条件进行初步洽谈。信贷人员根据调查内容撰写书面报告，提出调查结论和信贷意见报公司业务经营部门及所在机构分管领导审核
审查及风险评价	银行业金融机构信贷人员将调查结论和初步贷款意见经所在机构分管领导审核同意后提交负责审查或风险评价的部门，由审查或风险评价部门对贷前调查报告等贷款申报资料进行全面审查，依据相关规则标准，对借款人情况、信贷方案、还款来源、担保情况等进行全面风险评价，并提出审查评价意见供有权审批人员决策。风险评价隶属于贷款决策过程，是贷款全流程管理中的关键环节之一
贷款审批	银行业金融机构要按照“审贷分离、分级审批”的原则对信贷资金的投向、金额、期限、利率等贷款内容和条件进行最终决策，逐级签署审批意见
合同签订	合同签订强调协议承诺原则。借款申请经审查批准后，银行业金融机构与借款人应共同签订书面借款合同，作为明确借贷双方权利和义务的法律文件。 合同的基本内容应包括金额、期限、利率、借款种类、用途、支付、还款保障、违约条款及风险处置等要素和有关细节
贷款发放	贷款人应设立独立的责任部门或岗位，负责贷款发放审核。贷款人在发放贷款前应确认借款人满足合同约定的提款条件，并按照合同约定的方式对贷款资金的支付实施管理与控制，监督贷款资金按约定用途使用
贷款支付	贷款人应设立独立的责任部门或岗位，负责贷款支付审核和支付操作。 (1)采用借款人自主支付方式的，贷款人应要求借款人定期汇总报告贷款资金支付情况，并通过账户分析、凭证查验、现场调查等方式核查贷款支付是否符合约定用途。 (2)采用贷款人受托支付的，贷款人应审核交易资料是否符合合同约定条件。在审核通过后，将贷款资金通过借款人账户支付给借款人交易对象
贷后管理	贷后管理是银行业金融机构在贷款发放后对合同执行情况及借款人经营管理情况进行检查或监控的信贷管理行为。 贷后管理的主要内容包括监督借款人的贷款使用情况、跟踪掌握企业经营财务状况及其清偿能力、检查贷款抵（质）押品和担保权益的完整性三个方面。 贷后管理的主要目的是督促借款人按合同约定用途合理使用贷款，及时发现并采取有效措施纠正、处理有问题贷款，并对贷款调查、审查与审批工作进行信息反馈，及时调整与借款人合作的策略与内容
贷款回收与处置	银行业金融机构应提前提示借款人到期还本付息；对贷款需要展期的，贷款人应审慎评估展期的合理性和可行性，科学确定展期期限，加强展期后管理；对于确因借款人暂时经营困难不能按期还款的，贷款人可与借款人协商贷款重组；对于不良贷款，贷款人要按照有关规定和方式，予以核销或保全处置。同时，一般还要进行信贷档案管理。 贷款结清后，该笔信贷业务即已完成，贷款人应及时将贷款的全部资料归档保管，并移交专职保管员对档案资料的安全、完整和保密性负责

（三）信贷管理的组织架构

商业银行信贷业务经营管理组织架构包括董事会及其专门委员会、监事会、高级管理层和信贷业务前中后台部门。

要点	内容
董事会及其专门委员会	董事会是商业银行风险管理的最高决策机构，承担商业银行风险管理的最终责任，负责审批风险管理的战略政策，决定银行内部管理机构设置、经营计划、风险管理政策和内部控制政策，制定银行风险管理和内部控制的相关制度，并监督其执行情况。董事会通常下设风险委员会，审定风险管理战略，审查重大风险活动，对整体风险状况、管理层和职能部门履行风险管理和内部控制职责的情况进行定期评估，并提出改进要求
监事会	监事会是我国商业银行所特有的监督部门，对股东大会负责，从事商业银行内部尽职监督、财务监督、内部控制监督等工作
高级管理层	高级管理层的主要职责是负责银行的经营管理工作，拟订银行内部管理机构设置方案和基本管理制度，授权内部各职能部门及分支机构负责人从事经营活动，组织实施经营计划，执行风险管理政策，制定风险管理的程序和操作规程，及时了解风险水平及其管理状况，并确保商业银行具备足够的人力、物力和恰当的组织结构、管理信息系统及技术水平，以有效地识别、计量、监测和控制各项业务所承担的各项风险
信贷业务前中后台部门	信贷前台部门负责客户营销和维护，也是银行的“利润中心”，如公司业务部门、个人贷款业务部门，同时也是贷后管理及客户风险控制的第一责任人；信贷中台部门负责贷款风险的管理和控制，如信贷审批及管理部门、风险管理部门、合规部门、授信执行部门等；信贷后台部门负责信贷业务的配套支持和保障，如财务会计部门、稽核部门、信息技术部门等

（四）绿色信贷

中国银行业监督管理委员会下发的《绿色信贷指引》，对银行业金融机构开展绿色信贷提出了明确要求。银行业金融机构应当有效识别、计量、监测、控制信贷业务活动中的环境风险和社会风险，建立环境风险和社会风险管理体系，完善相关信贷政策制度和流程管理。

银行业金融机构应至少每两年开展一次绿色信贷的全面评估工作，并向银行业监管机构报送自我评估报告。此外，还需建立绿色信贷考核评价和奖惩体系，公开绿色信贷战略、政策及绿色信贷发展情况。

2013 年，中国银行业监督管理委员会发布《关于绿色信贷工作的意见》，主要是对《绿色信贷指引》的具体落实。

2014 年，中国银行业监督管理委员会又发布了《绿色信贷实施情况关键评价指标》，要求各银行对照绿色信贷实施情况关键评价指标，认真组织开展本机构绿色信贷实施情况自评价工作。

2015 年，中国银行业监督管理委员会与国家发展改革委联合印发《能效信贷指引》，鼓励和指导银行业金融机构积极开展能效信贷业务。

能效信贷指的是银行业金融机构为支持用能单位提高能源利用效率、降低能源消耗而提供的信贷融资。

2016年，中国人民银行、财政部等七部委联合印发了《关于构建绿色金融体系的指导意见》，提出了支持和鼓励绿色投融资的一系列激励措施，包括通过再贷款、专业化担保机制、绿色信贷支持项目财政贴息、设立国家绿色发展基金等措施支持绿色金融发展。

2020年9月，习近平总书记郑重宣布中国二氧化碳排放力争于2030年前达到峰值，努力争取2060年前实现碳中和。我国碳达峰、碳中和目标等重大战略部署，将为银行业带来重大机遇与挑战。2021年2月，国务院下发《关于加快建立健全绿色低碳循环发展经济体系的指导意见》，要求大力发展绿色金融；发展绿色信贷和绿色直接融资，加大对金融机构绿色金融业绩评价考核力度；支持金融机构和相关企业在国际市场开展绿色融资；推动国际绿色金融标准趋同，有序推进绿色金融市场双向开放；推动气候投融资工作。

本节速览

全流程管理	诚信申贷	协议承诺	实贷实付
贷后管理	风险评价	组织架构	绿色信贷

三、公司信贷主要产品

（一）流动资金贷款

要点	内容
概念	流动资金贷款是指贷款人向企（事）业法人或国家规定可以作为借款人的其他组织发放的用于借款人日常生产经营周转的本外币贷款
用途	流动资金贷款用途是满足借款人日常生产经营周转资金需要，贷款人应根据借款人生产经营的规模和周期特点，合理设定流动资金贷款的额度及业务期限，以满足借款人生产经营的合理资金需求，实现对贷款资金回笼的有效控制
分类	流动资金贷款按具体用途及还款来源差异大致可分为一般周转类流动资金贷款及满足某笔特定经营业务资金需求的专项流动资金贷款。 （1）一般周转类流动资金贷款的还款来源通常为借款人的综合经营现金流，贷款期限通常与借款人生产经营周期相匹配。 （2）专项流动资金贷款还款来源主要为所支持特定业务的销售回笼资金，期限通常与该业务的资金回笼时间相匹配，具有自偿性业务特征

（二）固定资产贷款

要点	内容
概念	固定资产贷款是指贷款人向企（事）业法人或国家规定可以作为借款人的其他组织发放的，用于借款人固定资产投资的本外币贷款
用途	固定资产贷款用途是满足借款人固定资产投资的资金需要，用途具体明确

（续表）

要点	内容
分类	固定资产投资是建造或购置固定资产的活动，固定资产贷款按照所支持固定资产投资性质差异主要分为基本建设贷款和技术改造贷款两类。 (1)基本建设贷款用于支持以外延扩大再生产为主的新建或扩建固定资产项目建设。 (2)技术改造贷款用于支持借款人以内涵扩大再生产或扩大产品品种、提高产品品质及生产效率为目的对原有固定资产设施进行更新和技术改造
还款来源	固定资产贷款还款来源通常为所支持固定资产投资项目未来实现收益（包括固定资产折旧对应的现金流入）

（三）项目融资

要点	内容
概念	项目融资，是指符合以下特征的贷款： (1)贷款用途通常是用于建造一个或一组大型生产装置、基础设施、房地产项目或其他项目，包括对在建或已建项目的再融资。 (2)借款人通常是为建设、经营该项目或为该项目融资而专门组建的企事业法人，包括主要从事该项目建设、经营或融资的既有企事业法人。 (3)还款资金来源主要依赖该项目产生的销售收入、补贴收入或其他收入，一般不具备其他还款来源
项目融资与一般固定资产贷款的差别	项目融资是一种特殊形式的固定资产贷款。项目融资与一般固定资产贷款的差异主要体现在担保方式及还款来源构成不同。 (1)一般固定资产贷款通常具有公司融资属性，还款资金来源较广泛，除项目自身收入外，还包括借款人除项目之外的其他经营、投资等收入，也可以通过追加第三方担保等方式，获得其他补充还款来源。 (2)项目融资借款人通常为项目公司，且未提供第三方担保，还款来源单一，主要依赖项目自身收入，银行对融资项目的选择标准及准入门槛较高，适用于经营风险小、收益稳定、自身还款来源充足的优质项目

（四）银团贷款

1. 银团贷款的概念

银团贷款又称辛迪加贷款，是一种特殊的贷款组织形式。银团贷款是指由两家或两家以上银行基于相同贷款条件，依据同一贷款合同，按约定时间和比例，通过代理行向借款人提供的本外币贷款或授信业务。

2. 银团成员

参与银团贷款的银行均为银团成员。银团成员应按照“信息共享、独立审批、自主决策、风险自担”的原则自主确定各自授信行为，并按实际承担份额享有银团贷款项下相应的权利，履行相应的义务。

按照在银团贷款中的职能和分工，银团成员通常分为牵头行、代理行和参加行等角色，也可根据实际规模与需要在银团内部增设副牵头行、联合牵头行等，并按照银团贷款合同履行相应职责。

银团贷款牵头行是指经借款人同意，负责发起组织银团、分销银团贷款份额的银行。单家银行担任牵头行时，其承贷份额原则上不少于银团融资总金额的 20%；分销给其他银团成员的份额原则上不得低于 50%。

按照牵头行对贷款最终安排额所承担的责任，银团牵头行分销银团贷款可以分为全额包销、部分包销和尽最大努力推销三种类型。

银团代理行是指银团贷款合同签订后，按相关贷款条件确定的金额和进度归集资金向借款人提供贷款，并接受银团委托按银团贷款合同规定进行银团贷款事务管理和协调活动的银行。代理行经银团成员协商确定，可以由牵头行或者其他银行担任。银团代理行应当代表银团利益，借款人的附属机构或关联机构不得担任代理行。

（五）并购贷款

并购贷款是指商业银行向并购方或其子公司发放的，用于支付并购交易价款的贷款。并购是指境内并购方企业通过受让现有股权、认购新增股权，或收购资产、承接债务等方式以实现合并或实际控制已设立并持续经营的目标企业的交易行为。

根据并购目标企业不同，并购通常可分为同行业或上下游企业并购与跨行业并购。其中同行业并购主要目的为获取目标企业技术、市场及客户资源等补充，提高市场占有率及行业竞争力，实现协同效应；上下游并购主要目的为获得稳定、优质、低成本原材料供应，或通过向下游市场渗透，控制下游渠道、实现协同效应，提高产业链价值。而跨行业并购为并购方提供快速进入其他行业，分享目标行业收益及成长性，实现多元化、分散行业集中度风险的机会。

银行办理并购贷款需合理评估并购目标企业价值及并购交易价格合理性，并购交易价款中并购贷款所占比例不应高于60%；并购贷款期限一般不超过 7 年。

（六）贸易融资

商业银行贸易融资是基于商品交易买卖双方信用需求提供的融资，融资主体可以是买方，也可以是卖方。

1. 贸易融资分类

贸易融资分为国内贸易融资和国际贸易融资两大类。

（1）国内贸易融资。国内贸易融资业务基础是境内客户之间进行的境内商品或服务贸易，其融资标的可以是交易中产生的存货、预付款、应收账款等资产。目前，我国国内贸易融资业务主要有国内保理、国内信用证、国内信用证项下打包贷款等产品。

要点	内容
保理业务	保理业务是以债权人转让其应收账款为前提，集应收账款催收、管理、坏账担保及融资于一体的综合性金融服务。按照商业银行在应收账款付款人拖欠或无法偿付应收账款时，是否可以要求保理申请人（应收账款收款人）回购应收账款或归还融资，分为有追索权保理和无追索权保理

（续表）

要点	内容
国内信用证	国内信用证是开证银行依照申请人（基础交易买方）的申请向受益人（卖方）开出的有一定金额、在一定期限内凭信用证规定的单据支付款项的书面承诺
国内信用证项下打包贷款	国内信用证项下打包贷款是商业银行基于国内信用证、对国内信用证受益人（交易卖方）提供的用于采购或生产信用证项下货物资金需求的专项贷款

（2）国际贸易融资。国际贸易融资业务基础是境内外客户之间进行的跨境商品或服务贸易，按银行提供服务对象的不同可以分为两大类，一类是进口方银行为进口商提供的服务，另一类是出口方银行为出口商提供的服务。

要点	内容
信用证	信用证是银行有条件的付款承诺，即开证银行依照开证申请人（即进口商）的要求和指示，承诺在符合信用证条款的情况下，凭规定的单据向受益人（即出口商）或其指定人进行付款，或承兑；或授权另一家银行进行该项付款，或承兑；或授权另一家银行议付。 信用证按不同的划分标准主要可以分为以下几类： ①按开证行承诺性质的不同，可分为可撤销信用证和不可撤销信用证。现在银行基本上只开不可撤销信用证。 ②按信用证项下的汇票是否附商业单据，可分为跟单商业信用证和光票信用证。现在银行开立的基本上是跟单商业信用证。 ③按信用证项下的权利是否可转让，可分为可转让信用证和不可转让信用证。现在银行开立的大多是不可转让信用证。 ④按付款期限可分为即期信用证和远期信用证。 ⑤按是否可循环使用可分为循环信用证和不可循环信用证。 ⑥按是否保兑可分为保兑信用证和无保兑信用证
打包贷款	打包贷款又称信用证抵押贷款，是指出口商收到境外开来的信用证，出口商在采购与这笔信用证有关的出口商品或生产出口商品时，资金出现短缺，用该信用证作为抵押，向银行申请本、外币流动资金贷款，用于出口货物进行加工、包装及运输过程出现的资金缺口
押汇	按进出口方的融资用途来分，押汇可分为出口押汇和进口押汇。 ①出口押汇是指银行凭借获得货运单据质押权利有追索权地对信用证项下或出口托收项下票据进行融资的行为。出口押汇在国际上也称议付，即给付对价的行为。 ②进口押汇是指银行应进口申请人的要求，与其达成进口项下单据及货物的所有权归银行所有的协议后，银行以信托收据的方式向其释放单据并代其对外付款的行为。进口押汇包括进口信用证项下押汇和进口代收项下押汇。目前，银行主要办理进口信用证项下的进口押汇业务

（续表）

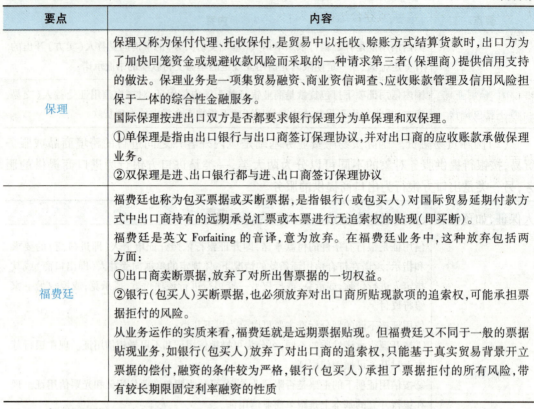

要点	内容
保理	保理又称为保付代理、托收保付，是贸易中以托收、赊账方式结算货款时，出口方为了加快回笼资金或规避收款风险而采取的一种请求第三者（保理商）提供信用支持的做法。保理业务是一项集贸易融资、商业资信调查、应收账款管理及信用风险担保于一体的综合性金融服务。 国际保理按进出口双方是否都要求银行保理分为单保理和双保理。 ①单保理是指由出口银行与出口商签订保理协议，并对出口商的应收账款承做保理业务。 ②双保理是进、出口银行都与进、出口商签订保理协议
福费廷	福费廷也称为包买票据或买断票据，是指银行（或包买人）对国际贸易延期付款方式中出口商持有的远期承兑汇票或本票进行无追索权的贴现（即买断）。 福费廷是英文 Forfaiting 的音译，意为放弃。在福费廷业务中，这种放弃包括两方面： ①出口商卖断票据，放弃了对所出售票据的一切权益。 ②银行（包买人）买断票据，也必须放弃对出口商所贴现款项的追索权，可能承担票据拒付的风险。 从业务运作的实质来看，福费廷就是远期票据贴现。但福费廷又不同于一般的票据贴现业务，如银行（包买人）放弃了对出口商的追索权，只能基于真实贸易背景开立票据的偿付，融资的条件较为严格，银行（包买人）承担了票据拒付的所有风险，带有较长期限固定利率融资的性质

2. 商业汇票的承兑与贴现

商业汇票的承兑是指银行作为付款人，根据出票人的申请，承诺在汇票到期日对收款人或持票人无条件支付汇票金额的票据行为。商业汇票承兑是银行的表外信贷业务。

商业汇票贴现是指商业汇票的合法持票人，在商业汇票到期以前为获取票款，由持票人或第三人向金融机构贴付一定的利息后，以背书方式将票据转让给金融机构。对于持票人来说，贴现是以出让票据的形式，提前收回垫支的商业成本。对于贴现银行来说，是买进票据，成为票据的权利人，票据到期，银行可以取得票据所记载金额。

按贴现票据承兑人不同，商业汇票贴现业务又可分为银行承兑汇票贴现和商业承兑汇票贴现。银行承兑汇票是指由承兑申请人签发并向开户银行申请，由银行承兑的商业汇票。商业承兑汇票是指由付款人或收款人签发，付款人作为承兑人承诺在汇票到期日，对收款人或持票人无条件支付汇票金额的票据。

（七）保证业务

1. 保证业务的概念

保证业务是指银行应申请人的请求，向受益人开立书面信用担保凭证，保证在申请人未能按双方协议履行其责任或义务时，由银行代其履行一定金额的某种支付或经济赔偿责任的信贷业务产品。保证业务一般以保函形式出具，又称保函业务。

2. 保证业务的分类

保证业务分为融资性保证和非融资性保证业务两大类，融资性保证业务主要有借款（或债券偿付）保证；非融资性保证业务较常见的产品有投标保证、履约保证、预收（付）款退款保证、质量保证、付款保证等。

（1）借款（或债券偿付）保证。借款（或债券偿付）保证是指银行应借款方（或债券发行人）的要求，向贷款方（或债券合法持有人）保证，如借款方（或债券发行人）未按期偿还借款（或债券）本息，银行将受理贷款方（或债券合法持有人）的索赔，按照保函约定承担保证责任。

（2）投标保证。投标保证是指银行应投标方的要求，向招标方保证，如投标方中标后在投标有效期内撤销投标书、中标后在规定期限内不签订招投标项下的合同或者未在规定的期限内提交银行履约保函等，银行将受理招标方的索赔，按照保函约定承担保证责任。

（3）履约保证。履约保证是指银行应保函申请人（通常为施工单位）的要求，向其交易对手（通常为工程业主）保证，如申请人未履行合同约定的义务，银行将受理其交易对手的索赔，按照保函约定承担保证责任。

（4）预收（付）款退款保证。预收（付）款退款保证是指银行应预收款人要求，向预付款人保证，如预收款人没有履行合同或不按合同约定使用预付款，银行将受理预付款人的退款要求，按照保函约定承担保证责任。

（5）质量保证。质量保证是指银行应卖方要求，向买方保证，如交付货物不符合合同约定而卖方又不能及时更换或修复时，银行将受理买方的索赔，按照保函约定承担保证责任。

（6）付款保证。付款保证是指银行应买方的要求，向卖方保证，如卖方按买卖双方合同约定合格履行了其合同义务，买方不支付货款，银行将受理卖方的索赔，按照保函约定承担保证责任。

本节速览

流动资金贷款	项目融资	贸易融资	保证业务

同步自测

一、单项选择题（在以下各小题所给出的四个选项中，只有一个选项符合题目要求，请将正确选项的代码填入括号内）

1. 从贷款提款完毕之日起，或最后一次提款之日起，至合同约定的第一个还本付息之日止的期间称为（　　）。

A. 展期　　B. 还款期

C. 宽限期　　D. 提款期

2. 纸质商业汇票付款期限为从出票日期起至汇票到期日止，最长不得超过（　　）个月，贴现期限为从贴现之日起到票据到期日止。

A. 12　　B. 24

C. 3　　D. 6

3. 公司信贷的管理原则中，通过强调合同的完备性、承诺的法制化和管理的系统化，弥补过去贷款合同不足的是（　　）。

A. 诚信申贷原则　　B. 贷放分控原则

C. 全流程管理原则　　D. 协议承诺原则

4. 某人贷款 20 000 元，日利率为万分之二，若银行按单利计息，每年应还利息（　　）元。

A. 1 200　　B. 1 300

C. 1 460　　D. 1 440

5. 下列关于我国计算利息的传统标准的说法中，错误的是（　　）。
A. 我国计算利息传统的标准是分、厘、毫　B. 每10毫为1分
C. 月息几厘用千分之几表示　D. 日息几毫用万分之几表示

6. 以下（　　）环节不属于一笔贷款的管理流程。
A. 贷款申请　B. 受理与调查
C. 贷款支付　D. 贷款监控

7. 下列关于《绿色信贷指引》对银行业金融机构开展绿色信贷的规定的说法中，错误的是（　　）。
A. 银行业金融机构应当有效识别、计量、监测、控制信贷业务活动中的环境风险和社会风险，建立环境风险和社会风险管理体系，完善相关信贷政策制度和流程管理
B. 银行业金融机构应重点关注其客户及其重要关联方在建设、生产、经营活动时，可能给环境和社会带来的危害及相关风险
C. 银行业金融机构应至少每年开展一次绿色信贷的全面评估工作，并向银行业监管机构报送自我评估报告
D. 银行业金融机构应建立绿色信贷考核评价和奖惩体系，公开绿色信贷战略、政策及绿色信贷发展情况

8. 下列属于公司信贷的表内业务的是（　　）。
A. 贷款　B. 承兑
C. 保证　D. 信用证

9. （　　）是指银行业金融机构为支持用能单位提高能源利用效率、降低能源消耗而提供的信贷融资。
A. 红色信贷　B. 绿色信贷
C. 能效信贷　D. 减排信贷

10. （　　）是指贷款人向企（事）业法人或国家规定可以作为借款人的其他组织发放的用于借款人日常生产经营周转的本外币贷款。
A. 流动资金贷款　B. 固定资产贷款
C. 项目贷款　D. 并购贷款

二、多项选择题（在以下各小题所给出的选项中，至少有两个选项符合题目要求，请将正确选项的代码填入括号内）

1. 公司信贷的基本要素包括（　　）。
A. 交易对象　B. 信贷产品
C. 信贷期限　D. 还款方式
E. 约束条件

2. 诚信申贷原则包含以下（　　）含义。
A. 借款人按照贷款人要求的具体方式和内容提供贷款申请材料，并且承诺所提供材料是真实、完整、有效的
B. 借款人在合同协议文件中清晰规定自身的权利义务
C. 借款人应证明其信用记录良好、贷款用途和还款来源明确合法
D. 贷款人签订贷款合同并承诺一系列事项
E. 借款人同贷款人签署诚信保证书

3. 公司信贷的主要产品包括(　　)。
A. 流动资金贷款　　B. 固定资产贷款
C. 项目融资　　D. 银团贷款
E. 贸易融资

4. 按贷款经营模式划分,公司信贷可分为(　　)。
A. 短期贷款　　B. 长期贷款
C. 自营贷款　　D. 委托贷款
E. 特定贷款

5. 商业银行信贷业务经营管理组织架构包括(　　)。
A. 监事会　　B. 高级管理层
C. 董事会及其专门委员会　　D. 信贷业务前中后台部门
E. 人力资源部

6. 下列关于并购贷款的说法正确的有(　　)。
A. 并购贷款是用于支付并购交易价款的贷款
B. 根据并购目标企业不同,并购通常可分为同行业或上下游企业并购与跨行业并购
C. 同行业并购主要目的为获取目标企业技术、市场及客户资源等补充,提高市场占有率及行业竞争力,实现协同效应
D. 并购交易价款中并购贷款所占比例不应高于60%
E. 并购贷款期限一般不超过10年

三、判断题(请判断以下各小题的正误,正确的选A,错误的选B)

1. 公司信贷是指以公司为提供主体,以法人和其他组织等非自然人为接受主体的资金借贷或信用支持活动。(　　)
A. 正确　　B. 错误

2. 项目融资贷款的还款来源主要依赖该项目产生的销售收入、补贴收入或其他收入。(　　)
A. 正确　　B. 错误

3. 推行贷放分控,有利于确保信贷资金进入实体经济,在满足有效信贷需求的同时,可严防贷款资金被挪用。(　　)
A. 正确　　B. 错误

4. 董事会承担商业银行风险管理的最终责任。(　　)
A. 正确　　B. 错误

答案详解

一、单项选择题

1. C。【解析】宽限期是指从贷款提款完毕之日起,或最后一次提款之日起,至合同约定的第一个还本付息之日止的期间,介于提款期和还款期之间。有时也包括提款期,即从借款合同生效日起至合同规定的第一笔还款日为止的期间。

2. D。【解析】纸质商业汇票付款期限为从出票日期起至汇票到期日止,最长不得超过6个月,贴现期限为从贴现之日起到票据到期日止。

3. D。【解析】协议承诺原则通过强调合同的完备性、承诺的法制化和管理的系统化,弥补过去贷款合同的不足。

4. C。【解析】单利计息是在计息周期内对已经计算的未支付的利息不计收利息,所以每年应还的利息为:20 000 × 0.000 2 × 365 = 1 460(元)。

5. B。【解析】我国计算利息的传统标准是分、厘、毫,每十毫为一厘,每十厘为一分,年息几分用百分之几表示,月息几厘用千分之几表示,日息几毫用万分之几表示。

6. D。【解析】贷款的管理流程包括贷款申请、受理与调查、审查及风险评价、贷款审批、合同签订、贷款发放、贷款支付、贷后管理以及贷款收回与处置。

7. C。【解析】银行业金融机构应至少每两年开展一次绿色信贷的全面评估工作，并向银行业监管机构报送自我评估报告。

8. A。【解析】公司信贷的表内业务主要包括贷款和票据贴现；表外业务主要包括保证业务、银行承兑汇票业务和信用证业务等。

9. C。【解析】能效信贷是指银行业金融机构为支持用能单位提高能源利用效率、降低能源消耗而提供的信贷融资。

10. A。【解析】流动资金贷款是指贷款人向企(事)业法人或国家规定可以作为借款人的其他组织发放的用于借款人日常生产经营周转的本外币贷款。

二、多项选择题

1. ABCDE。【解析】公司信贷的基本要素主要包括交易对象、信贷产品、信贷金额、信贷期限、贷款利率、还款方式、担保方式和约束条件等。

2. AC。【解析】诚信申贷主要包含两层含义：(1)借款人恪守诚实守信原则，按照贷款人要求的具体方式和内容提供贷款申请材料，并且承诺所提供材料是真实、完整、有效的。(2)借款人应证明其信用记录良好、贷款用途和还款来源明确合法等。

3. ABCDE。【解析】公司信贷主要产品包括流动资金贷款、固定资产贷款、项目融资、银团贷款、并购贷款、贸易融资和保证业务等。

4. CDE。【解析】按贷款经营模式划分，公司信贷划分为自营贷款、委托贷款、特定贷款。

5. ABCD。【解析】商业银行信贷业务经营管理组织架构包括董事会及其专门委员会、监事会、高级管理层和信贷业务前中后台部门。

6. ABCD。【解析】银行办理并购贷款需合理评估并购目标企业价值及并购交易价格合理性，并购交易价款中并购贷款所占比例不应高于60%；并购贷款期限一般不超过7年。

三、判断题

1. B。【解析】公司信贷是指以银行为提供主体，以法人和其他经济组织等非自然人为接受主体的资金借贷或信用支持活动。

2. A。【解析】项目融资是指符合以下特征的贷款：(1)贷款用途通常是用于建造一个或一组大型生产装置、基础设施、房地产项目或其他项目，包括对在建或已建项目的再融资。(2)借款人通常是为建设、经营该项目或为该项目融资而专门组建的企事业法人，包括主要从事该项目建设、经营或融资的既有企事业法人。(3)还款资金来源主要依赖该项目产生的销售收入、补贴收入或其他收入，一般不具备其他还款来源。

3. B。【解析】贷放分控是指银行业金融机构将贷款审批与贷款发放作为两个独立的业务环节，分别管理和控制，以达到降低信贷业务操作风险的目的；而实贷实付，是指银行业金融机构根据借款人的有效贷款需求，主要通过贷款人受托支付的方式，将贷款资金支付给符合合同约定的借款人交易对象的过程，有利于确保信贷资金进入实体经济，在满足有效信贷需求的同时，严防贷款资金被挪用。

4. A。【解析】董事会是商业银行的最高风险管理和决策机构，承担商业银行风险管理的最终责任。

第二章　贷款申请受理和贷前调查

要点导图

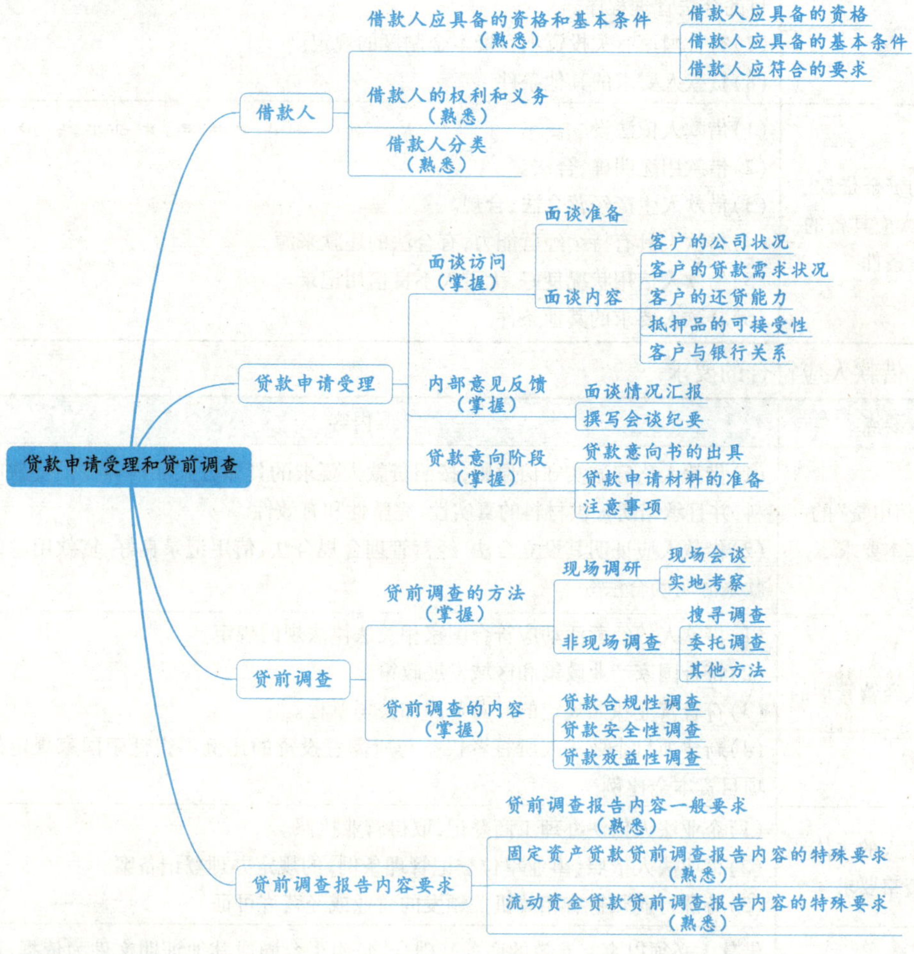

知识解读

一、借款人

(一)借款人应具备的资格和基本条件

1. 借款人应具备的资格

公司信贷的借款人应当是经市场监督管理部门(或主管机关)核准登记的企(事)业法人。

2. 借款人应具备的基本条件

要点	内容
固定资产贷款借款人应具备的条件	(1)借款人依法经工商行政管理机关或主管机关核准登记。 (2)借款人信用状况良好,无重大不良记录。 (3)借款人为新设项目法人的,其控股股东应有良好的信用状况,无重大不良记录。 (4)国家对拟投资项目有投资主体资格和经营资质要求的,符合其要求。 (5)借款用途及还款来源明确、合法。 (6)项目符合国家的产业、土地、环保等相关政策,并按规定履行了固定资产投资项目的合法管理程序。 (7)符合国家有关投资项目资本金制度的规定。 (8)贷款人要求的其他条件
流动资金贷款借款人应具备的条件	(1)借款人依法设立。 (2)借款用途明确、合法。 (3)借款人生产经营合法、合规。 (4)借款人具有持续经营能力,有合法的还款来源。 (5)借款人信用状况良好,无重大不良信用记录。 (6)贷款人要求的其他条件

3. 借款人应符合的要求

要点	内容
“诚信申贷”的基本要求	(1)借款人恪守诚实守信原则,按照贷款人要求的具体方式和内容提供贷款申请材料,并且承诺所提供材料的真实性、完整性和有效性。 (2)借款人应证明其设立合法、经营管理合规合法、信用记录良好、贷款用途以及还款来源明确合法等
借款人经营管理的合法合规性	(1)借款人的经营活动应符合国家相关法律法规的规定。 (2)符合国家产业政策和区域发展政策。 (3)符合营业执照规定的经营范围和公司章程。 (4)新建项目企业法人所有者权益与所需总投资的比例不得低于国家规定的投资项目资本金比例
借款人的主体资格要求	(1)企业法人依法办理工商登记,取得营业执照。 (2)事业法人依照《事业单位登记管理条例》的规定办理登记备案。 (3)特殊行业须持有相关机关颁发的营业或经营许可证
贷款用途及还款来源明确合法	借款人必须以真实有效的商务基础合同、购买合同或其他证明文件为依据,说明贷款的确切用途和实际使用量,不得挪用信贷资金,不得使用虚假信息来骗取银行业金融机构的信贷资金。对固定资产贷款而言,应有明确对应的、符合国家政策的项目,不得对多个项目打捆或分拆处理,必要时还应具体约定贷款用于项目的哪些支出。还款资金来源应在贷款申请时明确,一般情况下通过正常经营所获取的现金流量是贷款的首要还款来源
借款人信用记录良好	借款人必须资信状况良好,有按期偿还贷款本息的能力。通过中国人民银行企业征信系统查询未发现借款人有贷款逾期、欠息的情况,未发现借款人有被起诉查封的情况,借款人必须长期遵守贷款合同,诚实守信

典题精练

【例1·单项选择题】公司信贷的借款人应当是经(　　)核准登记的企(事)业法人。

A. 司法机关　　B. 财政部

C. 商务部　　D. 市场监督管理部门

D。【解析】公司信贷的借款人应当是经市场监督管理部门(或主管机关)核准登记的企(事)业法人。

(二)借款人的权利和义务

权利	义务
(1)可以自主向主办银行或者其他银行的经办机构申请贷款并依条件取得贷款。 (2)有权按合同约定提取和使用全部贷款。 (3)有权拒绝借款合同以外的附加条件。借款人应承担的义务及责任应在贷款合同中载明。如在合同以外附加条件,借款人有权拒绝。 (4)有权向银行的上级监管部门反映、举报有关情况。 (5)在征得银行同意后,有权向第三方转让债务	(1)应当如实提供银行要求的资料(法律规定不能提供者除外),应当向银行如实提供所有开户行、账号及存贷款余额情况,配合银行的调查、审查和检查。 (2)应当按借款合同的约定及时清偿贷款本息。 (3)应当按借款合同约定的用途使用贷款。 (4)应当接受贷款人对其使用信贷资金情况和有关生产经营、财务活动的监督。 (5)将债务全部或部分转让给第三方的,应当取得贷款人的同意。 (6)有危及银行债权安全的情况时,应当及时通知银行,同时采取保全措施

典题精练

【例2·多项选择题】借款人的义务有(　　)。

A. 如实提供银行要求的资料

B. 接受银行对其使用信贷资金情况、生产经营、财务活动的监督

C. 自由使用贷款

D. 按借款合同约定及时清偿贷款本息

E. 向第三方转让债务时,取得银行同意

ABDE。【解析】《贷款通则》第十九条规定,借款人有义务按借款合同约定的用途使用贷款,而不是自由使用贷款。

(三)借款人分类

按照不同的划分方式,借款人可以有不同的分类方法。

1. 按企业性质划分

根据我国相关法律规定,我国有国有经济、集体所有制经济、私营经济、外商投资企业,以及港、澳、台资企业等经济类型。相应地,按照企业性质划分,商业银行借款人主要有以下类型。

(1)国有企业。国有企业是指国务院和地方人民政府分别代表国家履行出资人职责的国有独资企业、国有独资公司以及国有资本控股公司,包括中央和地方国有资产监督管理机构和其他部门所监管的企业本级及其逐级投资形成的企业。

(2)事业单位。事业单位法人指以政府职能、公益服务为主要宗旨的一些公益性单位法

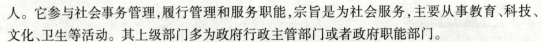

人。它参与社会事务管理,履行管理和服务职能,宗旨是为社会服务,主要从事教育、科技、文化、卫生等活动。其上级部门多为政府行政主管部门或者政府职能部门。

(3)集体所有制企业。集体所有制企业是指一定范围内的劳动群众集体拥有生产资料的所有权,共同劳动并实行按劳分配的经济组织。它包括城乡劳动者使用集体资本投资兴办的企业以及部分个人通过集资自愿放弃所有权并依法经市场监督管理部门认定为集体所有制的企业。

(4)私营企业。私营企业法人是指由自然人投资设立或由自然人控股,以雇用劳动力为基础的营利性经济组织,即企业的资产为私人所有,有法定数额以上雇工的营利性经济组织。

(5)外商投资企业。外商投资企业法人既包括依照中国法律在中国境内设立的,全部资本由外国企业、其他外国经济组织或个人单独投资、独立经营、自负盈亏的外资企业;又包括中外合营者在中国境内经过中国政府批准成立的,共同投资、共同经营、共享利润、共担风险的中外合资经营企业;还包括由外国企业或其他外国经济组织与中国境内企业按照中国法律,以合作协议约定双方权利和义务,经中国有关机关批准而设立的中外合作经营企业。

(6)港、澳、台资企业。港、澳、台资企业法人是指港、澳、台投资者依照有关涉外经济法律、法规的规定,以合资、合作或独资形式在境内开办的企业。

2. 按照规模划分

根据《国家统计局关于印发〈统计上大中小微型企业划分办法(2017)〉的通知》要求,按照借款人的行业门类、大类、中类和组合类别,依据从业人员、营业收入、资产总额等指标或替代指标,可以将其划分为大型、中型、小型、微型四种类型,个体工商户参照本标准进行划分。具体划分标准如下表。

行业名称	指标名称	计算单位	大型	中型	小型	微型
农、林、牧、渔业	营业收入(Y)	万元	Y≥20 000	500≤Y<20 000	50≤Y<500	Y<50
工业*	从业人员(X)	人	X≥1 000	300≤X<1 000	20≤X<300	X<20
	营业收入(Y)	万元	Y≥40 000	2 000≤Y<40 000	300≤Y<2 000	Y<300
建筑业	营业收入(Y)	万元	Y≥80 000	6 000≤Y<80 000	300≤Y<6 000	Y<300
	资产总额(Z)	万元	Z≥80 000	5 000≤Z<80 000	300≤Z<5 000	Z<300
批发业	从业人员(X)	人	X≥200	20≤X<200	5≤X<20	X<5
	营业收入(Y)	万元	Y≥40 000	5 000≤Y<40 000	1 000≤Y<5 000	Y<1 000
零售业	从业人员(X)	人	X≥300	50≤X<300	10≤X<50	X<10
	营业收入(Y)	万元	Y≥20 000	500≤Y<20 000	100≤Y<500	Y<100
交通运输业*	从业人员(X)	人	X≥1 000	300≤X<1 000	20≤X<300	X<20
	营业收入(Y)	万元	Y≥30 000	3 000≤Y<30 000	200≤Y<3 000	Y<200
仓储业*	从业人员(X)	人	X≥200	100≤X<200	20≤X<100	X<20
	营业收入(Y)	万元	Y≥30 000	1 000≤Y<30 000	100≤Y<1 000	Y<100

（续表）

行业名称	指标名称	计算单位	大型	中型	小型	微型
邮政业	从业人员(X)	人	X≥1 000	300≤X<1 000	20≤X<300	X<20
	营业收入(Y)	万元	Y≥30 000	2 000≤Y<30 000	100≤Y<2 000	Y<100
住宿业	从业人员(X)	人	X≥300	100≤X<300	10≤X<100	X<10
	营业收入(Y)	万元	Y≥10 000	2 000≤Y<10 000	100≤Y<2 000	Y<100
餐饮业	从业人员(X)	人	X≥300	100≤X<300	10≤X<100	X<10
	营业收入(Y)	万元	Y≥10 000	2 000≤Y<10 000	100≤Y<2 000	Y<100
信息传输业*	从业人员(X)	人	X≥2 000	100≤X<2 000	10≤X<100	X<10
	营业收入(Y)	万元	Y≥100 000	1 000≤Y<100 000	100≤Y<1 000	Y<100
软件和信息技术服务业	从业人员(X)	人	X≥300	100≤X<300	10≤X<100	X<10
	营业收入(Y)	万元	Y≥10 000	1 000≤Y<10 000	50≤Y<1 000	Y<50
房地产开发经营	营业收入(Y)	万元	Y≥200 000	1 000≤Y<200 000	100≤Y<1 000	Y<100
	资产总额(Z)	万元	Z≥10 000	5 000≤Z<10 000	2 000≤Z<5 000	Z<2 000
物业管理	从业人员(X)	人	X≥1 000	300≤X<1 000	100≤X<300	X<100
	营业收入(Y)	万元	Y≥5 000	1 000≤Y<5 000	500≤Y<1 000	Y<500
租赁和商务服务业	从业人员(X)	人	X≥300	100≤X<300	10≤X<100	X<10
	资产总额(Z)	万元	Z≥120 000	8 000≤Z<120 000	100≤Z<8 000	Z<100
其他未列明行业*	从业人员(X)	人	X≥300	100≤X<300	10≤X<100	X<10

说明：

(1)大型、中型和小型企业须同时满足所列指标的下限，否则下划一档；微型企业只需满足所列指标中的一项即可。

(2)表中各行业的范围以《国民经济行业分类》为准。带*的项为行业组合类别，其中，工业包括采矿业，制造业，电力、热力、燃气及水生产和供应业；交通运输业包括道路运输业，水上运输业，航空运输业，管道运输业，多式联运和运输代理业、装卸搬运，不包括铁路运输业；仓储业包括通用仓储，低温仓储，危险品仓储，谷物、棉花等农产品仓储，中药材仓储和其他仓储业；信息传输业包括电信、广播电视和卫星传输服务，互联网和相关服务；其他未列明行业包括科学研究和技术服务业，水利、环境和公共设施管理业，居民服务、修理和其他服务业，社会工作，文化、体育和娱乐业，以及房地产中介服务，其他房地产业等，不包括自有房地产经营活动。

(3)企业划分指标以现行统计制度为准。

①从业人员：期末从业人员数，没有期末从业人员数的，采用全年平均人员数代替。

②营业收入：工业、建筑业、限额以上批发和零售业、限额以上住宿和餐饮业以及其他设置主营业务收入指标的行业，采用主营业务收入；限额以下批发与零售业企业采用商品销售额代替；限额以下住宿与餐饮业企业采用营业额代替；农、林、牧、渔业企业采用营业总收入代替；其他未设置主营业务收入的行业，采用营业收入指标。

③资产总额：采用资产总计代替。

本节速览

借款人	诚信申贷	借款人的权利	借款人的义务

二、贷款申请受理

（一）面谈访问

1. 面谈准备

初次面谈前，调查人员应拟定详细的面谈工作提纲，内容应包括客户总体情况、客户信贷需求、拟向客户推介的信贷产品等。

2. 面谈内容

面谈过程中，调查人员可以按照国际通行的信用“5C”标准原则，即品德（Character）、能力（Capacity）、资本（Capital）、抵押（Collateral）和环境（Condition）。从客户的公司状况、贷款需求、还贷能力、抵押品的可接受性以及客户目前与银行的关系等方面集中获取客户的相关信息。

（1）面谈需了解的内容。

要点	内容
客户的公司状况	历史沿革、股东背景与控股股东情况、资本构成、管理团队、组织架构、经营现状、产品情况、所在行业情况、所在区域经济状况等
客户的贷款需求状况	贷款金额、贷款期限、贷款利率、贷款条件、贷款目的、贷款用途等
客户的还贷能力	主营业务状况、现金流量构成、还款资金来源、保证人的经济实力、经济效益等
抵押品的可接受性	抵押品种类、权属、价值、变现难易程度等
客户与银行关系	客户与本行及他行的业务往来状况、信用履约记录等

（2）面谈结束时的注意事项。

①若客户的贷款申请可以考虑（但还不确定是否受理），调查人员应当向客户获取进一步的信息资料，并准备后续调查工作，注意不得超越权限作出有关承诺。

②若客户的贷款申请不予考虑，调查人员应留有余地地表明银行的立场，向客户耐心解释原因，并建议其他融资渠道，或寻找其他业务合作机会。

典题精练

【例3·单项选择题】在面谈中，调查人员了解客户的贷款需求状况时，除了贷款金额、贷款期限、贷款利率外，还应了解（　　）。

A. 经济走势　　B. 宏观政策

C. 行业前景　　D. 贷款用途

D。【解析】面谈中应了解客户的贷款需求状况，包括贷款目的、贷款用途、贷款金额、贷款期限、贷款利率、贷款条件等。

【例4·多项选择题】在初次面谈中，客户的还贷能力主要从（　　）方面进行考察。

A. 股东构成　　B. 现金流量构成

C. 经济效益　　D. 还款资金来源

E. 保证人经济实力

BCDE。【解析】客户的还贷能力，包括主营业务状况、现金流量构成、还款资金来源、保证人的经济实力、经济效益等，初次面谈时可从这些方面来考察客户的还贷能力。

(二)内部意见反馈

1. 面谈情况汇报

客户经理在面谈后，应及时、全面、准确地向主管汇报了解到的客户信息，并通过其他渠道对客户情况进行初步查询。

2. 撰写会谈纪要

面谈后，业务人员须及时撰写会谈纪要，会谈纪要应条理清晰、内容详尽、言简意赅、准确客观地记录贷款面谈涉及的重要主体、获取的重要信息、存在的问题与障碍以及是否需要做该笔贷款的倾向性意见或建议。

在实务操作中，贷款申请是否受理往往基于对客户或项目的初步判断。作为风险防范的第一道关口，在贷款的收益与贷款本身安全性的权衡上，业务人员应坚持将贷款安全性放在第一位，对安全性较差的项目在受理阶段须持谨慎态度。

典题精练

【例 5 · 多项选择题】面谈后，业务人员须及时撰写会谈纪要，会谈纪要的内容包括(　　)。

A. 贷款面谈涉及的重要主体　　B. 面谈情况汇报

C. 获取的重要信息　　D. 存在的问题和障碍

E. 是否需要做这笔贷款的倾向性意见或建议

ACDE。【解析】面谈后，业务人员须及时撰写会谈纪要，会谈纪要应条理清晰、内容详尽、言简意赅、准确客观地记录包括贷款面谈涉及的重要主体、获取的重要信息、存在的问题与障碍以及是否需要做该笔贷款的倾向性意见或建议。

(三)贷款意向阶段

如果确立了贷款意向，则表明贷款可以正式受理。在该阶段，客户经理应做到：

(1)及时以合理的方式(如通过口头、电话或书面方式)告知客户贷款正式受理，或者根据贷款需求出具正式的贷款意向书。

(2)要求客户提供正式的贷款申请书及更为详尽的材料。

(3)将储备项目纳入贷款项目库。

1. 贷款意向书的出具

(1)贷款意向书与贷款承诺的区别。两者的异同点如下：

①相同点：均是贷款程序中不同阶段的成果，常见于中长期贷款。但并非每一笔中长期贷款均需做贷款意向书和贷款承诺，有的贷款操作过程中既不需要贷款意向书也不需要贷款承诺。

②不同点：贷款意向书是一种意向性的书面声明，不具备法律效力；贷款承诺是借贷双方就贷款的主要条件已经达成一致，银行同意在未来特定时间内向借款人提供融资的书面承诺，具有法律效力。

(2)出具贷款意向书和贷款承诺的权限。

①出具贷款意向书的权限：出具贷款意向书，一般没有权限限制，在项目建议书批准阶

段或之前，各银行可以对符合贷款条件的项目出具贷款意向书，超出所在行权限的项目须报上级行备案。

②出具贷款承诺的权限：项目在可行性研究报告批准阶段，各银行应按批准贷款的权限，对外出具贷款承诺，超出基层行权限的项目须报上级行审批。

③出具贷款意向书和贷款承诺的要求：对于需要贷款的项目应及早介入、及时审查。

（3）注意事项：

①银企合作协议涉及的贷款安排一般属于贷款意向书性质。

②贷款意向书、贷款承诺须按内部审批权限批准后方可对外出具。

2. 贷款申请材料的准备

要点	内容
对借款申请书的要求	客户需要向银行提供一份正式的借款申请书。业务人员应要求客户在拟定借款申请书时写明：借款人概况、申请借款金额、借款币别、借款期限、借款利息、借款用途、还款来源、还款保证、用款计划、还款计划及其他事项。此外，业务人员还应要求法定代表人或其授权人在借款申请书上签字并加盖借款人公章
对借款人提供其他资料的要求	（1）注册登记或批准成立的有关文件。 （2）企业征信报告。 （3）借款人的验资证明。 （4）借款人近三年和最近一期的财务报表。 （5）借款人预留印鉴卡及开户证明。 （6）法定代表人或负责人身份证明及其必要的个人信息。 （7）借款人自有资金、其他资金来源到位或能够计划到位的证明文件。 （8）相关交易合同、协议。 此外，若借款人为股份制企业或外商投资企业，应提交关于同意申请借款的董事会决议和借款授权书正本
根据贷款类型，借款人还需提供的其他材料	保证形式：经银行认可，有担保能力的担保人的营业执照复印件；担保人经审计的近三年的财务报表；若担保人为外商投资企业或股份制企业，应提交关于同意提供担保的董事会决议和授权书正本
	抵（质）押形式：抵（质）押物清单；抵（质）押物权属证明文件；抵（质）押物价值评估报告；若抵（质）押人为外商投资企业或股份制企业，应出具同意提供抵（质）押的董事会决议和授权书
	流动资金贷款：原辅材料采购合同，产品销售合同或进出口商务合同，营运计划及现金流量预测；如为出口打包贷款，应出具进口方银行开立的信用证；如为票据贴现，应出具承兑的汇票（银行承兑汇票或商业承兑汇票）；如借款用途涉及国家实施配额、许可证等方式管理的进出口业务，应出具相应批件
	固定资产贷款：符合国家有关投资项目资本金制度的规定的证明文件；项目可行性研究报告及有关部门对研究报告的批复，其他配套条件落实的证明文件；如为转贷款、国际商业贷款及境外借款担保项目，应提交国家计划部门关于筹资方式、外债指标的批文；政府贷款项目还需提交该项目列入双方政府商定的项目清单的证明文件

典题精练

【例6·单项选择题】(　　),各银行可对符合贷款条件的项目出具贷款意向书,一般无权限限制。

A. 表明贷款意向后　　B. 告知客户后

C. 项目建议书批准阶段或之前　　D. 项目建议书批准之后

C。【解析】根据《贷款通则》对出具贷款意向书权限的要求,在项目建议书批准阶段或之前,各银行可以对符合贷款条件的项目出具贷款意向书,一般无权限限制。

3. 注意事项

(1)对企业提交的经审计和未审计的财务报表应区别对待,对企业财务状况的分析应以经审计的财务报表为主,其他财务资料为辅。

(2)如为新建项目,对于提供财务报表可不作严格要求,但应及时获取借款人重要的财务数据。

(3)应认真借阅借款人或担保人公司章程的具体规定,以确信该笔贷款是否必须提交董事会决议或股东(大)会决议。

(4)借款人提供复印件需加盖公章,业务人员应对借款人提供的复印件与相应的文件正本进行核对,核对无误后,业务人员在复印件上签字确认。

在实务操作中,业务人员还可根据贷款项目的具体情况,要求借款人增加、补充或修改有关材料,直至完全符合贷款的要求。

本节速览

面谈访问	内部意见反馈	贷款意向书	贷款承诺

三、贷前调查

贷前调查是贷款决策的基本组成部分,是指银行受理借款人申请后,对借款人的信用状况以及借款的合法性、安全性、盈利性等情况进行调查,核实抵(质)押物、保证人情况的过程。贷前调查是银行发放贷款前最重要的一环,也是贷款发放后能否如数按期收回的关键。

商业银行贷前调查的重点是收集整理借款人、主要股东或实际控制人以及贷款项目(如有)的相关信息,并对借款人和项目(如有)的合规风险、经营风险、财务风险等进行综合分析、评估、判断。

(一)贷前调查的方法

贷前调查的方法分为现场调研和非现场调查两种。其中,现场调研是贷前调查中最常用、最重要的一种方法,同时也是在一般情况下必须采用的方法。

方法	具体方法	内容
现场调研	现场会谈	现场会谈时，应当约见尽可能多的、不同层次的成员。 会谈应侧重了解其关于企业经营战略和发展的思路、企业内部的管理情况，从而获取对借款人及其高层管理人员的感性认识
	实地考察	实地考察时，业务人员必须亲自参观客户的生产经营场所，亲眼目测公司的厂房、库存、用水量、用电量、设备或生产流水线。 实地考察应侧重调查公司的生产设备运转情况、实际生产能力、产品结构情况、订单、应收账款和存货周转情况、固定资产维护情况、周围环境状况等
非现场调查	搜寻调查	搜寻调查是指通过各种媒介物搜寻有价值的资料开展调查。这些媒介物包括有助于贷前调查的报纸、书籍、期刊、互联网资料、官方记录等。搜寻调查应注意信息渠道的权威性、可靠性和全面性
	委托调查	委托调查可通过中介机构或银行自身网络开展调查。对于第三方中介机构提供的信息，业务人员应当结合贷前调查过程中获得的信息对其内容进行审慎核查
	其他方法	业务人员可通过接触客户的关联企业、竞争对手或个人获取有价值信息，还可通过行业协会（商会），政府的职能管理部门（如市场监督管理部门、税务机关、公安部门等机构）了解客户的真实情况

典题精练

【例7·单项选择题】下列选项中，（　　）不属于非现场调查。

A. 搜寻调查　　B. 委托调查

C. 接触客户的竞争对手　　D. 实地考察

D。【解析】实地考察属于现场调研。

【例8·单项选择题】（　　）是贷前调查中最常用、最重要的一种方法，同时也是在一般情况下必须采用的方法。

A. 搜寻调查　　B. 委托调查

C. 接触客户的关联企业　　D. 现场调研

D。【解析】现场调研是贷前调查中最常用、最重要的一种方法，同时也是在一般情况下必须采用的方法。

（二）贷前调查的内容

贷前调查的主要对象有借款人、保证人、抵（质）押人、抵（质）押物等。

1. 贷款合规性调查

要点	内容
定义	贷款的合规性是指银行业务人员对借款人和担保人的资格合乎法律和监管要求的行为进行调查、认定

（续表）

要点	内容
调查内容	(1)认定借款人、担保人合法主体资格。 (2)认定借款人、担保人的法定代表人、授权委托人、法人公章和签名的真实性与有效性,并依据授权委托书所载明的代理事项、权限、期限认定授权委托人是否具有签署法律文件的资格、条件。 (3)对需董事会决议同意借款和担保的,信贷业务人员应调查认定董事会同意借款、担保决议的真实性、合法性和有效性。 (4)对需股东(大)会决议同意借款和担保的,信贷业务人员应调查认定股东(大)会同意借款、担保决议的真实性、合法性和有效性。 (5)对抵押物、质押物清单所列抵(质)押物品或权利的合法性、有效性进行认定。 (6)对贷款使用合法合规性进行认定。 (7)对购销合同的真实性进行认定。 (8)对借款人的借款目的进行调查,防范信贷欺诈风险

2. 贷款安全性调查

要点	内容
定义	贷款的安全性是指银行应当尽量避免各种不确定因素对其资产和贷款等方面的影响,保证银行稳健经营和发展
调查内容	(1)对借款人、保证人及其法定代表人的品行、业绩、能力和信誉精心调查,熟知其经营管理水平、公众信誉,了解其履行协议条款的历史记录。 (2)考察借款人、保证人是否已建立良好的公司治理机制,主要包括是否制定清晰的发展战略、科学的决策系统、执行系统和监督系统、审慎的会计原则、严格的目标责任制及与之相适应的激励约束机制、健全的人才培养机制和健全负责的董事会。 (3)对借款人、保证人的财务管理状况进行调查,对其提供的财务报表的真实性进行审查,对重要数据核对总账、明细账,查看原始凭证与实物是否相符,掌握借款人和保证人的偿债指标、盈利指标和营运指标等重要财务数据。 (4)对借款人过去三年的经营效益情况进行调查,核实其拟实现的销售收入和利润的真实性和可行性,并进一步分析行业前景、产品销路以及竞争能力。 (5)对原到期贷款及应付利息清偿情况进行调查,认定不良贷款数额、比例并分析成因;对没有清偿的贷款本息,要督促和帮助借款人制订切实可行的还款计划。 (6)对有限责任公司和股份有限公司对外股本权益性投资和关联公司情况进行调查。 (7)对抵押物的价值评估情况作出调查。 (8)对于申请外汇贷款的客户,业务人员要调查认定借款人、保证人承受汇率、利率风险的能力,尤其要注意汇率变化对抵(质)押担保额的影响程度

3. 贷款效益性调查

要点	内容
定义	贷款的效益性是指贷款经营的盈利情况,是商业银行经营管理活动的主要动力。贷款的盈利水平是商业银行经营管理水平的综合反映,同时也受外部环境众多因素的影响

（续表）

要点	内容
调查内容	(1)结合当期资金成本、拨备等监管要求，计算该笔贷款的利差及风险调整后的收益情况。 (2)对借款人过去和未来给银行带来收入、存款、贷款、结算、结售汇等综合效益情况进行调查、分析、预测

典题精练

【例9·单项选择题】在贷款的合规性调查中，对借款人的借款目的进行调查是为了防范(　　)。

A. 经营风险　　B. 个别风险

C. 欺诈风险　　D. 投资风险

C。【解析】在贷款的合规性调查中，信贷业务人员调查借款人的借款目的，主要是为了防范信贷欺诈风险。

【例10·单项选择题】在贷款安全性调查中，对于申请外汇贷款的客户，业务人员尤其要注意(　　)对抵(质)押担保额的影响程度。

A. 汇率变化　　B. GDP 增长率

C. 通货膨胀率　　D. 存款准备金率

A。【解析】对于申请外汇贷款的客户，业务人员要调查认定借款人、保证人承受汇率、利率风险的能力，尤其要注意汇率变化对抵(质)押担保额的影响程度。

【例11·单项选择题】(　　)是指贷款经营的盈利情况，是商业银行经营管理活动的主要动力。

A. 贷款安全性　　B. 贷款合规性

C. 贷款风险性　　D. 贷款效益性

D。【解析】贷款的效益性是指贷款经营的盈利情况，是商业银行经营管理活动的主要动力。贷款的盈利水平是商业银行经营管理水平的综合反映，同时也受外部环境众多因素的影响。

本节速览

现场调研	非现场调查	贷款合规性	贷款安全性

四、贷前调查报告内容要求

(一)贷前调查报告内容一般要求

信贷业务人员要将贷前调查与信用风险分析结果形成贷前调查报告，供风险管理部门或风险评审委员会评审、批准。在贷前调查阶段就应参照各商业银行要求安排调查提纲和计划。调查报告一般包括以下内容。

要点	内容
借款人基本情况	借款人名称、性质、成立日期、经营年限、法人代表、组织架构、股东背景、实际控制人等基本情况；借款人经营范围、所属行业、核心主业、提供产品或服务的年生产能力；借款人的技术、管理情况；主要管理人员的品行、专业技术水平、经营管理能力评价；借款人是否涉入兼并（被兼并）、合资、分立、重大诉讼、破产等事项；借款人关联方的销售、融资情况及关联交易等情况
借款人生产经营及经济效益情况	借款人所处的行业情况、采购及销售模式、成立（特别是近三年）的成长性、盈利水平和变动趋势；产成品与原材料的价格比例关系与变动趋势；近三年销售收入、成本及利润的结构、增长率与未来变动趋势；产品市场占有份额与变动趋势；近三年原材料进口数量和金额、产成品出口量和创汇额、进出口商品盈亏及出口换汇成本分析；主要客户、供应商及分销渠道；销售模式、业务周期、产品销售季节特点
借款人财务状况	根据近三年及当期财务报表分析资产负债比率、流动资产和流动负债结构、主营业务利润率变化情况及原因、投资收益、营业外收入对利润总额的影响程度、未来变动趋势，侧重分析借款人的短期偿债能力、财务数据真实性；流动资金数额和周转速度；存货数量、净值、周转速度、变现能力、呆滞积压库存物资情况；应收账款金额、周转速度、数额较大或账龄较长的国内外应收账款情况，相互拖欠款项及处理情况；应付账款情况；对外投资情况、在建工程与固定资产的分布情况；亏损挂账、待处理流动资产损失、不合理资金占用及清收等情况
借款人资信及与银行往来情况	借款人在银行开户的情况；在银行长短期贷款余额、各类渠道的融资情况、以往借款的还款付息情况（不良贷款比率和收息率）、信用等级、授信限额及额度占用情况；借款人的或有负债情况；借款人已经提供的抵（质）押担保情况；借款人与其他银行的关系、在其他银行的开户与借款情况；中国人民银行企业征信系统反映的贷款情况、担保情况及信用记录情况；在银行日平均存款余额、结算业务量、综合收益；新增贷款后银行新增的存款、结算量及各项收益预测
资金用途	该笔贷款的金额、期限、用途、提款计划；该笔贷款所涉及的经营周期，结合借款人的用途、实际需求、经营周期、交易对手资金占用、现金流量情况分析贷款金额和期限的合理性和必要性
还款能力	还款来源；分析、说明借款人是否有还贷资金缺口，主要包括借款人依靠自身生产经营产生的现金流、综合收益及其他合法收入等对归还银行贷款的可靠性评价
担保情况	保证人基本状况；保证人担保能力评价：资信水平、信用等级、评级机构、其他对外保证金额、抵押或质押情况；根据近三年的资产、负债、所有者权益、资产负债率、销售收入、净利润、创汇等指标分析其资本信用与财务状况；抵（质）押的合法性；抵（质）押物名称、所在地、数量、质量和所有权/使用权人；抵（质）押物价值评价；抵（质）押率测算；抵（质）押物的变现能力评价；抵押物是否已办理保险手续，保险权益是否已转让银行或是否已出具把保险权益转让给银行的承诺函
银行业金融机构收益预测	利息收入、年结算量及结算收入、日均存款额、其他收入和收益等内容
风险评估意见	在对上述情况进行逐项分析并分别得出分项结论的基础上，对各分项论证结果进行全面的归纳总结，形成总体的风险评估意见
结论性意见	是否提供贷款；贷款的金额、期限、用途、利率、还款计划、担保方式、提款条件、信贷资金支付条款，以及尚需进一步落实的问题

典题精练

【例 12 · 单项选择题】下列不属于贷前调查报告内容一般内容的是(　　)。

A. 借款人财务状况　　B. 担保情况

C. 借款人生产经营及经济效益情况　　D. 项目收益

D。【解析】项目收益情况属于固定资产贷款贷前调查报告内容的特殊要求。

(二)固定资产贷款贷前调查报告内容的特殊要求

固定资产贷款贷前调查报告内容除需满足贷前调查报告内容一般要求外,还需包括有关用款项目的以下内容:

(1)项目合法性要件取得情况。项目合法性要件取得情况主要包括:可行性研究报告批复、立项批复、土地利用合法性文件、规划批复、环评批复等合法性要件的取得时间、批文文号、批复内容与项目是否一致;项目总投资、投资构成及来源;产品名称、规模;经济效益和社会效益评价等内容。

(2)投资估算与资金筹措安排情况。投资估算与资金筹措安排情况主要包括:银行对项目总投资、投资构成及来源的评估结果;项目资本金的来源和落实情况,资本金是否符合规定的比例;申请固定资产贷款金额、币别、用途、期限、利率;申请其他银行固定资产贷款金额、币别、用途、期限、利率;流动资金落实情况;投资进度;银行贷款的用款计划等内容。

(3)项目建设必要性及技术情况。项目建设必要性及技术情况主要包括:是否符合国家产业政策、投资政策、行业规划和社会经济发展需要,行业分析、市场情况、市场供求情况、价格走势和产品竞争能力、项目的工艺技术、装备的先进性和适用性、项目引进设备情况、非引进项目使用国内设备情况、商务合同等。

(4)项目配套条件落实情况。项目配套条件落实情况主要包括:厂址选择和土地征用落实情况;资源条件和原材料、辅助材料、配套水、电、气条件的落实情况;运输条件的落实情况;环保指标是否达到有关部门的要求,环境影响报告书是否已经由相关部门批准。

(5)项目效益情况。项目效益情况主要包括相关财务指标、财务现金流量和各年累计盈余资金是否出现负值、盈亏平衡点分析、敏感性分析等内容。

(6)项目风险分析。项目风险分析主要包括项目中存在的建设期风险和经营期风险等内容。

(三)流动资金贷款贷前调查报告内容的特殊要求

流动资金贷款贷前调查报告除需满足贷前调查报告内容一般要求外,还需包括借款人流动资金需求分析与测算的内容,主要包括:分析借款人经营规模及运作模式、季节性、技术性及结算方式等因素对借款人流动资金需求量的影响。流动资金贷款需求量测算是以企业产销规模为参照指标,并借助一定的计量方法,测算出企业一定时期内与产销相匹配的流动资金贷款需求规模,然后按照经济运行状况、行业发展规律和借款人的有效信贷需求及未来发展前景等情况,在合理预测的基础上,对定量估算结果进行必要调整,进而确定实际流动资金贷款需求量。

本节速览

生产经营及经济效益情况	财务状况	资金用途	担保情况

同步自测

一、单项选择题(在以下各小题所给出的四个选项中,只有一个选项符合题目要求,请将正确选项的代码填入括号内)

1. 下列不属于贷款效益性调查内容的是(　　)。
A. 借款人、保证人的财务管理状况
B. 计算贷款的利差
C. 计算贷款的风险调整后的效益情况
D. 借款人过去和未来给银行带来收入、存款、结算、结售汇等综合效益情况

2. 实地考察应侧重调查的内容不包括(　　)。
A. 公司生产设备的运转情况和实际生产能力
B. 产品结构情况、应收账款和存货周转情况
C. 固定资产维护情况和周围环境状况
D. 企业经营和发展的思路、企业内部的管理情况

3. 在银行贷款贷前调查报告中,借款人的财务状况不包括(　　)。
A. 资产负债比率　　B. 信用记录
C. 流动资金数额和周转速度　　D. 存货净值和变现能力

4. 下列各项中,可用来考察借款人资信及与银行往来情况的是(　　)。
A. 借款人的财务状况　　B. 借款人的经济效益
C. 不良贷款比率　　D. 还款来源

5. 贷款合规性调查中,被审查人除了借款人外,还可能是(　　)。
A. 关联方　　B. 债权人
C. 债务人　　D. 担保人

6. 银行对超越所在行权限的贷款项目出具意向书时,应报(　　)备案。
A. 中央银行　　B. 中国银行保险监督管理委员会
C. 总行　　D. 上级行

二、多项选择题(在以下各小题所给出的选项中,至少有两个选项符合题目要求,请将正确选项的代码填入括号内)

1. 现场调研包括(　　)。
A. 搜寻调查　　B. 现场会谈
C. 委托调查　　D. 实地考察
E. 接触客户的关联企业

2. 贷前调查的方法主要包括(　　)。
A. 通过中介机构调查
B. 通过政府职能部门了解
C. 与销售部门主管会谈
D. 通过接触客户的关联企业、竞争对手或个人获取信息
E. 利用各种媒介物搜寻有价值的资料

3. 在贷款贷前调查中，银行从项目获得的收益预测可从(　　)等方面考察。

A. 利息收入　　B. 转贷手续费

C. 年结算量及结算收入　　D. 日均存款额

E. 其他收入和收益

4. 一项贷款在确立贷款意向后，除借款申请书外，客户通常还需要提供的基本申请材料有(　　)。

A. 借款人预留印鉴卡及开户证明　　B. 企业征信报告

C. 借款人的验资证明　　D. 借款人近三年和最近一期的财务报表

E. 借款人自有资金、其他资金来源到位或能够计划到位的证明文件

5. 借款人应符合的要求包括(　　)。

A. "诚信申贷"的基本要求　　B. 借款人的主体资格要求

C. 借款人经营管理的合法合规性　　D. 借款人信用记录良好

E. 贷款用途及还款来源明确合法

三、判断题(请判断以下各小题的正误，正确的选A，错误的选B)

1. 搜寻调查可通过中介机构或银行自身网络开展调查。(　　)

A. 正确　　B. 错误

2. 贷款意向书和贷款承诺都是贷款程序中不同阶段的成果，常见于中长期贷款。每一笔中长期贷款均需做贷款意向书和贷款承诺。(　　)

A. 正确　　B. 错误

3. 为确保受理贷款申请的合理性，在必要情况下，业务人员还应将有关书面资料送交专业部门征求意见。(　　)

A. 正确　　B. 错误

答案详解

一、单项选择题

1. A。【解析】贷款效益性调查的内容如下：(1)结合当期资金成本、拨备等监管要求，计算该笔贷款的利差及风险调整后的收益情况。(2)对借款人过去和未来给银行带来收入、存款、贷款、结算、结售汇等综合效益情况进行调查、分析、预测。

2. D。【解析】实地考察应侧重调查公司的生产设备运转情况、实际生产能力、产品结构情况、订单、应收账款和存货周转情况、固定资产维护情况、周围环境状况等。D项属于现场会谈的侧重点。

3. B。【解析】在银行贷款贷前调查报告中，借款人财务状况主要包括：根据近三年及当期财务报表分析资产负债比率、流动资产和流动负债结构、主营业务利润率变化情况及原因、投资收益、营业外收入对利润总额的影响程度、未来变动趋势，侧重分析借款人的短期偿债能力、财务数据真实性；流动资金数额和周转速度；存货数量、净值、周转速度、变现能力、呆滞积压库存物资情况；应收账款金额、周转速度、数额较大或账龄较长的国内外应收账款情况，相互拖欠款项及处理情况；应付账款情况；对外投资情况、在建工程与固定资产的分布情况；亏损挂账、待处理流动资产损失、不合理资金占用及清收等情况。

4. C。【解析】借款人资信与银行往来情况主

要包括:借款人在银行开户的情况;在银行长短期贷款余额、各类渠道的融资情况、以往借款的还款付息情况(不良贷款比率和收息率)、信用等级、授信限额及额度占用情况;在银行日平均存款余额、结算业务量、综合收益;新增贷款后银行新增的存款、结算量及各项收益预测;借款人的或有负债情况;借款人已经提供的抵(质)押担保情况;借款人与其他银行的关系、在其他银行的开户与借款情况;中国人民银行征信系统反映的贷款情况、担保情况及信用记录情况。

5. D。【解析】贷款的合规性调查是指银行业务人员对借款人和担保人的资格合乎法律和监管要求的行为进行调查、认定。

6. D。【解析】在项目建议书批准阶段或之前,各银行可以对符合贷款条件的项目出具贷款意向书,一般没有权限限制,超所在行权限的项目须报上级行备案。

二、多项选择题

1. BD。【解析】开展现场调研工作通常包括现场会谈和实地考察两个方面。

2. ABCDE。【解析】贷前调查的方法包括现场调研(如约见尽可能多的、不同层次的各部门主管)和非现场调查,其中非现场调查包括搜寻调查(如通过媒介物搜寻各种有价值的资料)、委托调查(如通过中介机构或银行自身网络开展调查)以及其他方法(接触客户的关联企业、竞争对手或个人获取有价值的信息,还可通过协会、政府职能管理部门了解客户的真实情况)。A 项属于委托调查;B、D 两项属于非现场调查中的其他方法;C 项属于现场调研;E 项属于搜寻调查。

3. ACDE。【解析】贷前调查中,银行业金融机构收益预测可从利息收入、年结算量及结算收入、日均存款额、其他收入和收益等方面考察。

4. ABCDE。【解析】除了 A、B、C、D、E 五项申请材料外,基本申请材料还包括:(1)注册登记或批准成立的有关文件。(2)有关交易合同、协议。如借款人为外商投资企业或股份制企业,应提交关于同意申请借款的董事会决议和借款授权书正本。

5. ABCDE。【解析】A、B、C、D、E 均为借款人应符合的要求。

三、判断题

1. B。【解析】委托调查可通过中介机构或银行自身网络开展调查。

2. B。【解析】贷款意向书和贷款承诺是贷款程序中不同阶段的成果,常见于中长期贷款,但并非每一笔中长期贷款均需要做贷款意向书和贷款承诺,有的贷款操作过程中既不需要贷款意向书,也不需要贷款承诺。

3. A。【解析】贷款申请是否受理往往基于对客户或项目的初步判断。作为风险防范的第一道关口,在贷款的派生收益与贷款本身安全性的权衡上,业务人员应坚持将贷款安全性放在第一位,对安全性较差的项目在受理阶段须持谨慎态度。为确保受理贷款申请的合理性,在必要情况下,业务人员还应将有关书面材料送交专门部门征求意见。

第三章 贷款环境风险分析

要点导图

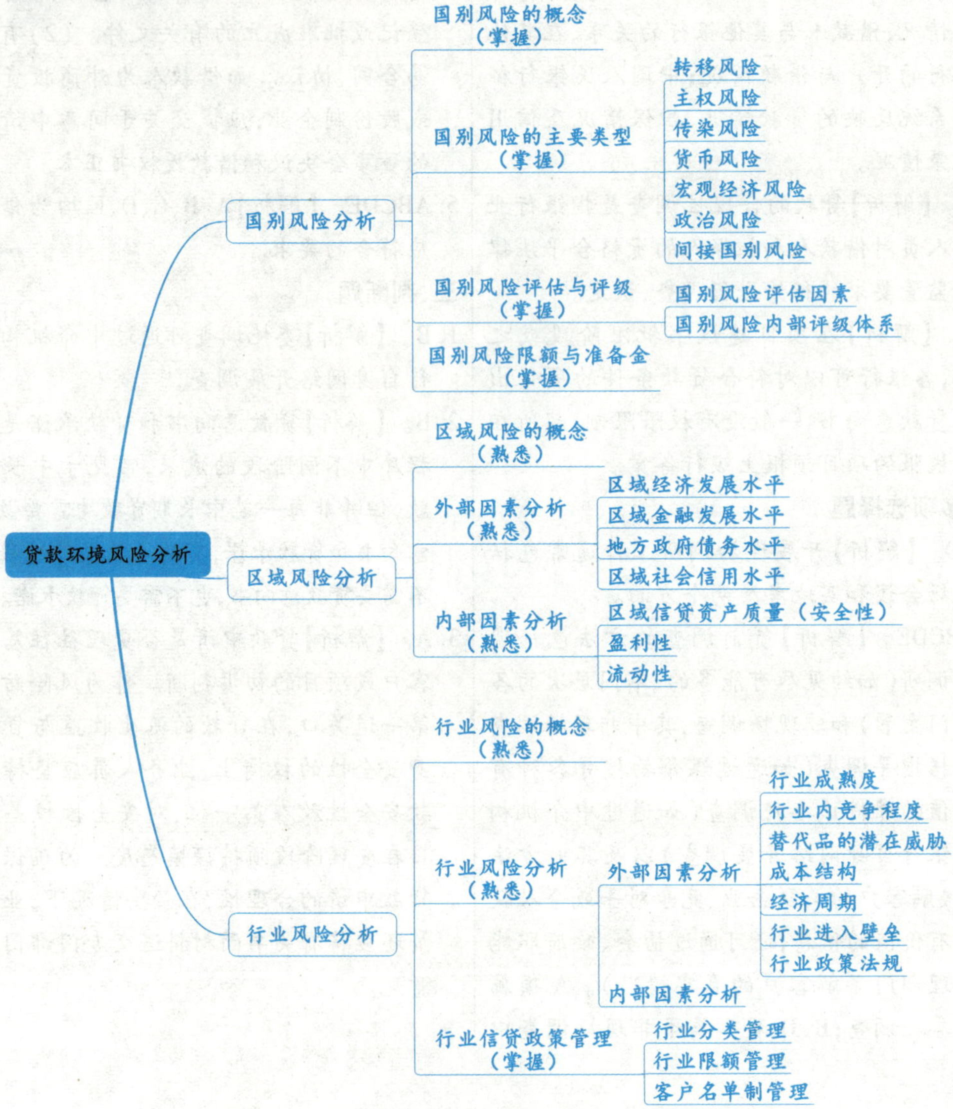
贷款环境风险分析
国别风险分析
国别风险的概念（掌握）
国别风险的主要类型（掌握）
转移风险
主权风险
传染风险
货币风险
宏观经济风险
政治风险
间接国别风险
国别风险评估与评级（掌握）
国别风险评估因素
国别风险内部评级体系
国别风险限额与准备金（掌握）
区域风险分析
区域风险的概念（熟悉）
外部因素分析（熟悉）
区域经济发展水平
区域金融发展水平
地方政府债务水平
区域社会信用水平
内部因素分析（熟悉）
区域信贷资产质量（安全性）
盈利性
流动性
行业风险分析
行业风险的概念（熟悉）
行业风险分析（熟悉）
外部因素分析
行业成熟度
行业内竞争程度
替代品的潜在威胁
成本结构
经济周期
行业进入壁垒
行业政策法规
内部因素分析
行业信贷政策管理（掌握）
行业分类管理
行业限额管理
客户名单制管理

知识解读

一、国别风险分析(中级考试内容)

(一)国别风险的概念

国别风险是指由于某一国家或地区经济、政治、社会变化及事件,导致该国家或地区借款人或债务人没有能力或者拒绝偿付银行业金融机构债务,或使银行业金融机构在该国家或地区的商业存在遭受损失,或使银行业金融机构遭受其他损失的风险。

国别风险可能由一国或地区经济状况恶化、政治和社会动荡、资产被国有化或被征用、政府拒付对外债务、外汇管制或货币贬值等情况引发。

(二)国别风险的主要类型

要点	内容
转移风险	转移风险指借款人或债务人由于本国外汇储备不足或外汇管制等原因,无法获得所需外汇偿还其境外债务的风险
主权风险	主权风险指外国政府没有能力或者拒绝偿付其直接或间接外币债务的可能性
传染风险	传染风险指某一国家的不利状况导致该地区其他国家评级下降或信贷紧缩的风险,尽管这些国家并未发生这些不利状况,自身信用状况也未出现恶化
货币风险	货币风险指由于汇率不利变动或货币贬值,导致债务人持有的本国货币或现金流不足以支付其外币债务的风险
宏观经济风险	宏观经济风险指债务人因本国政府采取保持本国货币币值的措施而承受高利率的风险
政治风险	政治风险指债务人因所在国发生政治冲突、政权更替、战争等情形,或者债务人资产被国有化或被征用等情形而承受的风险
间接国别风险	间接国别风险指某一国家经济、政治或社会状况恶化,威胁到在该国有重大商业关系或利益的本国借款人的还款能力的风险。间接国别风险无须纳入正式的国别风险管理程序中,但银行业金融机构在评估本地借款人的信用状况时,应适当考虑国别风险因素

(三)国别风险评估与评级

1. 国别风险评估因素

要点	内容
政治外交环境	政治稳定性、政治力量平衡性、政体成熟程度、地缘政治与外交关系状况等
经济金融环境	(1)宏观经济运行情况(如经济增长水平、模式和可持续性,通货膨胀水平,就业情况,支柱产业状况)。 (2)国际收支平衡状况(如经常账户状况和稳定性、国外资本流入情况、外汇储备规模)。 (3)金融指标表现(如货币供应量、利率、汇率)。 (4)外债结构、规模和偿债能力。

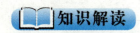

（续表）

要点	内容
经济金融环境	(5)政府财政状况。 (6)经济受其他国家或地区问题影响的程度。 (7)是否为国际金融中心，主要市场功能、金融市场基础设施完备程度和监管能力
制度运营环境	(1)金融体系。 (2)法律体系。 (3)投资政策。 (4)遵守国际法律、商业、会计和金融监管等标准情况，以及信息透明度。 (5)政府纠正经济及预算问题的意愿和能力
社会安全环境	(1)社会文明程度和文化传统。 (2)宗教民族矛盾。 (3)恐怖主义活动。 (4)其他社会问题，包括但不限于犯罪和治安状况、自然条件和自然灾害、疾病瘟疫等

2. 国别风险内部评级体系

按照《银行业金融机构国别风险管理指引》要求，商业银行建立国别风险内部评级体系，以反映国别风险评估结果。国别风险评级至少应划分为低、较低、中、较高、高五个等级，对应的主要分类特征为：不存在风险事件或不受影响；有不利因素；可能会造成一定损失；肯定要造成较大损失；无法回收或收回极少。风险暴露较大的银行可以考虑建立更为复杂的评级体系；国别风险暴露较低的银行，可以主要利用外部资源开展国别风险评估和评级，但最终应当做出独立判断。银行国别风险评级要与贷款分类体系形成一定的对应关系，在设立国别风险限额和确定国别风险准备金计提水平时要充分考虑风险评级结果。

（四）国别风险限额与准备金

按照《银行业金融机构国别风险管理指引》要求，银行应当对国别风险实行限额管理，在综合考虑跨境业务发展战略、国别风险评级和自身风险偏好等因素的基础上，按国别合理设定覆盖表内外项目的国别风险限额。有重大国别风险暴露的，银行业金融机构应当考虑在总限额下按业务类型、交易对手类型、国别风险类型和期限等设定分类限额。国别风险限额的设定方法通常是基于国别风险评级，按照银行可供贷放的资金或银行资本金一定比例确定。在国别风险总量控制基础上，对评级高的国家给予较高的额度，对评级低的国家给予较低的额度。

此外，按照《银行业金融机构国别风险管理指引》要求，银行还应当按国别风险分类情况，在考虑风险转移和风险缓释因素后，参照以下标准对具有国别风险的资产计提国别风险准备金：低国别风险不低于0.5%；较低国别风险不低于1%；中等国别风险不低于15%；较高国别风险不低于25%；高国别风险不低于50%。国别风险准备金应当作为资产减值准备的组成部分。

典题精练

【例1·单项选择题】下列不属于国别风险的是( )。

A. 转移风险　　B. 主权风险

C. 利率风险　　D. 货币风险

C。【解析】转移风险是国别风险的主要类型之一,是指借款人或债务人由于本国外汇储备不足或外汇管制等原因,无法获得所需外汇偿还其境外债务的风险。国别风险的类型还包括主权风险、货币风险、宏观经济风险、传染风险、政治风险和间接国别风险。

【例2·多项选择题】国别风险评估因素包括( )。

A. 政治外交环境　　B. 经济金融环境

C. 制度运营环境　　D. 社会安全环境

E. 文化教育环境

ABCD。【解析】国别风险评估因素包括政治外交环境、经济金融环境、制度运营环境、社会安全环境。

本节速览

国别风险	转移风险	国别风险评估	国别风险限额

二、区域风险分析

(一)区域风险的概念

区域风险是指受特定区域的自然、社会、经济、文化和银行管理水平等因素影响,而使信贷资产遭受损失的可能性。这既包括银行外部因素引发的区域风险,也包括银行内部因素导致的区域风险。区域风险分析是银行制定差异化授信政策、实施资源投放的重要基础。

(二)外部因素分析

1. 区域经济发展水平

经济是金融风险的源泉,一个地区经济发展水平决定了该地区金融生态环境的基本面。地方经济出现问题,必定会影响当地金融业健康发展。通常评价区域经济发展水平指标有:

(1)地区生产总值(GRDP)(或地区人均 GRDP 水平)。该指标能够反映区域总体经济水平和实力。

(2)地区 GRDP 增长率。该指标反映区域经济发展的态势和前景。

(3)地方财政收入(或可支配财力)。该指标反映地方政府财政实力和财政支出的能力。

(4)固定资产投资总量。固定资产投资是拉动国民经济增长的重要引擎,该指标能够反映区域经济活跃程度和未来增长的前景。

(5)实际利用外资总额。该指标能够反映一个地区对外开放程度、投资环境和投资吸引力情况。

(6)进出口贸易总量。该指标能够反映一个地区经济的外向型程度和在国际化分工中的竞争实力。

(7)人均社会零售商品总额。该指标能够反映一个地区居民购买力和物质文化生活水平。

(8)第三产业经济增加值占比。该指标能够反映一个地区经济结构转型和优化的程度，一般来说该指标越高，说明地区服务业对经济贡献程度越大，经济增长质量越好。

2. 区域金融发展水平

区域金融发展水平直接决定商业银行经营环境，影响银行业务发展规模、质量和结构。评价区域金融发展水平的主要指标有：

(1)地区存(贷)款总量及增长率。该指标能够反映一个地区金融总量及其变化趋势。

(2)地区社会融资规模。该指标反映的是一定时期和一定区域内实体经济从金融体系获得的资金总额，是增量概念。反映了一个地区非金融企业通过直接和间接渠道获得的融资总规模。

(3)地区存贷比水平。该指标能够反映一个地区储蓄转换投资的效率情况。

(4)地区直接融资占比。该指标能够反映一个地区金融市场发育程度。

3. 地方政府债务水平

地方政府债务水平影响地方金融稳定，也影响银行信贷资金安全。衡量地方政府债务水平指标主要有：

(1)地方政府负债率。该指标指的是地方政府债务余额与地区生产总值之比，国际通行警戒标准为 60%。

(2)地方政府债务率。该指标是指地方政府债务余额与综合财力之比，国际货币基金组织建议警戒标准为 90% ~150%。

4. 区域社会信用水平

区域社会信用水平在很大程度上影响商业银行信贷经营的资产质量和经济效益。主要评价指标有：

(1)区域不良贷款率及其变化。该指标能够反映一个地区整体信用水平及变化趋势。

(2)银行诉讼债权回收率。该指标能够反映一个地区金融执法效率。

(3)其他指标，包括区域企业的欠税情况、政府性债务拖欠情况、商务合同违约情况、企业逃废债情况。

(三)内部因素分析

要点	内容
区域信贷资产质量(安全性)	区域信贷资产质量是对区域信贷风险状况的直接反映，它是衡量内部风险最重要的指标。信贷资产质量好，则表明该区域信贷风险低。评价信贷资产质量主要有以下指标： (1)不良贷款率。该指标从静态上反映了目标区域信贷资产整体质量。 (2)相对不良率。该指标反映目标区域信贷资产质量水平在银行系统中所处的相对位置。指标越高，区域风险越高。该指标大于 1 时，说明目标区域信贷风险高于银行一般水平。 (3)不良率变幅。该指标反映目标区域信贷资产质量和区域风险变化的趋势。指标为负，说明资产质量上升，区域风险下降；指标为正，说明资产质量下降，区域风险上升。

（续表）

要点	内容
区域信贷资产质量（安全性）	(4)信贷余额扩张系数。该指标反映目标区域信贷规模变动对区域风险的影响。指标小于0时，目标区域信贷增长相对较慢，负数较大意味着信贷处于萎缩状态；指标过大则说明区域信贷增长速度过快。扩张系数过大或过小都可能导致风险上升。该指标通常考察因区域信贷投放速度过快而产生扩张性风险。 (5)不良贷款生成率。该指标通过当年新生成不良贷款与年初贷款余额比值，反映目标区域信贷资产质量变化趋势。该指标越高，目标区域信贷资产质量恶化速度就越快，潜在风险越高。 (6)不良贷款剪刀差。该指标通过逾期90天以上贷款与不良贷款比值，反映目标区域贷款质量分类准确性和不良贷款真实水平情况，该指标越大，反映目标区域潜在风险越高。 (7)到期贷款现金回收率。该指标反映目标区域信贷资产不通过借新还旧、展期等方式正常回收情况。 (8)利息实收率。该指标反映目标区域信贷资产的收益实现情况
盈利性	信贷资产的利差边际和盈利能力是抵御风险的重要保证，目标区域信贷资产盈利性越好，抵御区域风险能力相对就越强。商业银行通常用以下指标来衡量目标区域的盈利性： (1)净息差。该指标通过净利息收入与生息资产比值，反映目标区域信贷资产盈利能力。该指标越高，说明目标区域信贷资产收益能力越强。 (2)经济资本回报率（又称经风险调整后资本收益率 RAROC）。RAROC 是指信贷资产扣除资金成本、运营成本、风险成本（预期损失）、税收成本后的净收入相对经济资本（经济资本描述的是在一定的置信度水平上，银行经营某项资产，为了弥补该项资产为银行带来的非预计损失所需要的资本）的收益率水平。该指标越高，说明目标区域信贷资产实际盈利能力越好、机构风险定价能力越强。 (3)经济增加值（EVA）。该指标反映的是信贷资产扣除资金成本、运营成本、风险成本（预期损失）、税收成本及资本成本后的绝对收益。EVA >0，说明信贷资产为银行股东创造价值，EVA <0，说明信贷资产不仅没有为目标机构创造价值，相反还实际损害了银行股东利益
流动性	流动性风险是银行需要重点防范的风险。为引导分行在发放贷款同时做好吸储工作、保障全行流动性处于安全水平，银行通常会根据全行不同时期流动性风险严重程度以及各区域机构资源禀赋差异，设定有一定弹性的考核指标，在发挥机构各自比较优势同时，确保全行流动性整体保持较好的平衡。分支机构流动性考核指标通常包括： (1)存量存贷比率（又称“存贷比”或“贷存比”），是指目标机构全部贷款余额与存款余额比例，该指标反映机构整体流动性水平。一家机构存贷比水平，应保持适中水平，指标值过高，会增加流动性风险；指标值过低，亦会影响机构收益水平。 (2)增量存贷比率，是指目标机构新增贷款与新增存款余额比，该指标反映一家机构存贷比动态趋势。增量存贷比率高于存量存贷比率，机构流动性将进一步降低或恶化

典题精练

【例3·单项选择题】下列不属于评价区域经济发展水平指标的是(　　)。

A. 地区生产总值　　B. 地方财政收入

C. 进出口贸易总量　　D. 地区社会融资规模

D。【解析】地区社会融资规模属于评价区域金融发展水平的指标。

【例4·单项选择题】银行进行内部因素分析时，常用的内部指标不包括(　　)。

A. 风险性　　B. 安全性

C. 盈利性　　D. 流动性

A。【解析】银行进行区域信贷风险分析时，常用的内部因素分析指标为安全性、盈利性和流动性。

本节速览

区域经济发展水平	区域金融发展水平	地方政府债务水平	区域社会信用水平

三、行业风险分析

(一)行业风险的概念

行业风险是指由于一些不确定因素的存在，导致对某行业生产、经营、投资或授信后偏离预期结果而造成损失的可能性。

行业风险管理是银行全面评估行业的成长性风险、周期性风险、产业关联度风险、行业壁垒风险、市场集中度风险、宏观政策风险等各个方面的风险因素的基础上，确定授信资产的行业布局和调整战略，并制定具体的行业授信政策、实施风险管理的过程。

(二)行业风险分析

1. 外部因素分析

(1)行业成熟度。

①行业发展各阶段的特点。

阶段	特点
启动阶段	处于启动阶段的行业发展迅速，年增长率可以达到 100% 以上。 销售：由于价格比较高，销售量很小。 利润：因为销售量低而成本相对很高，利润为负值。 现金流：低销售，高投资和快速的资本成长需求造成现金流也为负值
成长阶段	处在成长阶段的行业通常年增长率会超过 20%。 销售：产品价格下降的同时产品质量却取得了明显提高，销售大幅增长。 利润：由于销售大幅提高、规模经济的效应和生产效率的提升，利润转变成正值。 现金流：销售快速增长，现金需求增加，所以这一阶段的现金流仍然为负值

（续表）

阶段	特点
成熟阶段	处在成熟阶段的行业增长较为稳定，根据宏观经济增长速度的不同，一般年增长率为5%～10%。 销售：产品价格继续下跌，销售额增长速度开始放缓。产品更多地倾向于特定的细分市场，产品推广成为影响销售的最主要因素。 利润：由于销售的持续上升加上成本控制，这一阶段利润达到最大化。 现金流：资产增长放缓，营业利润创造连续而稳定的现金增值，现金流最终变为正值
衰退阶段	处在衰退阶段的行业的共同点是销售额在很长时间内都是处于下降阶段。 销售：通常以较为平稳的速度下降，但在一些特殊行业中有可能出现快速下降。 利润：慢慢地由正变为负。 现金流：先是正值，然后慢慢减小，现金流维持在正值的时间跨度一般长于利润的时间跨度

②行业发展各阶段的风险分析。

第一，处在启动阶段的行业代表着最高的风险。原因主要有：首先，由于是新兴行业，几乎没有关于此行业的信息，也就很难分析其所面临的风险；其次，行业面临很快而且难以预见的各种变化，使企业还款具有很大的不确定性；最后，本行业的快速增长和投资需求将导致大量的现金需求，从而使一些企业可能在数年中都会拥有较弱的偿付能力。

第二，成长阶段的企业代表中等程度的风险，但是这一阶段也同时拥有所有阶段中最大的机会，因为现金和资本需求非常大。

第三，成熟期的行业代表着最低的风险。

第四，处在衰退期的行业代表相对较高的风险。

（2）行业内的竞争程度。处于竞争相对较弱的行业的企业短期内受到的威胁就较小，反之则相反。竞争越激烈，企业面临的不确定性越大，企业的经营风险就越大，借款银行所要承担的信用风险就越大。

竞争程度的大小受很多因素影响，其中最主要和最普遍的因素包括：

①在经济周期达到谷底时，企业之间的竞争程度达到最大。

②竞争程度一般在动荡期会增加。

③高经营杠杆增加竞争。

④市场成长越缓慢，竞争程度越大。

⑤产品差异越小，竞争程度越大。

⑥行业分散和行业集中。

⑦退出市场的成本越高，竞争程度越大。

（3）替代品的潜在威胁。替代品的潜在威胁对行业的销售和利润的影响也在波特五力模型分析法里有所反映。替代品指的是来自其他行业或者海外市场的产品。这些产品或者服务对需求和价格的影响越强，风险就越高。

（4）成本结构。成本结构指的是某一行业内企业的固定成本和可变成本之间的比例。成本结构的组成部分如下表。

要点	内容
固定成本	固定成本通常不随销售量的变化而变化，一般包括固定资产的折旧、企业日常开支（水、电等）、租赁费用、利息、管理人员工资等花费
变动成本	变动成本随着生产和销售水平的变化而变化，一般包括原材料、生产过程中的费用、人工成本（生产过程产生的）、广告及推广的费用、销售费用等
经营杠杆	如果一个行业固定成本占总成本的较大比例，则这个行业的经营杠杆较高。对于高经营杠杆的成熟行业来说，维持市场占有率是保证盈利能力的关键因素。 经营杠杆是营业利润相对于销售量变化敏感度的指示剂。经营杠杆越大，销售量对营业利润的影响就越大。通常情况下，高经营杠杆代表着高风险
盈亏平衡点	盈亏平衡点是某一企业销售收入与成本费用相等的那一点。当销售收入在盈亏平衡点以下时，企业将要承受损失；在盈亏平衡点以上时，企业创造利润。 高经营杠杆行业的盈亏平衡点较高

（5）经济周期。经济周期是指市场经济体制下经济增长速度或者其他经济活动自然的上升和下降，也称商业周期。它是信贷分析的关键要素。经济周期普通包括的五个阶段如下表。

阶段	特点
顶峰	经济活动和产出的最高点，然而顶峰也是经济由盛转衰的转折点，此后经济就将进入下降阶段
衰退	经济活动和产出放缓甚至变为负值
谷底	经济活动的最低点
复苏	经济活动重新开始增长
扩张	经济活动和产量超过之前的顶峰

时间跨度和幅度是经济周期最重要的参数。

商业银行在分析经济周期对行业风险的影响时，首先要做到的是判断此行业是周期性、反周期性还是非周期性，然后需要判断周期对销售、利润和现金流的影响程度。经济周期对行业销售、利润和现金流的影响越大，信用风险就越大。风险度最高的行业是对经济周期敏感度最高，经济萧条或者长期的衰退会造成大量企业破产的行业；风险度低的行业通常受到经济周期的影响很小。

（6）行业进入壁垒。进入壁垒是指行业内既存企业对于潜在企业和刚刚进入这个行业的新企业所具有的某种优势。进入壁垒的高低是影响该行业市场垄断和竞争关系的一个重要因素，在进入壁垒较高的行业，企业面临的竞争风险较小，它们维持现有高利润的机会就越大。

（7）行业政策法规。政策法规主要包括防污控制、水质、产品标准、保护性关税或者价格控制等。

典题精练

【例5·多项选择题】启动阶段行业的销售、利润和现金流特点为（　　）。

A. 由于价格比较高，销售量很小

B. 因为销售量低而成本相对很高，利润为负值

C. 低销售，高投资和快速的资本成长需求造成现金流也为负值

D. 产品价格下降的同时产品质量却得到了明显提高，销售大幅增长

E. 销售大幅提高、规模经济的效应和生产效率的提升，利润转变成正值

ABC。【解析】选项D、E属于成长阶段销售和利润的特点。

2. 内部因素分析

银行内部相关行业资产质量情况，是行业风险最直接的表现。统计指标包括但不限于以下内容：行业不良率（及逾期率）、行业不良贷款变化率、行业不良贷款生成率、行业风险资产比例（关注类与不良合计/资产总额）、行业到期贷款现金回收率、行业不良贷款剪刀差等。

（三）行业信贷政策管理（中级考试内容）

行业信贷政策是银行根据国家产业行业政策要求，在行业分析的基础上，对部分行业制定的有针对性的信贷政策用于指导行业信贷客户准入、信贷投放、贷款管理等相关工作，以做到结构调整有方向、审查审批有标准、授信额度有管控、授权管理有依据。行业信贷政策通常包括行业分类管理、行业限额管理和客户名单制管理等组成部分。

1. 行业分类管理

行业分类管理是银行根据国家宏观调控和产业行业政策导向、行业发展趋势、贷款集中度、贷款质量等，把信贷介入行业划分为不同类别（例如：积极介入、适度介入、审慎介入和控制压缩等），并将不同类别对应不同的行业整体贷款增长目标、贷款定价策略、产品策略等进行管理。

要点	内容
积极介入类行业	银行积极介入类行业，一般为国家重点投资领域、发展前景好、业务机会大的行业，在政策引导上应确保这类行业贷款增速应高于全行贷款平均增速
适度介入类行业	适度介入类行业，一般是符合国家产业政策、当前发展势头良好但存在潜在风险的行业，行业贷款增速一般不应高于全行贷款平均增速
审慎介入类行业	审慎介入类行业，一般为受宏观经济政策不利影响、存在较大市场风险、行业利润率偏低、银行资产质量一般的行业，对这类行业贷款增幅原则上要进行相应控制
控制压缩类行业	控制压缩类行业，一般属于产能过剩严重、国家政策限制、银行资产质量较差的行业，除银行认定的行业重点客户和享受区域性差别化信贷政策的客户外，行业贷款余额一般应有所下降

2. 行业限额管理

行业风险限额管理是行业信贷政策的重要管理工具。行业风险限额管理目的是确保银行信贷投放体现本行信贷业务发展战略、适应国民经济运行及行业景气周期，避免行业过度集中而产生系统性风险，实现行业信贷组合优化和收益最大化。

行业限额设定，不同银行有不同方法。一般银行在设定行业风险限额时，通常会同时从风险和收益角度综合考虑，一方面既要达到控制总量性和系统性行业信贷风险目标，另一方

面也要有利于信贷市场开拓和实现资产经营效益的最大化。具体因素包括经济周期规律与行业周期波动、行业发展前景和预期市场目标、银行现有信贷存量及结构、行业违约率与违约损失率、行业收益率与风险调整后收益率、行业风险相关性和收益相关性。

行业限额设定，通常是银行经济资本在行业层面进行组合分配的过程。通常情况下，行业贷款 RAROC 越大则该行业在下一年度贷款增长率也越大，行业贷款 RAROC 越小则该行业在下一年度贷款增长率也越小。在相关计量模型确定的行业限额分配基础上，银行通常还会基于自身前瞻性业务发展战略和国家宏观政策导向，对于行业风险限额进行调整。

行业风险限额设定，通常还会与压力测试工作密切联系。银行根据行业在压力情景下的表现，及时对行业风险限额进行调整。对于敏感性测试不过关、压力情景下风险突出的行业，银行进行更加审慎的限额管控。

商业银行行业风险限额管理通常会采取刚性控制和弹性调整相结合的方式，将行业风险限额分为指令性限额和指导性限额两种类型。指令性限额实行刚性的额度管控，相关信贷业务要在限额控制目标内，原则上不得突破限额办理；指导性限额实行弹性的额度引导，总行对限额使用情况进行监测评价，引导相关条线和分行依据限额提示把握信贷投放节奏，调整行业信贷结构，通过提高定价或贷款条件，实行柔性控制。

3. 客户名单制管理

客户名单制管理，通常是指一家银行根据自身行业信贷政策，制订行业内信贷客户分类标准，确定客户名单，实施客户分类，并对不同类别客户实施差异化管理的过程。客户名单制管理的重点对象，通常是监管有明确导向或行内重点管理领域的法人客户。

商业银行通常会基于客户风险、客户贡献和潜在价值，将客户名单按照一定标准，划分为不同类别（如支持、维持、压缩、退出等不同类型客户名单）。针对不同类别客户名单，实施差异化信贷政策。

要点	内容
支持类客户	支持类客户是信贷营销和信贷投向的重点，要优先保证其信贷资源配置，并在筛选行业重点客户、优化流程、灵活定价、差异化授权等方面予以重点考虑
维持类客户	对维持类客户，原则上采取维持存量授信策略，在控制好融资总量的同时，要大力调整信贷业务品种、担保结构、期限结构，确保信贷资产的安全性和流动性，提高贷款收益水平
压缩类客户	对压缩类客户，要压缩授信额度，明确压缩目标与计划，逐步降低或控制融资总量
退出类客户	对退出类客户，制订退出额度计划与进度，抓紧清收，在坚持总量控制的原则下鼓励以低信用风险业务品种置换高风险业务品种

维持类、压缩类和退出类客户在办理信贷业务时，通常会提高利（费）率浮动幅度。

客户名单通常实施动态管理。银行通常会根据国家宏观经济运行与政策、行业走势与政策、企业经营状况、银企关系等变化，适时调整行业客户分类标准和名单。

本节速览

行业风险	行业成熟度	成本结构	经济周期
行业进入壁垒	行业分类管理	行业限额管理	客户名单制管理

同步自测

一、单项选择题(在以下各小题所给出的四个选项中,只有一个选项符合题目要求,请将正确选项的代码填入括号内)

1. (　　)指某一国家的不利状况导致该地区其他国家评级下降或信贷紧缩的风险,尽管这些国家并未发生这些不利状况,自身信用状况也未出现恶化。

A. 传染风险　　B. 转移风险

C. 货币风险　　D. 主权风险

2. 评价信贷资产质量的指标不包括(　　)。

A. 信贷余额扩张系数　　B. 相对不良率

C. 存贷比　　D. 不良贷款生成率

3. 下列选项中,能够评价目标区域信贷资产的收益实现情况的是(　　)。

A. 贷款实际收益率　　B. 银行收益率

C. 利息实收率　　D. 信贷资产相对不良率

4. 银行信贷专员小李在运用相关指标对区域风险状况进行分析时,发现该银行的信贷资产相对不良率小于1、不良率变幅为负、不良贷款剪刀差较小。如果小李仅以以上信息来判断,则区域风险(　　)。

A. 较大,不适合发展信贷业务

B. 较小,可以发展信贷业务

C. 根据前两项指标判断,信贷资产质量较差,区域风险较大;以第三项判断,区域风险小

D. 根据前一项指标判断,信贷资产质量较差,区域风险较大;以第二、三项判断,信贷区域风险较小

5. 对于银行公司信贷业务而言,行业风险在启动阶段最高的原因不包括(　　)。

A. 很难分析新兴行业所面临的风险　　B. 企业还款具有很大的不确定性

C. 拥有较弱的偿付能力　　D. 企业管理者缺乏行业经验

6. 处于成长阶段的行业通常年增长率会(　　)。

A. 达到100%以上　　B. 超过20%

C. 达到5%~10%　　D. 下降

7. 下列不属于国别风险评估因素中经济金融环境的是(　　)。

A. 宏观经济运行情况　　B. 国际收支平衡情况

C. 外债结构　　D. 政治稳定性

二、多项选择题(在以下各小题所给出的选项中,至少有两个选项符合题目要求,请将正确选项的代码填入括号内)

1. 行业风险管理是银行在全面评估行业的(　　)等各方面的风险因素的基础上,确定授信资产的行业布局和调整战略,并制定具体的行业授信政策实施风险管理的过程。

A. 周期性风险　　B. 成长性风险

C. 产业关联度风险　　D. 市场集中度风险

E. 行业壁垒风险

2. 进入壁垒(　　)。

A. 是行业内既存企业对于潜在企业和刚刚进入这个行业的新企业所具有的某种优势

B. 是想进入或者刚刚进入某个行业的企业与既存企业竞争时可能遇到的种种不利因素

C. 是打算进入某一行业的企业所必须承担的一种额外生产成本

D. 影响该行业市场垄断和竞争关系

E. 都是长期的、可持续的

3. 影响某一行业竞争程度的因素主要包括(　　)。

A. 行业集中度　　B. 经营杠杆高低

C. 产品差异程度　　D. 市场成长快慢

E. 退出壁垒大小

4. 下列属于国别风险的有(　　)。

A. 传染风险　　B. 货币风险

C. 微观经济风险　　D. 主权风险

E. 政治风险

5. 下列关于盈亏平衡点的说法中，正确的有(　　)。

A. 当销售收入在盈亏平衡点以下时，企业将要承受损失

B. 盈亏平衡点越低，影响盈利水平的风险越小

C. 盈亏平衡点是某一企业销售收入与成本费用相等的那一点

D. 高经营杠杆行业中的企业需要达到较高水平的销售收入来抵消较高的固定成本

E. 如果盈亏平衡点较低，很小的销售下滑便有可能会导致较大的利润下滑

6. 衡量区域社会信用水平的指标有(　　)。

A. 区域不良贷款率　　B. 银行诉讼债权回收率

C. 企业逃废债情况　　D. 商务合作违约情况

E. 区域企业的欠税情况

三、判断题（请判断以下各小题的正误，正确的选 A，错误的选 B）

1. 地方政府债务率是指地方政府债务余额与综合财力之比，国际货币基金组织建议警戒标准为 90% ~150%。(　　)

A. 正确　　B. 错误

2. 不良贷款剪刀差反映目标区域贷款质量分类准确性和不良贷款真实水平情况，该指标越大，反映目标区域潜在风险越低。(　　)

A. 正确　　B. 错误

3. 固定成本通常随销售量的变化而变化，它一般包括固定资产的折旧、企业日常开支(水、电等)、利息、租赁费用、管理人员工资等花费。(　　)

A. 正确　　B. 错误

4. 行业分类管理把信贷介入行业划分为积极介入、适度介入、审慎介入三种类型。(　　)

A. 正确　　B. 错误

答案详解

一、单项选择题

1. A。【解析】传染风险指某一国家的不利状况导致该地区其他国家评级下降或信贷紧缩的风险，尽管这些国家并未发生这些不利状况，自身信用状况也未出现恶化。

2. C。【解析】评价信贷资产质量的指标主要有不良贷款率、相对不良率、不良率变幅、信贷余额扩张系数、利息实收率、不良贷款生成率、不良贷款剪刀差、到期贷款现金回收率。存贷比是衡量流动性的指标。

3. C。【解析】利息实收率用于衡量目标区域信贷资产的收益实现情况。

4. B。【解析】相对不良率小于1时，表明该区域信贷风险低于银行一般水平，因而区域风险相对较低。不良率变幅为负时，表明该区域不良资产率在下降，区域风险下降；不良贷款剪刀差小，反映区域风险相对较低。综合起来，以上3个指标都表明该区域风险较小，可发展信贷业务。

5. D。【解析】处于启动阶段的行业代表着最高的风险，原因主要有三点：首先，很难分析新兴行业所面临的风险；其次，行业面临难以预见的各种变化，使企业还款具有很大的不确定性；最后，本行业的快速增长和投资需求将导致大量的现金需求，从而使一些企业可能在数年中都会拥有较弱的偿付能力。

6. B。【解析】处于启动阶段的行业年增长率可以达到100%以上；处于成长阶段的行业通常年增长率会超过20%；处于成熟阶段的行业增长较为稳定，一般年增长率为5%～10%。处于衰退阶段的行业的共同点是销售额在很长时间内都处于下降阶段。

7. D。【解析】政治稳定性属于政治外交环境。

二、多项选择题

1. ABCDE。【解析】行业风险管理是银行在全面评估行业的周期性风险、成长性风险、产业关联度风险、市场集中度风险、行业壁垒风险、宏观政策风险等各个方面的风险因素的基础上，确定授信资产的行业布局和调整战略，并制定具体的行业授信政策、实施风险管理的过程。

2. ABCD。【解析】必要资本量是长期性的进入壁垒；而专利权和版权有可能仅仅是临时的，技术革新有可能减少甚至完全消除专利权和版权所带来的壁垒。

3. ABCDE。【解析】影响一个行业竞争程度的最主要和最普遍的因素包括：(1)行业分散和行业集中。(2)经营杠杆高低。(3)产品差异程度。(4)市场成长速度。(5)退出市场的成本。(6)竞争程度一般在动荡期会增加。在行业发展阶段的后期，竞争趋向白热化。(7)在经济周期达到谷底时，企业之间的竞争程度达到最大。

4. ABDE。【解析】国别风险的类型有转移风险、主权风险、传染风险、货币风险、宏观经济风险、政治风险和间接国别风险。

5. ABCD。【解析】盈亏平衡点是某一企业销售收入与成本费用相等的那一点。当销售收入在盈亏平衡点以下时，企业将要承受损失；在盈亏平衡点以上时，企业创造利润。盈亏平衡点与经营杠杆有着直接的联系：高经营杠杆行业中的企业需要达到较高水平的销售收入来抵消较高的固定成本，这些企业的盈亏平衡点普遍也较高。如果盈亏平衡点较高，很小的销售下滑便有可能会导致较大的利润下滑。反过来说，盈亏平衡点越低，影响盈利水平的风险越小。

6. ABCDE。【解析】区域社会信用水平在很大程度上影响商业银行信贷经营的资产质量和经济效益。主要评价指标有：(1)区域不良贷款率及其变化。该指标能够反映一个地区整体信用水平及变化趋势。(2)银行诉讼债权回收率。该指标能够反映一个地区金融执法效率。(3)其他指标，包括区域企业的欠税情况、政府性债务拖欠情况、商务合同违约情况、企业逃废债情况。

三、判断题

1. A。【解析】地方政府债务率是指地方政府债务余额与综合财力之比，国际货币基金组织建议警戒标准为90%～150%。

2. B。【解析】不良贷款剪刀差通过逾期90天以上贷款与不良贷款比值，反映目标区域贷款质量分类准确性和不良贷款真实水平情况，该指标越大，反映目标区域潜在风险越高。

3. B。【解析】固定成本通常不随销售量的变化而变化，它一般包括固定资产的折旧、企业日常开支（水、电等）、利息、租赁费用、管理人员工资等花费。

4. B。【解析】行业分类管理是银行根据国家宏观调控和产业行业政策导向、行业发展趋势、贷款集中度、贷款质量等，把信贷介入行业划分为不同类别（例如：积极介入、适度介入、审慎介入和控制压缩等），并将不同类别对应不同的行业整体贷款增长目标、贷款定价策略、产品策略等进行管理。

第四章 借款需求分析

要点导图

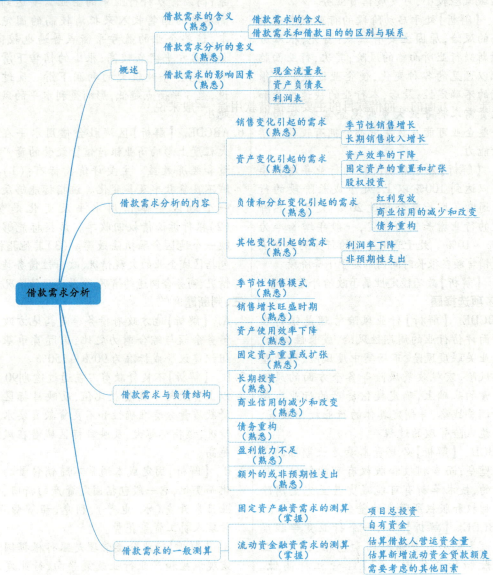

- 借款需求分析
  - 概述
    - 借款需求的含义（熟悉）
      - 借款需求的含义
      - 借款需求和借款目的的区别与联系
    - 借款需求分析的意义（熟悉）
    - 借款需求的影响因素（熟悉）
      - 现金流量表
      - 资产负债表
      - 利润表
  - 借款需求分析的内容
    - 销售变化引起的需求（熟悉）
      - 季节性销售增长
      - 长期销售收入增长
    - 资产变化引起的需求（熟悉）
      - 资产效率的下降
      - 固定资产的重置和扩张
      - 股权投资
    - 负债和分红变化引起的需求（熟悉）
      - 红利发放
      - 商业信用的减少和改变
      - 债务重构
    - 其他变化引起的需求（熟悉）
      - 利润率下降
      - 非预期性支出
  - 借款需求与负债结构
    - 季节性销售模式（熟悉）
    - 销售增长旺盛时期（熟悉）
    - 资产使用效率下降（熟悉）
    - 固定资产重置或扩张（熟悉）
    - 长期投资（熟悉）
    - 商业信用的减少和改变（熟悉）
    - 债务重构（熟悉）
    - 盈利能力不足（熟悉）
    - 额外的或非预期性支出（熟悉）
  - 借款需求的一般测算
    - 固定资产融资需求的测算（掌握）
      - 项目总投资
      - 自有资金
    - 流动资金融资需求的测算（掌握）
      - 估算借款人营运资金量
      - 估算新增流动资金贷款额度
      - 需要考虑的其他因素

知识解读

一、概　述

(一)借款需求的含义

1. 借款需求的含义

借款需求是指公司由于各种原因造成了资金的短缺,即公司对资金的需求超过了公司的现金储备,从而需要借款。

2. 借款需求和借款目的的区别与联系

借款需求指的是公司为什么会出现资金短缺并需要借款。借款需求的原因可能是由于长期性资本支出以及季节性存货和应收账款增加等导致的现金短缺。因此,公司的借款需求可能是多方面的。而借款目的主要是指借款用途,一般来说,长期贷款用于长期融资,短期贷款用于短期融资。

(二)借款需求分析的意义

借款需求与还款能力和风险评估紧密相连,是决定贷款期限、金额、品种等要素的重要因素。通过了解借款企业在资本运作过程中导致资金短缺的关键因素和事件,银行能够更有效地评估风险,更合理地确定贷款期限,并帮助企业提供融资结构方面的建议。

借款需求分析的意义具体表现在:

(1)银行只有通过借款需求分析,才能把握公司借款需求的本质,从而作出合理的贷款决策;否则,可能由于期限不匹配等原因导致公司无法按时还款,从而增加银行的贷款风险。

(2)银行可以通过借款需求的分析为公司提供融资方面的合理建议,这不但有利于公司的稳健经营,也有利于银行降低贷款风险。

(3)银行在受理贷款中的借款需求分析有利于银行进行全面的风险分析。

典题精练

【例 1 · 多项选择题】借款需求分析的意义包括(　　)。

A. 借款需求是决定贷款期限、金额、品种等要素的重要因素

B. 为银行做出合理的贷款决策

C. 把握公司借款需求的本质

D. 为公司提供融资方面的合理建议

E. 有利于银行进行全面的风险分析

ABCDE。【解析】上述五个选项都是对借款需求分析的正确描述。

(三)借款需求的影响因素

无论是现金流量表、资产负债表还是利润表,都可以用来作为公司借款需求分析的基础。

1. 现金流量表

现金流量表将现金的使用和需求分为资产的增加、债务的减少和与现金使用相关联的因素三类,它是在资产负债表和利润表的基础上构建的。其中,与现金使用相关联的因素又包括营业支出、投资支出和融资支出。

2. 资产负债表和利润表

借款需求的主要影响因素包括季节性销售增长、长期销售增长、资产效率下降、固定资产重置及扩张、长期投资、商业信用的减少及改变、债务重构、利润率下降、红利支付、一次性或非预期支出等。

从资产负债表来看，季节性销售增长、长期销售增长、流动资产周转率下降可能导致流动资产增加；商业信用的减少及改变、债务重构可能导致流动负债结构变化；固定资产重置及扩张、长期投资可能导致长期资产的增加；红利支付可能导致资本净值的减少。从利润表来看，一次性或非预期的支出、利润率的下降都可能对企业的收入支出产生影响，进而影响到企业的借款需求。

典题精练

【例 2 · 单项选择题】公司借款需求分析的基础不包括（　　）。

A. 现金流量表　　B. 股东权益表

C. 资产负债表　　D. 利润表

B。【解析】无论是现金流量表、资产负债表还是利润表，都可以用来作为公司借款需求分析的基础。

【例 3 · 单项选择题】从资产负债表看，可能导致流动资产增加的借款需求影响因素是（　　）。

A. 季节性销售增长　　B. 债务重构

C. 固定资产重置及扩张　　D. 红利支付

A。【解析】从资产负债表看，季节性销售增长、长期销售增长、流动资产周转率下降可能导致流动资产增加；商业信用的减少及改变、债务重构可能导致流动负债结构变化；固定资产重置及扩张、长期投资可能导致长期资产的增加；红利支付可能导致资本净值的减少。从利润表来看，一次性或非预期的支出、利润率的下降都可能对企业的收入支出产生影响，进而影响到企业的借款需求。

本节速览

借款需求	现金流量表	资产负债表	利润表

二、借款需求分析的内容

（一）销售变化引起的需求

1. 季节性销售增长

具有季节性销售特点的公司将经历存货和应收账款等资产的季节性增长，存货增长通常会出现在销售旺季期间或之前，而应收账款增加则主要是由销售增长引起的。

存货和应收账款等资产的季节性增加需要现金去满足其增长的需要。季节性资产增加的三个主要融资渠道如下：

（1）季节性商业负债增加，包括应付账款和应计费用。

（2）内部融资，来自公司内部的现金和有价证券。

(3)银行贷款。

通常情况下,季节性商业负债增加并不能满足季节性资产增长所产生的资金需求。当季节性资产数量超过季节性商业负债时,超出的部分需要通过公司内部融资或银行贷款来补充。公司一般会尽可能用内部资金来满足营运资本投资,如果内部融资无法满足全部融资需求,公司就会向银行申请短期贷款。银行贷款的还款来源主要是季节性资产减少所释放出的现金。

总之,通过对现金流的预测以及月度或季度的营运资本投资、销售和现金水平等的分析,银行可以获得如下信息:

(1)决定季节性销售模式是否产生季节性借款需求,即公司是否具有季节性销售模式,如果有的话,季节性销售模式是否足以使公司产生季节性借款需求。

(2)评估营运资本投资需求的时间和金额。

(3)决定合适的季节性贷款结构及偿还时间表。

2. 长期销售收入增长

如果资产没有增加,那么只有资产效率持续上升,销售收入才有可能持续、稳定增长。但是通常来讲,资产效率很难实现长期持续的增长,因此,资产的增加对于销售收入的增长就显得非常重要。

(1)资产增长的模式。核心流动资产指的是在资产负债表上始终存在的那一部分流动资产。这部分资产应当由长期融资来实现。当一个公司的季节性销售收入和长期性销售收入同时增长时,流动资产的增长体现为核心流动资产和季节性资产的共同增长。

公司可以通过多种渠道获得资金满足运营资本投资需求,其中留存收益是支撑销售长期增长的重要资金来源。即使长期销售增长保持稳定不变,企业固定资产增长也应该遵循"阶梯式发展模式"。这部分用于支持长期销售增长的资本性支出(主要包括内部留存收益和外部长期融资),其融资也必须通过长期融资实现。

银行判断公司长期销售收入增长是否产生借款需求的方法一般有以下几种:

①快速简单的方法是判断持续的销售增长率是否足够高,比如年增长率超过10%。然而在很多情况下,这种粗略的估计方法并不能准确地判断实际情况。

②更为准确的方法是确定是否存在以下三种情况:销售收入保持稳定、快速的增长;经营现金流不足以满足营运资本投资和资本支出的增长;资产效率相对稳定,表明资产增长是由销售收入增加而不是效率的下降引起的。

(2)可持续增长率的计算。可持续增长率是公司在没有增加财务杠杆的情况下可以实现的长期销售增长率,即主要依靠内部融资就可实现的增长率。内部融资的资金来源是净资本、增发股票和留存收益,但一般情况下,在估计可持续增长率时通常假设内部融资的资金来源主要是留存收益。

可持续增长率计算的假设条件为:

①公司的资产使用效率将维持当前水平。

②公司的销售净利率将维持当前水平,并且可以涵盖负债的利息。

③公司保持持续不变的红利发放政策。

④公司的财务杠杆不变。

⑤公司未增发股票,增加负债是其唯一的外部融资来源。

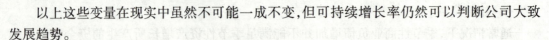

以上这些变量在现实中虽然不可能一成不变，但可持续增长率仍然可以判断公司大致发展趋势。

一个公司的可持续增长率的影响变量为：

①利润率：利润率越高，销售增长越快。

②留存利润：用于分红的利润越少，销售增长越快。

③资产使用效率：效率越高，销售增长越快。

④财务杠杆：财务杠杆越高，销售增长越快。

可持续增长率的计算公式：

$$SGR = ROE \times RR/(1 - ROE \times RR)$$

其中：*SGR* 表示可持续增长率；*ROE* 为资本回报率，即净利润与所有者权益的比率；*RR* 为留存比率，*RR* = 1 - 红利支付率。

在财务分析中，*ROE* 可以分解为利润率、资产效率和财务杠杆。因此，利润率、资产效率、财务杠杆三个因素通过资本回报率（*ROE*）反映在上述公式中，而剩余利润通过留存比率（*RR*）反映在上述公式中。

典题精练

【例 4 · 单项选择题】一家公司的财务信息如下：总资产为 21 678 万元，总负债为 11 946万元，所有者权益为 9 732 万元，销售额为 29 962 万元，净利润为 1 572 万元，股息分红为 608 万元。则本公司的可持续增长率为（ ）。

A. 0.35　　B. 0.5

C. 0.11　　D. 1

C。【解析】根据以上信息可知：资本回报率 = 净利润/所有者权益 = 1 572/9 732 = 0.16；红利支付率 = 股息分红/净利润 = 608/1 572 = 0.39；留存比率 = 1 - 红利支付率 = 1 - 0.39 = 0.61；所以本公司的可持续增长率 = 0.16 × 0.61/（1 - 0.16 × 0.61）= 0.11。

（3）可持续增长率的作用。通过对可持续增长率的分析，可以获得以下与可持续增长率的影响因素有关的重要信息：

①在不增加财务杠杆的情况下，利润率、资产使用效率、红利支付率均保持不变，公司的销售增长速度如何？

②在红利支付率、资产使用效率和财务杠杆保持不变，利润率可变的情况下，公司的销售增长情况如何？

③如果公司的资产使用效率改变了，要保持公司目前的经营杠杆、利润率和红利分配政策，销售增长情况将如何变化？

④在资产效率和利润率不变的情况下，公司通过外部融资增加财务杠杆，销售增长情况将如何？

⑤如果公司提高了红利支付率，这将对公司的内部融资能力产生什么样的影响？

如果公司的运营情况基本稳定，以上问题可以通过替代可持续增长率的四个影响因素或引入新的假设来衡量。为了分解并解释每个变量的变化影响，*ROE* 可以分解为如下三个组成因子：

①净利润率，即净利润与销售收入的比率。

②总资产周转率,即销售收入与总资产的比率。

③杠杆率,即总资产与所有者权益的比率或1+负债/所有者权益。

(二)资产变化引起的需求

1. 资产效率的下降

如果公司的现金需求超过了现金供给,那么资产效率下降和商业信用减少可能成为公司贷款的原因。应收账款、存货的增加,以及应付账款的减少将形成企业的借款需求。

2. 固定资产的重置和扩张

(1)固定资产的重置。固定资产重置的原因主要是设备自然老化和技术更新。

借款公司在向银行申请贷款时,通常会提出明确的融资需求,同时银行也能通过评估以下几方面来达到预测需求的目的:

①公司的经营周期,资本投资周期,设备的使用年限和目前状况。

②影响固定资产重置的技术变化率。

如果一个公司在运营中需要大量的固定资产,并且固定资产已几乎完全折旧,这就可能需要重置一些固定资产,可以使用"固定资产使用率"这一指标来评估重置固定资产的潜在需求:

固定资产使用率=累计折旧/总折旧固定资产×100%

其中:在"总折旧固定资产"中要排除不需要折旧的固定资产,比如,在会计上,土地是不计提折旧的,所以土地无须重置。

如果一个公司固定资产使用率大于60%或70%,即意味着投资和借款需求将会上升,具体由行业技术变化比率决定。"固定资产使用率"粗略地反映了固定资产的折旧程度,但也存在以下缺点:

①折旧并不意味着用光,因为折旧仅仅是一种会计学上的概念,它使随时间消耗的资产成本与预期生产的产品和服务相匹配。就公司而言,使用完全折旧但未报废的机械设备是很正常的。

②为了提高生产力,公司可能在设备完全折旧之前就重置资产。

③该比率中的固定资产价值代表了一个公司的整个固定资产基础。而固定资产基础可能相对较新,但个别资产可能仍需要重置。

④固定资产使用价值会因折旧会计政策的变化和经营租赁的使用而被错误理解。

结合固定资产使用率,银行可以对剩余的固定资产寿命作出一个粗略的估计,进一步推测未来固定资产的重置时机。"固定资产剩余寿命"可以用来衡量公司全部固定资产的平均剩余寿命:

固定资产剩余寿命=净折旧固定资产/折旧支出

银行必须经常与公司管理层核实结果、管理层提供的信息要与固定资产使用率和固定资产使用年限相一致。

(2)固定资产扩张。销售收入的增长最终必须得到固定资产增长的支持。固定资产的增长模式通常呈阶梯形发展,每隔几年才需要一次较大的资本支出。因此,影响固定资产使用率和剩余寿命的因素,同样会对固定资产扩张产生影响。

除研究销售收入与净固定资产比率的趋势外,银行也可以通过评价公司的可持续增长率获得有用信息,如果公司管理层能够提供固定资产使用效率的有用信息,这将有助于银行了解公司的固定资产扩张需求和对外融资需求。

3. 股权投资

最常见的长期投资资金需求是收购子公司的股份或者对其他公司的相似投资。长期投资属于一种战略投资，其风险较大，因此，最适当的融资方式是股权性融资。

典题精练

【例5·单项选择题】下列属于资产变化引起的资金需求的是（　　）。

A. 商业信用的变动　　B. 资产效率的下降

C. 债务的重组　　D. 分红的变化

B。【解析】由资产变化引起的资金需求包括资产效率的下降、固定资产的重置和扩张、股权投资。

【例6·单项选择题】如果公司固定资产的累计折旧为50万元，总固定资产为100万元，总折旧固定资产为80万元，则该公司的固定资产使用率为（　　）。

A. 62.5%　　B. 50%

C. 80%　　D. 100%

A。【解析】该公司固定资产的使用率 = 累计折旧/总折旧固定资产 × 100% = 50/80 × 100% = 62.5%。

（三）负债和分红变化引起的需求

1. 红利发放

红利和利息均为公司的融资成本。大多数公司必须支付红利来保证其在证券市场的位置，因为红利的发放会影响投资者的态度。另外，公司在制定红利发放政策时，必须确定并达到所有者的期望目标。否则，投资者可能出售其股份，使股价下跌。

银行可以通过以下方面来衡量公司发放红利是否为合理的借款需求：

（1）对于定期支付红利的公司来说，银行要判断其红利支付率和发展趋势。如果公司持续盈利及获取现金能力以及未来的发展速度已经无法满足现在的红利支付水平，那么红利发放就不能成为合理的借款需求原因。

（2）公司为了维持在资本市场的地位或者满足股东的最低期望，通常会定期发放股利。如果公司的股息发放压力不是很大，那么红利就不能成为合理的借款需求原因。

（3）通过经营现金流量分析来判断公司的经营现金流是否仍为正的，偿还债务、资本支出和预期红利发放是否存在资金缺口，判断借款资金需求的合理性。

2. 商业信用的减少和改变

如果公司经常无法按时支付货款，商业信用就会大幅减少，供货商就会要求公司交货付款。事实上，若应付账款还款期限缩短了，则公司以应付账款获得的资金占用量减少，这就可能造成公司的现金短缺，从而形成借款需求。

3. 债务重构

基于期限的考虑，公司经常会用一种债务替代另一种债务，典型的例子就是向银行举债以替代商业信用。

银行需要分析公司的财务匹配状况。如果销售收入增长足够快，且核心流动资产的增长主要是通过短期融资而不是长期融资实现的，那么，这时就需要将短期债务重构为长期债务。

在某些情况下,公司可能仅仅想用一个债权人取代另一个债权人,原因可能是:

(1)对现在的银行不满意。

(2)想要降低目前的融资利率。

(3)想与更多的银行建立合作关系,增加公司的融资渠道。

(4)为了规避债务协议的种种限制,想要归还现有的借款。

在这种情况下,银行要通过与公司管理层的详细交谈了解债务重构的原因是否真实,并进一步判断是否适合发放贷款。

典题精练

【例7·多项选择题】负债和分红的变化引起的借款需求包括(　　)。

A. 利润率下降　　B. 商业信用减少和改变

C. 债务重构　　D. 红利发放

E. 非预期性支出

BCD。【解析】商业信用的减少和改变、债务重构、红利发放是负债和分红的变化引起的借款需求。

(四)其他变化引起的需求

1. 利润率下降

低利润有可能引起借款需求。银行可以通过分析公司的利润表和经营现金流量表来评估公司盈利能力下降产生的影响。

在实际借款需求分析中,单独一年的经营利润不能全面衡量盈利变化对现金流状况和借款需求的长期影响,因此,在分析公司的借款需求中,行业风险和业务风险分析等也是非常重要的。

2. 非预期性支出

公司可能会遇到意外的非预期性支出,比如保险之外的损失、与公司重组和员工解雇相关的费用、法律诉讼费等,一旦这些费用超过了公司的现金储备,就会导致公司的借款需求。在这种情况下,银行要结合其他借款需求的分析方法来判断公司的借款需求状况,要弄清楚公司为什么会没有足够的现金应付目前的问题,如果决定受理该笔借款,还要根据公司未来的现金收入来确定还款计划。

典题精练

【例8·判断题】公司遇到意外的非预期性支出费用超过了公司的现金储备,会导致公司的借款需求。(　　)

A. 正确　　B. 错误

A。【解析】公司可能会遇到意外的非预期性支出,一旦这些费用超过了公司的现金储备,就会导致公司的借款需求。

本节速览

季节性销售增长	可持续增长率	资产效率	固定资产的重置
固定资产的扩张	股权投资	红利发放	债务重构

三、借款需求与负债结构

短期资金需要通过短期融资来实现，长期资金需要通过长期融资来实现，这是一个基本的信贷准则。

1. 季节性销售模式

季节性融资一般是短期的。在季节性资金需求增长期间，往往需要通过外部融资来弥补公司资金的短缺。银行对公司的季节性融资通常在一年以内，此时，公司的流动资金需求下降，能够收回大量资金。期限匹配的目的就是保证银行发放的短期贷款只用于公司的短期需求，从而确保银行能够按时回收所发放的贷款。

2. 销售增长旺盛时期

没有流动资产和固定资产的支持，稳定、长期的销售增长是不可能实现的。对于这部分融资需求，表面上看是一种短期融资需求，实际上则是一种长期融资。

3. 资产使用效率下降

公司流动资产周转效率的下降，即应收账款和存货周转率的下降可能导致长期融资需求，也可能导致短期融资需求。银行在发放贷款时必须有效识别借款需求的本质，从而保证贷款期限与公司借款需求相互匹配。

4. 固定资产重置或扩张

对于厂房和设备等固定资产重置的支出，其融资需求是长期的，银行在作出贷款决策时应当根据公司的借款需求和未来的现金偿付能力决定贷款的金额和期限。

5. 长期投资

用于长期投资的融资应当是长期的。除了维持公司正常运转的生产设备外，其他投资需求及影响可能具有更大的不确定性，银行应当谨慎受理，以免加大信用风险暴露。

6. 商业信用的减少和改变

商业信用的减少意味着公司需要额外的现金来及时支付给供货商。如果现金需求超过了公司的现金储备，那么商业信用的减少就可能会引起借款需求。类似于应收账款周转率和存货周转率的变化，分析人员应当判断这种变化是长期的还是短期的。

7. 债务重构

银行除了评价公司的信誉状况和重构的必要性之外，还应当判断所要重构的债务是长期的还是短期的。主要的相关因素包括：

（1）借款公司的融资结构状况。

（2）借款公司的偿债能力。

公司用长期融资来取代短期融资进行债务重构，一般是为了平衡融资结构。

8. 盈利能力不足

在较长时间里，如果公司的盈利能力很弱甚至为负，那么公司就无法维持额外的经营支出，因此，盈利能力不足会导致直接借款需求。在这种情况下，银行不应受理公司的贷款申请。

如果公司的盈利能力不足只是借款需求的间接原因，即公司的目前盈利能够满足日常的经营支出，但没有足够的现金用于营运资本和厂房设备的投资，银行受理此种贷款申请时也要非常谨慎。

9. 额外的或非预期性支出

非预期性支出导致的借款需求可能是长期的，也可能是短期的。银行要分析公司为什么会没有足够的现金储备来满足这部分支出。银行在受理该类贷款时，应当根据公司未来的现金积累能力和偿债能力决定贷款的期限。

综上所述，银行在受理借款申请时，应进行有效的借款需求分析，判断借款原因和实质，从而在长期贷款和短期贷款之间作出合理安排。

典题精练

【例9·单项选择题】短期资金需要通过(　　)来实现，长期资金需要通过(　　)来实现。

A. 短期融资；长期融资　　B. 长期融资；短期融资

C. 商业信用；财务杠杆　　D. 财务杠杆；商业信用

A。【解析】短期资金需要通过短期融资来实现，长期资金需要通过长期融资来实现。

本节速览

季节性销售模式	长期投资	盈利能力	非预期性支出

四、借款需求的一般测算(中级考试内容)

(一)固定资产融资需求的测算

固定资产融资需求的测算需要考虑的要素包括固定资产投资、项目资本金、铺底流动资金、基本预备费和涨价预备费、建设期利息等。

1. 项目总投资

要点	内容
固定资产投资	固定资产投资是以货币形式表现的计划期内建造、设备购置及安装或更新生产性和非生产性固定资产的总量，主要包括以下三部分： (1)工程费用，按照用途划分，可分为设备购置费、建筑工程费、安装工程费。 (2)其他费用，主要是指应计入固定资产投资，但又不宜计入固定资产的一些费用，包括递延资产和无形资产。 (3)预备费用，包括基本预备费和涨价预备费。其中，基本预备费是指为弥补项目规划中不可预见、漏项及施工期可能由于灾祸而延误所必须预留的费用；涨价预备费是指建设期由于物价变动、汇率改变、税费调整所必须预先留置的费用。基本预备费一般按固定资产投资中工程费用和其他费用之和的10%测算；计算涨价预备费的物价指数一般按10%掌握，对设备价格基本确定的项目，该比例可适当降低
铺底流动资金	一般采用扩大指标法估算，即参照同等规模的同类企业销售收入或经营成本的流动资金占用水平确定。也可采用分类详细估算法测算
利息的计算	当年借款按年中支用考虑，计算半年利息；当年还款按年末偿还考虑，计算全年利息

2. 自有资金

自有资金是指投资者缴付的出资额，包括资本金和资本溢价，是项目法人能够自主支配、企业长期使用、无须偿还的资金。

(1)资本金。计算资本金基数的总投资是指项目的固定资产投资与铺底流动资金之和。各行业固定资产投资项目的最低资本金比例：

①城市和交通基础设施项目：城市轨道交通项目为20%，港口、沿海及内河航运项目为

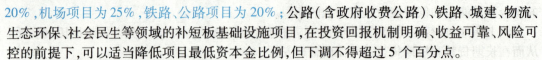

20%，机场项目为25%，铁路、公路项目为20%；公路（含政府收费公路）、铁路、城建、物流、生态环保、社会民生等领域的补短板基础设施项目，在投资回报机制明确、收益可靠、风险可控的前提下，可以适当降低项目最低资本金比例，但下调不得超过5个百分点。

②房地产开发项目：保障性住房和普通商品住房项目为20%，其他项目为25%。

③产能过剩行业项目：钢铁、电解铝项目为40%，水泥项目为35%，煤炭、电石、铁合金、烧碱、焦炭、黄磷、多晶硅项目为30%。

④其他工业项目：玉米深加工项目为20%，化肥（钾肥除外）项目为25%。

⑤电力等其他项目为20%。

（2）资本溢价。资本溢价是指在资金筹集过程中，投资者缴付的出资额超出项目资本金的差额部分，如汇兑率折算差额等。

典题精练

【例10·单项选择题】下列不属于固定资产投资的是（　　）。

A. 工程费用　　B. 预备资产

C. 递延资产　　D. 期间费用

D。【解析】固定资产投资包括三部分：工程费用、其他费用、预备费用。其中其他费用包括递延资产和无形资产。

（二）流动资金融资需求的测算

流动资金贷款需求量应基于借款人日常生产经营所需营运资金与现有流动资金的差额（即流动资金缺口）确定。一般情况下，影响流动资金需求的关键因素为存货（原材料、半成品、产成品）、现金、应收账款和应付账款。同时，还会受到经营规模、借款人所属行业、发展阶段、谈判地位等重要因素的影响。银行业金融机构根据借款人当期财务报告和业务发展预测，按以下方法测算其流动资金贷款需求量。

1. 估算借款人营运资金量

借款人营运资金量影响因素主要包括现金、存货、应收账款、应付账款、预收账款、预付账款等。

借款人营运资金需求可运用以下公式：

营运资金量 = 上年度销售收入 ×（1 − 上年度销售利润率）×（1 + 预计销售收入年增长率）/营运资金周转次数

其中：

营运资金周转次数 = 360/（存货周转天数 + 应收账款周转天数 − 应付账款周转天数 + 预付账款周转天数 − 预收账款周转天数）

周转天数 = 360/周转次数

应收账款周转次数 = 销售收入/平均应收账款余额

预收账款周转次数 = 销售收入/平均预收账款余额

存货周转次数 = 销售成本/平均存货余额

预付账款周转次数 = 销售成本/平均预付账款余额

应付账款周转次数 = 销售成本/平均应付账款余额

2. 估算新增流动资金贷款额度

新增流动资金贷款额度 = 营运资金量 − 借款人自有资金 − 现有流动资金贷款 − 其他渠道提供的营运资金

3. 需要考虑的其他因素

(1)对集团关联客户,可采用合并报表估算流动资金贷款额度,原则上纳入合并报表范围内的成员企业流动资金贷款总和不能超过估算值。

(2)对小企业融资、订单融资、预付租金或者临时大额债项融资等情况,可在交易真实性的基础上,确保有效控制用途和回款情况下,根据实际交易需求确定流动资金额度。

(3)各银行业金融机构应根据实际情况和未来发展情况(如借款人所属行业、规模、发展阶段、谈判地位等)分别合理预测借款人应收账款、存货和应付账款的周转天数,并可考虑一定的保险系数。

(4)对季节性生产借款人,可按每年的连续生产时段作为计算周期估算流动资金需求,贷款期限应根据回款周期合理确定。

本节速览

项目总投资	自有资金	资本溢价	流动资金需求

同步自测

一、单项选择题(在以下各小题所给出的四个选项中,只有一个选项符合题目要求,请将正确选项的代码填入括号内)

1. 下列关于借款需求和借款目的的说法中,错误的是(　　)。
   A. 公司对资金的需求超过了公司的现金储备,从而需要借款
   B. 未分配利润增加会产生借款需求
   C. 借款目的主要是指借款用途
   D. 一般来说,长期贷款用于长期融资

2. 通过了解借款企业在资本运作过程中导致(　　)的关键因素和事件,银行能够更有效地评估风险,更合理地确定贷款期限。
   A. 盈利　　B. 资金短缺
   C. 现金流入　　D. 现金流出

3. 下列不属于现金流量表对现金的使用和需求的分类的是(　　)。
   A. 资产的增加　　B. 债务的减少
   C. 与现金使用相关联的因素　　D. 债务的增加

4. 下列关于公司可持续增长率的说法中,错误的是(　　)。
   A. 利润率越高,销售增长越快　　B. 用于分红的利润越少,销售增长越快
   C. 资产使用效率越高,销售增长越快　　D. 财务杠杆越低,销售增长越快

5. 公司内部融资的资金来源不包括(　　)。
   A. 净资本　　B. 留存收益
   C. 增发股票　　D. 银行贷款

6. 如果公司的固定资产使用率(　　),则意味着投资和借款需求很快将会上升,具体由(　　)决定。
   A. 小于20%或30%;行业技术变化比率　　B. 小于20%或30%;设备使用年限
   C. 大于60%或70%;行业技术变化比率　　D. 大于60%或70%;设备使用年限

7. 下列关于"固定资产使用率"的缺陷的说法中,错误的是(　　)。
   A. 该比率中的固定资产价值代表了一个公司的整个固定资产基础,而固定资产基础可能相对较新,但个别资产可能仍需要重置
   B. 折旧意味着用光

C. 为了提高生产力,公司可能在设备完全折旧之前就重置资产

D. 固定资产使用价值会因折旧会计政策的变化和经营租赁的使用而被错误理解

8. 某公司第一年的销售收入为100万元,销售成本比率为40%;第二年的销售收入为200万元,销售成本比率为50%。则销售成本比率的增加消耗掉了(　　)万元的现金。

A. 60　　B. 50

C. 40　　D. 20

9. 根据《国务院关于调整和完善固定资产投资项目资本金制度的通知》和《国务院关于加强固定资产投资项目资本金管理的通知》,下列关于城市和交通基础设施投资项目的最低资本金比例的说法中,错误的是(　　)。

A. 城市轨道交通项目为20%　　B. 港口、沿海项目为20%

C. 内河航运、机场项目为20%　　D. 铁路、公路项目为20%

10. 在进行固定资产融资需求的测算时,铺底流动资金一般采用(　　)估算。

A. 平均指标法　　B. 加权指标法

C. 扩大指标法　　D. 缩小指标法

11. 借款人营运资金量的影响因素不包括(　　)。

A. 现金　　B. 存货

C. 预付账款　　D. 贷款金额

12. 下列关于新增流动资金贷款额度公式的说法中,正确的是(　　)。

A. 新增流动资金贷款额度=营运资金量-借款人自有资金-现有流动资金贷款+其他渠道提供的营运资金

B. 新增流动资金贷款额度=营运资金量-借款人自有资金-现有流动资金贷款-其他渠道提供的营运资金

C. 新增流动资金贷款额度=营运资金量-借款人自有资金+现有流动资金贷款+其他渠道提供的营运资金

D. 新增流动资金贷款额度=营运资金量+借款人自有资金-现有流动资金贷款-其他渠道提供的营运资金

二、多项选择题(在以下各小题所给出的选项中,至少有两个选项符合题目要求,请将正确选项的代码填入括号内)

1. 下列说法中正确的有(　　)。

A. 借款需求与还款能力和风险评估紧密相连,是决定贷款金额、期限、品种等要素的重要因素

B. 借款需求分析有利于银行进行全面的风险分析

C. 在一个结构合理的贷款中,企业的还款来源与其借款原因应当是相匹配的

D. 银行只有通过借款需求分析,才能把握公司借款需求的本质,从而作出合理的贷款决策

E. 借款公司如有明确的借款需求原因,借款需求分析就是不必要的

2. 可持续增长率的假设条件有(　　)。

A. 公司的资产使用效率将维持当前水平

B. 公司的销售净利率将维持当前水平,并且可以涵盖负债的利息

C. 公司保持持续不变的红利发放政策

D. 公司的财务杠杆不变

E. 公司未增发股票,增加负债是其唯一的外部融资来源

3. 下列关于股权投资的说法中,正确的有(　　)。

A. 最常见的长期投资资金需求是收购子公司的股份或者对其他公司的相似投资

B. 长期投资属于一种战略投资,其风险较大

C. 最适当的融资方式是股权性融资

D. 其属于资产变化引起的借款需求

E. 如果银行向一个处于并购过程中的公司提供贷款，就一定要特别关注借款公司是否会将银行借款用于并购活动

4. 下列(　　)因素的变化属于除销售变化、资产变化、负债和分红变化外，由其他变化引起的贷款需求。

A. 利润率下降　　B. 利润率上升

C. 非预期性支出　　D. 常规现金流出

E. 常规现金流入

5. 银行评价公司的信誉状况和重构的必要性，以及判断所要重构的债务是长期的还是短期的，需要考虑的主要相关因素包括(　　)。

A. 借款公司的融资结构状况　　B. 借款公司的偿债能力

C. 借款公司的股权结构　　D. 借款公司的营运现金流

E. 借款公司的盈利能力

6. 固定资产贷款需求量的测算需要考虑的要素包括(　　)。

A. 项目资本金　　B. 铺底流动资金

C. 基本预备费　　D. 城市建设税

E. 建设期利息

7. 一般来讲，影响流动资金需求的关键因素为(　　)。

A. 存货　　B. 现金

C. 应收账款　　D. 应付账款

E. 预收账款

三、判断题(请判断以下各小题的正误，正确的选 A，错误的选 B)

1. 银行对客户进行借款需求分析时，只需关注所借款项的用途。(　　)

A. 正确　　B. 错误

2. 通常，应收账款、存货的减少，以及应付账款的增加将形成企业的借款需求。(　　)

A. 正确　　B. 错误

3. 如果公司目前的盈利能够满足日常的经营支出，但没有足够的现金用于营运资本和厂房设备的投资，银行受理此种贷款申请时要非常谨慎。(　　)

A. 正确　　B. 错误

答案详解

一、单项选择题

1. B。【解析】借款需求是指公司由于各种原因造成了资金的短缺，即公司对资金的需求超过了公司的现金储备，从而需要借款。借款需求的原因可能是由于长期性资本支出以及季节性存货和应收账款增加等导致的现金短缺。借款目的主要是指借款用途，一般来说，长期贷款用于长期融资，短期贷款用于短期融资。

2. B。【解析】通过了解借款企业在资本运作过程中导致资金短缺的关键因素和事件，银行能够更有效地评估风险，更合理地确定贷款期限，并帮助企业提供融资结构方面的建议。

3. D。【解析】现金流量表将现金的使用和需求分为资产的增加、债务的减少和与现金使用相关联的因素三类。

4. D。【解析】一个公司的可持续增长率的影响变量为：(1)利润率。利润率越高，销售增长越快。(2)留存利润。用于分红的利润越少，销售增长越快。(3)资产使用效率。效率越高，销售增长越快。(4)财务杠杆。财务杠杆越高，销售增长越快。

5. D。【解析】内部融资的资金来源是净资本、留存收益和增发股票。

6. C。【解析】如果一个公司固定资产使用率大于60%或70%，则意味着投资和借款需求将会上升，具体由行业技术变化比率决定。

7. B。【解析】折旧并不意味着用光，因为折旧仅仅是一种会计学上的概念，它使随时间消耗的资产成本与预期生产的产品和服务相匹配。就公司而言，使用完全折旧但未报废的机械设备是很正常的。

8. D。【解析】如果第二年销售成本比率保持在40%，那么销售成本 $=200\times40\%=80$（万元），但销售成本比率增加，实际销售成本为 $200\times50\%=100$（万元），消耗了20万元。

9. C。【解析】港口、沿海及内河航运项目的最低资本金比例为20%，机场投资项目的最低资本金比例为25%。

10. C。【解析】在进行固定资产融资需求的测算时，铺底流动资金一般采用扩大指标法估算，即参照同等规模的同类企业销售收入或经营成本的流动资金占用水平确定。

11. D。【解析】借款人营运资金量的影响因素主要包括现金、存货、应收账款、应付账款、预收账款、预付账款等。

12. B。【解析】新增流动资金贷款额度的公式为：新增流动资金贷款额度=营运资金量－借款人自有资金－现有流动资金贷款－其他渠道提供的营运资金。

二、多项选择题

1. ABCD。【解析】即使借款公司有明确的借款需求原因，借款需求分析仍然是非常必要的。原因就在于，虽然许多企业都通过先进的风险管理技术来控制企业面临的业务和行业风险，以使企业具有较高的盈利能力和市场竞争力，但是它们可能缺少必要的财务分析技术来确定资本运作的最佳财务结构，而银行可以通过借款需求的分析为公司提供融资方面的合理建议，这不但有利于公司的稳健经营，也有利于银行降低贷款风险。

2. ABCDE。【解析】可持续增长率是公司在没有增加财务杠杆情况下可以实现的长期销售增长率。A、B、C、D、E五项都是可持续增长率的假设条件。

3. ABCDE。【解析】最常见的长期投资资金需求是收购子公司的股份或者对其他公司的相似投资。长期投资属于一种战略投资，其风险较大，因此，最适当的融资方式是股权性融资。在发达国家，银行会有选择性地为公司并购或股权收购等提供债务融资，其选择的主要标准是收购的股权能够提供控制权收益，从而形成借款公司部分主营业务。银行在受理公司的贷款申请后，应当调查公司是否有这样的投资计划或战略安排。如果银行向一个处于并购过程中的公司提供贷款，就一定要特别关注借款公司是否会将银行借款用于并购活动。

4. AC。【解析】利润率下降和非预期性支出是引起需求变化的其他两种因素。

5. AB。【解析】银行除了评价公司的信誉状况和重构的必要性，还应当判断所要重构的债务是长期的还是短期的。主要的相关因素包括：(1)借款公司的融资结构状况。(2)借款公司的偿债能力。

6. ABCE。【解析】固定资产贷款需求量的测算需要考虑的要素包括项目资本金、固定资产投资、铺底流动资金、基本预备费和涨价预备费、建设期利息。

7. ABCD。【解析】一般来讲，影响流动资金需求的关键因素为存货（原材料、半成品、产成品）、现金、应收账款和应付账款。

三、判断题

1. B。【解析】银行对客户进行借款需求分析时，要关注企业的借款需求原因，即所借款项的用途，同时还要关注企业的还款来源以及可靠程度。

2. B。【解析】通常，应收账款、存货的增加，以及应付账款的减少将形成企业的借款需求。

3. A。【解析】公司的盈利能力不足只是借款需求的间接原因，即公司的目前盈利能力够满足日常的经营支出，但没有足够的现金用于营运资本和厂房设备的投资，银行受理此种贷款申请时要非常谨慎。

第五章 客户分析与信用评级

要点导图

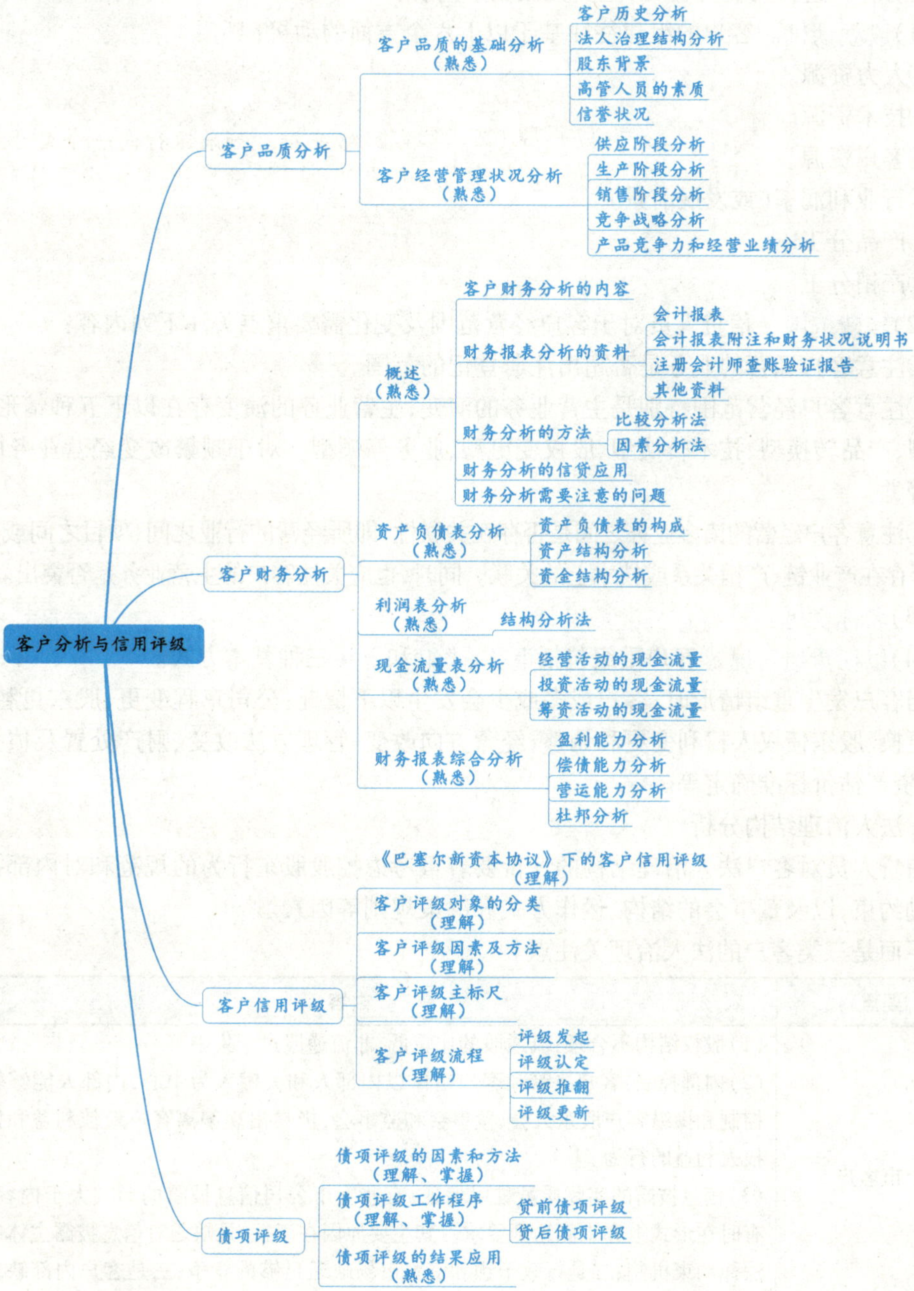
客户分析与信用评级
客户品质分析
客户品质的基础分析
（熟悉）
客户历史分析
法人治理结构分析
股东背景
高管人员的素质
信誉状况
客户经营管理状况分析
（熟悉）
供应阶段分析
生产阶段分析
销售阶段分析
竞争战略分析
产品竞争力和经营业绩分析
客户财务分析
概述
（熟悉）
客户财务分析的内容
财务报表分析的资料
会计报表
会计报表附注和财务状况说明书
注册会计师查账验证报告
其他资料
财务分析的方法
比较分析法
因素分析法
财务分析的信贷应用
财务分析需要注意的问题
资产负债表分析
（熟悉）
资产负债表的构成
资产结构分析
资金结构分析
利润表分析
（熟悉）
结构分析法
现金流量表分析
（熟悉）
经营活动的现金流量
投资活动的现金流量
筹资活动的现金流量
财务报表综合分析
（熟悉）
盈利能力分析
偿债能力分析
营运能力分析
杜邦分析
客户信用评级
《巴塞尔新资本协议》下的客户信用评级
（理解）
客户评级对象的分类
（理解）
客户评级因素及方法
（理解）
客户评级主标尺
（理解）
客户评级流程
（理解）
评级发起
评级认定
评级推翻
评级更新
债项评级
债项评级的因素和方法
（理解、掌握）
债项评级工作程序
（理解、掌握）
贷前债项评级
贷后债项评级
债项评级的结果应用
（熟悉）

知识解读

一、客户品质分析

（一）客户品质的基础分析

1. 客户历史分析

在对客户进行历史分析时，主要关注以下内容：

（1）成立动机。客户的组建往往基于以下六个方面的动机：

①人力资源。

②技术资源。

③客户资源。

④行业利润率（或发展前景）。

⑤产品分工。

⑥产销分工。

（2）经营范围。信贷人员对于客户经营范围及变化需要重点关注下列内容：

①注意客户经营的业务是否超出注册登记的范围。

②注意客户经营范围特别是主营业务的演变，主营业务的演变存在以下五种情形：行业转换型、产品转换型、技术转换型、股权变更型、业务停顿型。对于频繁改变经营业务的客户应当警觉。

③注意客户经营的诸多业务之间是否存在关联性，即所经营的行业之间、项目之间或产品之间是否存在产业链、产销关系或技术上的关联。同时，也应关注客户的主营业务是否突出。

（3）名称变更。

（4）以往重组情况。客户重组包括重整、改组和合并三种基本方式。

当客户发生重组情形时，客户或多或少会发生以下情况：公司章程变更、股东更替、经理人员更换、股东债权人权利变更和调整、经营方向改变、管理方法改变、财产处置及债务清偿安排、资产估价标准确定等。

2. 法人治理结构分析

信贷人员对客户法人治理结构的评价要着重考虑控股股东行为的规范和对内部控制人的激励约束，以及董事会的结构、运作方式和决策规则等因素。

下面是三类客户的法人治理关注点。

要点	内容
上市客户	（1）股权结构不合理：流通股的比重低、非流通股过于集中。 （2）内部控制：客户决策和客户运作以内部人和关键人为中心，内部人能够轻易地控制和操纵客户股东大会、董事会和监事会，极易出现偏离客户最佳利益和侵害债权人利益的行为。 （3）信息披露的实际质量难以保证：有些上市公司信息披露的形式大于内容，甚至有时在形式上亦未能达到要求。其主要原因在于：一是缺乏对信息披露主体的有效法律约束机制；二是行政干预和资本市场缺乏足够的竞争；三是客户内部缺乏有效的信息披露实施机制

（续表）

要点	内容
国有独资客户	(1)所有者缺位。 (2)行政干预
民营客户	民营客户的管理决策机制更多地表现为一人决策或者家族决策，其形式上的机构设置没有决定性的影响，决策者个人或者家族的行为与意识代表了客户管理层的素质。管理者同时是所有者，一旦客户负责人发生变故，容易出现群龙无首、后继无人或亲属间争夺继承权和遗产的状况，因此而致使客户崩溃解体

3. 股东背景

股东背景特别是控股股东的背景在很大程度上决定着客户的经济性质、经营方向、管理方式及社会形象等。客户的股东背景有以下情况需要引起关注：

(1)家庭背景：客户股东或控股股东为同一家族成员，这类客户通常风险意识较强，经营上精打细算，但容易出现一言堂等现象。

(2)外资背景：客户股权或多或少有外资成分，这类客户通常管理较多资金、技术力量较强，但可能通过关联交易转移利润。

(3)政府背景：客户由政府投资设立或与政府某个职能部门有着业务上的关联，这类客户通常具有政策资源上的优势，行业竞争性强，但管理效率不高。

(4)上市背景：客户为上市公司、上市公司全资子公司、控股子公司或参股子公司，这类客户通常管理较规范，并有集团经营优势，但关联方关系复杂，关联交易较多。

4. 高管人员的素质

高级管理层尤其是主要负责人的素质和行业管理经验是信贷人员考察高管人员的重点。对公司高级管理人员素质的评价主要包括以下内容：

(1)商业经验。

(2)经营作风。

(3)修养品德。

(4)教育背景。

(5)进取精神。

5. 信誉状况

(1)借款人的不良记录可通过“中国人民银行企业征信系统”查阅，查看客户过去有无拖欠银行贷款等事项。

(2)客户的对外资信还可以根据借款人在经营中有无偷税漏税，有无采用虚假报表、隐瞒事实等不正当手段骗取银行贷款，以及有无在购销过程中使用欺骗手段骗取顾客的信任等方面反映出来。

(3)除客户的高管层外，信贷人员还应分析客户的股东（特别是大股东），了解客户主要股东是谁，他们的基本素质如何，以及其持股情况、财产情况等。

典题精练

【例1·单项选择题】客户重组的方式不包括（　　）。

A. 重整　　B. 改组

C. 合并　　D. 并购

D。【解析】客户重组包括重整、改组和合并三种基本方式。

【例2·多项选择题】在上市客户的法人治理结构中，信贷人员应特别予以关注的方面有（　　）。

A. 股权结构是否合理　　B. 是否存在所有者缺位

C. 是否存在关键人控制　　D. 信息披露的实际质量

E. 是否存在行政干预

ACD。【解析】在上市客户的法人治理结构中，信贷人员应对其股权结构是否合理、是否存在关键人控制、信息披露的实际质量特别关注。所有者缺位、行政干预一般存在于国有独资客户中。

(二)客户经营管理状况分析

信贷人员可以从客户的生产流程入手，通过供、产、销三个方面分析客户的经营状况，也可以通过客户竞争战略、产品竞争力及经营业绩指标进行分析。

1. 供应阶段分析

供应阶段的核心是进货，信贷人员应重点分析以下方面：

(1)货品质量。客户采购物品的质量主要取决于上游厂商的资质，知名供应商对货品质量有一定保障。

(2)货品价格。进货价格除了市场供求关系外，主要取决于进货渠道、进货批量、规格标准、运输费用、客户关系等因素。

(3)进货渠道。进货渠道对货品的质量和价格都起着决定性影响。可以从有无中间环节、供货地区的远近、运输方式的选择、进货资质的取得这四个方面进行考虑。

(4)供货稳定性。客户上游供货稳定性直接影响其生产经营。

(5)付款条件。付款条件主要取决于市场供求和商业信用两个因素。

2. 生产阶段分析

生产阶段的核心是技术。信贷人员应重点调查以下方面：

(1)技术水平。客户技术水平是其核心竞争力的主要内容。信贷人员可以从研发能力、内外研发机构协作能力、科研成果三个方面分析客户的技术水平。

(2)设备状况。设备状况分析主要包括设备的用途、性能、使用和管理等方面内容。

(3)环保情况。信贷人员分析客户的环保情况应包括：

①了解国家有关环保的法律法规。

②了解客户的生产工艺及原材料消耗的情况。

3. 销售阶段分析

销售阶段的核心是市场，信贷人员应重点调查：

(1)目标客户。选择目标客户就要细分市场，瞄准客户群。

(2)销售渠道。销售渠道的种类有以下两种。

要点	内容
直接销售	定义:厂商将产品直接销售给终端客户。 优点:贴近市场,应收账款少。 缺点:需要铺设销售网络,资金投入较大
间接销售	定义:厂商将产品通过中间渠道销售给终端客户。 优点:无须自找客源,资金投入少。 缺点:应收账款较多

(3)收款条件。收款条件主要取决于市场供求和厂商品牌两个因素。收款条件主要包括三种:预收货款、现货交易和赊账销售。赊账销售对厂商不利的方面主要是占压了资金,存在收账风险,但有利的方面是可以扩大销量。

4. 竞争战略分析

(1)波特五力模型。迈克尔·波特教授认为可以用五个方面来描述行业竞争态势:行业竞争状况、供应商议价能力、客户议价能力、替代产品或服务的威胁、潜在竞争者进入的威胁。上述五种力量决定了行业竞争程度和吸引力,企业应该综合评价以上各个方面,分析行业潜力,并由此制定竞争战略。

(2)竞争战略。根据迈克尔·波特的理论,竞争战略可分为三种:成本领先战略、差异化战略和集中化战略。成本领先战略是指企业通过降低成本提供较低价格的产品或服务,扩大市场占有率,赢得市场竞争优势。差异化战略是指企业通过技术、设计、创新等手段提供领先竞争对手或独具特色的产品或服务,以此吸引消费者,抢占市场份额,提高业务利润率。集中化战略是指企业主攻某一细分市场,建立并巩固优势。

5. 产品竞争力和经营业绩分析

(1)产品竞争力分析。一个企业的竞争力主要表现在其产品的竞争力方面。企业产品的竞争力取决于产品品牌等多种因素,但主要还是取决于产品自身的性价比。竞争力强的产品会获得市场和购买者较多的认同,容易在市场竞争中战胜对手,顺利实现销售,并取得较好盈利,企业就能获得良好的融资环境,实现快速发展。

一个企业要保持其产品的竞争力,必须不断地进行产品创新。新产品、专利产品在销售中所占比例、开发下一代新产品所需时间、能否在竞争对手之前推出新产品等是企业产品创新能力的重要指标。

(2)经营业绩分析。可以从以下几方面来进行分析:

①经营业绩指标通常指与行业比较的销售增长率,高于行业平均的增长率说明客户经营业绩较好;反之,则说明客户经营业绩较差。

②市场占有率指标通常指客户产品的市场份额,所占市场份额较大说明客户在行业中的地位较高,其价格策略的调整对行业整体销售状况能产生影响;反之,则说明客户在行业中的地位较低,其价格策略的调整对行业整体销售状况不能产生影响。

③主营业务指标通常指主营业务收入占销售收入总额的比重,比重较大说明客户主营业务突出,经营方向明确;反之,则说明客户主营业务不够突出,经营方向不够明确。

典题精练

【例3·单项选择题】客户经营管理状况分析中，供应阶段的核心是（　　）。

A. 进货　　B. 技术

C. 市场　　D. 设备

A。【解析】供应阶段的核心是进货，生产阶段的核心是技术，销售阶段的核心是市场。

【例4·多项选择题】销售阶段的核心是市场，信贷人员应重点分析（　　）。

A. 目标客户　　B. 销售渠道

C. 收款条件　　D. 技术水平

E. 货品质量

ABC。【解析】货品质量是供应阶段信贷人员应重点调查的方面；技术水平是生产阶段信贷人员应调查的方面。

本节速览

客户历史分析	法人治理结构分析	股东背景	高管人员的素质
信誉状况	供应阶段	生产阶段	销售阶段

二、客户财务分析

（一）概述

1. 客户财务分析的含义

财务分析是以客户财务报表为主要依据，运用一定的分析方法，对客户的财务过程和结果进行研究和评价，以分析客户的财务状况、盈利能力、资金使用效率和偿债能力，并由此预测客户的发展变化趋势，从而为贷款决策提供依据。

2. 客户财务分析的内容

对贷款决策进行的财务分析应侧重的内容有借款人的偿债能力、盈利能力、营运能力、资本结构和净现金流量等因素。

（1）盈利能力的分析就是通过一定的方法，判断借款人获取利润的能力。借款人盈利能力越强，还本付息的资金来源越有保障，债权的风险越小。

（2）营运能力是指通过借款人经营中各项资产周转速度所反映出来的借款人资产运用效率。借款人资产周转速度越快，就表明其经营能力越强；另一方面，资产运用效率越高，资产周转速度就越快，借款人所取得的收入和盈利就越多，盈利能力就越强，那么借款人就会有足够的资金还本付息，因而其偿债能力就越强。

（3）资金结构是指借款人全部资金来源中负债和所有者权益所占的比重和相互间的比例关系。借款人资金来源结构合理，借款人的经济基础就牢固，就有较强的偿债能力，尤其是长期偿债能力。

在贷款决策中，为形成对借款人以上方面的整体评价，综合反映借款人的财务状况，除了直接利用财务报表中的科目外，更多的是利用报表科目计算相应的财务指标。这些指标如下表所示。

要点	内容
盈利能力指标	这类指标通过计算利润与销售收入、总资产等科目的比例来衡量管理部门的效率，进而评价管理部门控制成本获取收益的能力。盈利能力指标主要包括销售利润率、营业利润率、净利润率、成本费用利润率、资产收益率、净资产收益率等
营运能力指标	这类指标通过计算资产的周转速度来反映管理部门控制和运用资产的能力，进而估算经营过程中所需的资金量。营运能力指标包括周转率和周转天数两类，两者之间存在一定关系，可相互转换。具体指标主要包括总资产周转率、固定资产周转率、应收账款周转率、存货周转率，以及相对应的总资产周转天数、固定资产周转天数、应收账款周转天数、存货周转天数等
偿债能力指标	偿债能力可分为长期偿债能力和短期偿债能力，偿债能力指标是判断企业负债的安全性和负债偿还能力的比率，偿债能力的大小在很大程度上反映了企业经营的风险程度。偿债能力指标主要包括资产负债率、负债与所有者权益比率、负债与有形净资产比率、利息保障倍数、流动比率和速动比率等

3. 财务报表分析的资料

（1）会计报表。借款人在会计期间编制的各类会计报表，如资产负债表、利润表、现金流量表及其有关附表。

（2）会计报表附注和财务状况说明书。财务报表附注主要说明借款人所采用的会计处理方法；会计处理方法的变更情况、变更原因以及对财务状况和经营成果的影响。财务状况说明书主要说明借款人的生产经营情况、利润实现和分配状况、资金增减和周转情况及其他对财务状况发生重大影响的事项。

（3）注册会计师查账验证报告。

（4）其他资料。如证券交易所、行业协会、投资咨询机构提供的相关资料均可成为财务报表分析的补充资料，此外，深入借款人公司进行实地考察也可获得许多有价值的信息。

4. 财务分析的方法

要点	内容
比较分析法	比较分析包括横向比较分析和纵向比较分析，如果比较对象是可比企业或所在行业同期财务指标，即是横向比较分析，这种分析方法可以揭示企业相比同业的财务指标差异，通过进一步分析差异原因，可以对企业财务状况及业绩水平做出合理判断；如果比较对象是本企业往期财务指标，即是纵向比较分析或趋势分析，这种分析方法可以揭示客户财务状况的变化趋势，找出其变化原因，判断这种变化趋势对客户发展的影响，以预测客户未来的发展前景。比较分析法分为以下三类： （1）总量比较。总量比较是直接比较财务报表中的某一科目，用于比较分析不同客户或同一客户不同时期的财务状况。这种方法比较简单、直接，但比较的意义相对而言较为有限。 （2）结构比较。结构比较是以财务报表中的某一总体指标为基础，计算其中各构成项目占总体指标的百分比，然后比较不同客户的比率差异或同一客户不同时期各项目所占百分比的增减变动趋势。 （3）比率比较。比率分析法是最常用的一种方法。比率比较通过计算同一张财务报表的不同项目之间、不同类别科目的比率，或计算两张不同财务报表如资产负债表和利润表中有关科目的比率，然后比较不同客户的比率差异或同一客户不同时期比率增减变动趋势，以评价客户财务状况和经营状况的好坏

（续表）

要点	内容
因素分析法	因素分析法是将所要分析的某项财务指标分解为若干项驱动因素，通过各因素实际值对计划值或上期值的依次替代，定量确定各驱动因素对该指标影响程度的方法。因素分析法包括以下步骤：确定所要分析的财务指标，计算该指标实际值与计划值（或上期值）的差额；将该指标分解为若干驱动因素，并建立财务指标与驱动因素之间的数学关系；确定驱动因素的顺序，按顺序依次将驱动因素的计划值（或上期值）替换成实际值，并根据上述数学关系计算财务指标数值；某一驱动因素替换前后计算所得的财务指标之差即为该因素的影响程度

5. 财务分析的信贷应用

财务报告的使用者包括投资者、管理层、债权人等，使用者角度不同，目的不同，财务分析的侧重点也不同。投资者侧重分析企业盈利性和成长性，进而评估企业的投资价值；管理层更为关注企业的收入、成本、利润及现金流情况，从而发现经营管理中存在的问题；债权人主要评估企业的偿债能力，进而做出相应决策。在信贷实务中，银行从业人员应以债权人的视角，综合利用财务报告等资料，结合借款人的经营和管理状况，揭示财务报表数字背后的原因。运用一定的分析方法，评估企业到期还本付息的能力。

6. 财务分析需要注意的问题

财务分析有自身的局限性。财务分析是以财务报表为主要依据对客户进行的分析，而财务报表只是对企业的会计描述，信息并不全面，因此财务分析的结论需要经营分析等进行补充。此外，不同客户或同一客户不同时期的会计政策可能不同，从而给财务分析带来困难。

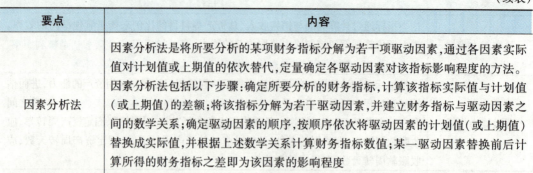

典题精练

【例5·单项选择题】（　　）是最常用的一种财务分析方法。

A. 趋势分析法　　B. 结构分析法

C. 比率分析法　　D. 比较分析法

C。【解析】比率分析法是最常用的一种财务分析方法。

（二）资产负债表分析

1. 资产负债表的构成

构成	分类	内容
资产	流动资产	流动资产是指一年内或在一个营业周期内变现或者耗用的资产。它包括货币资金、交易性金融资产、应收票据、应收账款、预付账款、存货、其他应收款等项目
	非流动资产	非流动资产是指借款人在一年内不能变现的那部分资产，包括长期股权投资、固定资产、无形资产、商誉、长期待摊费用、递延所得税资产和其他非流动性资产等

（续表）

构成	分类	内容
负债	流动负债	流动负债是借款人在生产经营过程中应付给他人的资金，是借款人承担的应在一年或在一个营业周期内偿还的债务，包括短期借款、应付票据、应付账款、预收账款、应付工资、应交税费、应付利润、其他应付款等
	长期负债	长期负债指借款人为增添设备、购置房地产等扩大经营规模的活动通过举债或发行债券而筹集的资金，包括长期借款、应付债券、长期应付款等
所有者权益	投资者投入的资本金	资本金是投资者实际投入生产经营活动供长期使用的资金
	资本公积金	资本公积金包括股本溢价、法定财产重估和接受捐赠的资产价值等
	盈余公积金	盈余公积金是按照有关规定从利润中提取的各种公积金，具体包括法定盈余公积金和任意盈余公积金
	未分配利润	未分配利润是借款人留于以后年度分配的利润或待分配利润

2. 资产结构分析

（1）定义。资产结构分析是指通过计算各项资产占总资产的比重，来分析判断借款人资产分配的合理性。

（2）特点。由于借款人行业和资产转换周期的长短不同，所以其资产结构也不同。

（3）注意事项。在分析资产负债表时，一定要注意借款人的资产结构是否合理，是否与同行业的比例大致相同。若借款人的资产结构与同行业的平均水平存在较大的差异，就应该进一步分析差异产生的原因。

3. 资金结构分析

（1）资金来源。

①借入资金，包括流动负债和长期负债。

②自有资金，即所有者权益。

（2）定义。资金结构是指借款人的全部资金中负债和所有者权益所占的比重及相互关系。

（3）作用。资金结构合理，借款人的经济基础就牢固，就能承担较大的风险，就有较强的偿债能力，尤其是长期偿债能力。反之，如果资金结构不合理，借款人的经济基础就较薄弱，抵御风险的能力就较差，其偿债能力也就会低下。

（4）特点。

①借款人的资金结构应与资产转换周期相适应。借款人合理的资金结构指资金不仅要从总额上可以满足经营活动的需要，适应资产转换周期，并且资金的搭配即短期负债、长期负债及所有者权益三者的比例也要适当，这样才能以最小的资金成本取得最大的收益。

②客户的长期资金在客户的资金构成中占有十分重要的地位。当企业总资产利润率高于长期债务成本时，加大长期债务可使企业获得财务杠杆收益，从而提高企业权益资本收益率。当总资产利润率低于长期债务成本时，降低长期债务的比重可使企业减少财务杠杆损失，从而维护所有者利益。从理论上看，最佳资金结构是指企业权益资本净利润率最高，企业价值最大而综合成本最低时的资金结构。

(5)重点关注事项。

①整体杠杆水平。

②期限错配程度。

③异常资金结构。

典题精练

【例6·单项选择题】下列关于资金结构的说法中，正确的是（　　）。

A. 资金结构不合理，经济基础就较薄弱，抵御风险的能力就较差，偿债能力也就会低下

B. 季节性生产企业或贸易企业的资产转换周期变化较大，对长期资金有很大的需求

C. 生产制造企业资产转换周期长且稳定，更多需要的是短期资金

D. 企业总资产利润率高于长期债务成本时，应该降低长期债务比重

A。【解析】资金结构合理，借款人的经济基础就牢固，就能承担较大的风险，就有较强的偿债能力，尤其是长期偿债能力。反之，如果资金结构不合理，经济基础就较薄弱，抵御风险的能力就较差，偿债能力也就会低下。借款人的资金结构应与资产转换周期相适应。季节性生产企业或贸易企业，资产转换周期变化较大，所以在经营活动繁忙时期就会对短期资金有很大的需求；稳定的生产制造企业，其资产转换周期较长且稳定，因而其融资需求更多的是稳定的长期资金。当企业总资产利润率高于长期债务成本时，加大长期债务可使企业获得财务杠杆收益，从而提高企业权益资本收益率。

(三)利润表分析

1. 利润表的定义

利润表又称损益表，它是通过列示借款人在一定时期内取得的收入，所发生的费用支出和所获得的利润来反映借款人一定时期内经营成果的报表。

2. 利润表分析

利润表分析通常采用结构分析法。利润表结构分析，就是以产品销售收入净额为100%，计算产品销售成本、销售费用、销售利润等指标各占产品销售收入的百分比，计算出各指标所占百分比的增减变动，分析其对借款人利润总额的影响。

事实上，借款人在正常生产经营期间，利润表各项目之间都应有一个正常的、合理的比例关系和结构。

除结构分析外，还可以利用利润表结合资产负债表、现金流量表进行交叉分析。

典题精练

【例7·单项选择题】（　　）是通过列示借款人在一定时期内取得的收入，所发生的费用支出和所获得的利润来反映借款人一定时期内经营成果的报表。

A. 资产负债表　　B. 所有者权益表

C. 现金流量表　　D. 利润表

D。【解析】利润表又称损益表，它是通过列示借款人在一定时期内取得的收入，所发生的费用支出和所获得的利润来反映借款人一定时期内经营成果的报表。

（四）现金流量表分析

1. 现金及现金流量的概念

（1）现金及现金等价物的概念。日常生活中所说的现金是指手头持有的能立即支付的货币。会计核算中的现金是指会计主体的库存现金。

现金流量中的现金则被广义化，既包括现金，又包括现金等价物，这是由分析现金流量的意义决定的，是会计核算中实质重于形式的体现。为此，现金流量中的现金包括两部分：现金，即企业库存现金以及可以随时用于支付的存款；现金等价物，即企业持有的期限短、流动性强、易于转换为已知金额现金、价值变动风险很小的投资。

另外，现金流量表中的现金必须不受限制，可以自由使用。

（2）现金流量的概念。现金流量包括现金流入量、现金流出量和现金净流量；现金净流量为现金流入量和现金流出量之差。

2. 现金流量表分析

（1）现金流量表的构成。现金流量表是反映企业在一定会计期间现金和现金等价物流入和流出的报表。根据企业活动性质的不同，可以将其分为三类：经营活动、投资活动和筹资活动。

现金净流量 = 经营活动的现金净流量 + 投资活动的现金净流量 + 筹资活动的现金净流量

①经营活动的现金流量。经营活动是指企业投资活动和筹资活动以外的所有交易和事项。经营活动产生的现金流量至少应当单独列示反映下列信息的项目：销售商品、提供劳务收到的现金；收到的税费返还；收到其他与经营活动有关的现金；购买商品、接受劳务支付的现金；支付给职工以及为职工支付的现金；支付的各项税费；支付其他与经营活动有关的现金。

②投资活动的现金流量。投资活动是指企业长期资产的购建和不包括在现金等价物范围的投资及其处置活动。投资活动产生的现金流量至少应当单独列示反映下列信息的项目：收回投资收到的现金；取得投资收益收到的现金；处置固定资产、无形资产和其他长期资产收回的现金净额；处置子公司及其他营业单位收到的现金净额；收到其他与投资活动有关的现金；购建固定资产、无形资产和其他长期资产支付的现金；投资支付的现金；取得子公司及其他营业单位支付的现金净额；支付其他与投资活动有关的现金。

③筹资活动的现金流量。筹资活动是指导致企业资本及债务规模和构成发生变化的活动。筹资活动产生的现金流量至少应当单独列示反映下列信息的项目：吸收投资收到的现金；取得借款收到的现金；收到其他与筹资活动有关的现金；偿还债务支付的现金；分配股利、利润或偿付利息支付的现金；支付其他与筹资活动有关的现金。

（2）现金流量的计算方法。

①经营活动的现金流量。经营活动现金流量的计算方法有直接法和间接法。

其一，直接法。直接法又称为“自上而下”法。即从营业收入出发，将利润表中的项目与资产负债表有关项目逐一对应，逐项调整为以现金为基础的项目。

要点	内容
销售所得现金	销售所得现金 = 销售收入 − Δ应收账款
购货所付现金	购货所付现金 = 销售成本 − Δ应付账款 + Δ存货

(续表)

要点	内容
管理费用现金支出	经营费用现金支出 = 经营费用 - 折旧 - 摊销 - Δ 应付费用 + Δ 预付费用
缴纳所得税	企业利润表中的所得税与实际缴纳的所得税并不一致,递延所得税资产、递延所得税负债的变动以及退税等因素均会影响实际缴纳的所得税

其二,间接法。间接法又称为“自下而上”法,即以利润表中最末一项净利润为出发点,调整影响净利润但未影响经营活动现金流量的事项:加上没有现金流出的费用,减去没有现金流入的收入,扣除不属于经营活动的损益,调整经营性应收应付科目的变动值——减去(加上)应收(应付)科目增加值。通过以上调整,将权责发生制下的净利润还原为收付实现制下的经营活动现金流。

②投资活动的现金流量。

投资活动的现金流量 = 收回投资的现金 + 投资收益取得的现金 + 处置固定资产、无形资产和其他长期资产收回的现金 + 处置子公司及其他营业单位收到的现金 - 投资支付的现金 - 购置固定资产、无形资产和其他长期资产支付的现金 - 取得子公司及其他营业单位支付的现金

③筹资活动的现金流量。

筹资活动的现金流量 = 吸收投资收到的现金 + 取得借款收到的现金 + 收到其他与筹资活动有关的现金 - 偿还债务支付的现金 - 分配股利、利润或偿还利息支付的现金 - 支付其他与筹资活动有关的现金

(3)现金流量分析的作用。现金流量表按照收付实现制编制,有利于分析者结合权责发生制下的会计信息对企业做出综合判断,有利于判断企业盈利质量。通过对现金流量表经营活动、投资活动及筹资活动现金流的分析,银行可以对企业三类经济活动有比较细致的了解,掌握企业现金来源及用途,并进一步验证企业经营成果。

(五)财务报表综合分析

1. 盈利能力分析

盈利能力是指获取利润的能力。反映借款人盈利能力的比率主要有销售利润率、营业利润率、税前利润率和净利润率、成本费用利润率、资产收益率、净资产收益率,这些统称为盈利比率。

(1)销售毛利率。

①定义:销售毛利率是指借款人的销售毛利与产品销售收入净额的比率。

②特点:销售毛利率反映每元销售收入净额所取得的销售毛利。该比率越高,说明借款人盈利水平越高。

③计算公式:

$$销售毛利率 = 销售毛利/销售收入净额 \times 100\%$$

$$销售毛利 = 销售收入净额 - 销售成本$$

(2)销售利润率。

①定义:销售利润率是指企业利润总额和产品销售收入净额的比率。

②特点:销售利润率反映每元销售收入净额中所实现的销售利润额,用来评价借款人产品销售收入净额的盈利能力。该指标越高,表明单位净销售收入中销售成本所占的比重越低,销售利润越高。

③计算公式:

销售利润率 = 利润总额/销售收入净额 × 100%

利润总额 = 销售收入净额 - 销售成本 - 期间费用

(3)净利润率。

①定义:净利润率是指客户净利润与销售收入净额之间的比率。

②特点:净利润率反映每元销售收入净额所取得的净利润。这个比率越大,说明每元销售收入净额所取得的净利润越多。

③计算公式:

净利润率 = 净利润/销售收入净额 × 100%

净利润 = 利润总额 - 所得税

(4)成本费用利润率。

①定义:成本费用利润率是借款人利润总额与当期成本费用总额的比率。

②特点:成本费用利润率反映每元成本费用支出所能带来的利润总额。该比率越大,说明同样的成本费用能取得更多利润,或取得同样利润只需花费较少的成本费用。

③计算公式:

成本费用利润率 = 利润总额/成本费用总额 × 100%

成本费用总额 = 销售成本 + 销售费用 + 管理费用 + 财务费用

(5)资产收益率。

①定义:资产收益率是客户净利润与资产平均总额的比率。

②特点:资产收益率是反映客户资产综合利用效果的指标,也是反映客户利用债权人和所有者权益总额所取得盈利的重要指标。资产收益率越高,说明客户资产的利用效率越高,营运能力越强,盈利能力越强。

③计算公式:

资产收益率 = 净利润/资产平均总额 × 100%

资产平均总额 = (期初资产总额 + 期末资产总额)/2

(6)净资产收益率。

①定义:净资产收益率是客户净利润与净资产平均额的比率。

②特点:该比率越高,表明所有者投资的收益水平越高,营运能力越好,盈利能力越强。

③计算公式:

净资产收益率 = 净利润/净资产平均额 × 100%

净资产平均额 = (期初净资产 + 期末净资产)/2

2. 偿债能力分析

偿债能力是指客户偿还到期债务的能力,包括长期偿债能力和短期偿债能力。

(1)长期偿债能力分析。长期偿债能力是指客户偿还长期债务的能力,它表明客户对债务的承受能力和偿还债务的保障能力,长期偿债能力的强弱是反映客户财务状况稳定与安全程度的重要标志。

一般从财务杠杆比率角度,分析借款人偿还长期债务的能力。所谓杠杆比率就是主要通过比较资产、负债和所有者权益的关系来评价客户负债经营的能力。它包括资产负债率、负债与所有者权益比率、负债与有形净资产比率、利息保障倍数等,这些统称为杠杆比率。

①资产负债率。

定义:资产负债率又称负债比率,是客户负债总额与资产总额的比率。

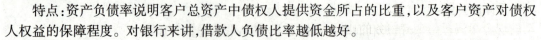

特点：资产负债率说明客户总资产中债权人提供资金所占的比重，以及客户资产对债权人权益的保障程度。对银行来讲，借款人负债比率越低越好。

计算公式：

资产负债率＝负债总额/资产总额×100%

②产权比率和权益乘数。产权比率和权益乘数是资产负债率的另外两种表现形式。其计算公式分别为：

产权比率＝负债总额/所有者权益

权益乘数＝资产总额/所有者权益

产权比率表明每1元所有者权益相对于负债的金额，权益乘数表明每1元所有者权益相对于资产的金额，它们是两种常用的财务杠杆率。财务杠杆率表示负债的比例，与偿债能力相关，同时财务杠杆也表明净资产收益率风险的高低，与盈利能力相关。

③长期资本负债率。

定义：长期资本负债率是指非流动负债与长期资本的比例关系，用于表示长期资本对债权人权益的保障程度。

特点：该比率排除了经常变动的流动负债，比率越低，借款人的长期偿债能力越强。

计算公式：

长期资本负债率＝非流动负债/长期资本×100%

长期资本＝非流动负债＋所有者权益

④负债与有形净资产比率。

定义：负债与有形净资产比率是指负债与有形净资产的比例关系，用于表示有形净资产对债权人权益的保障程度。

特点：从长期偿债能力来讲，该比率越低，表明借款人的长期偿债能力越强。

计算公式：

负债与有形净资产比率＝负债总额/有形净资产×100%

有形净资产＝所有者权益－无形资产－递延资产

⑤利息保障倍数。

定义：利息保障倍数是指借款人息税前利润与利息费用的比率，用以衡量客户偿付负债利息能力。

特点：该比率越高，说明借款人支付利息费用的能力越强。根据稳健性原则，应以倍数较低的年度为评价依据，但无论如何，利息保障倍数不能低于1。

计算公式：

利息保障倍数＝（利润总额＋利息费用）/利息费用

⑥现金流量利息保障倍数。

定义：现金流量利息保障倍数是指借款人经营活动现金流量净额与利息费用的比率，从现金流角度衡量客户偿付负债利息能力。

特点：该比率越高，说明借款人经营活动现金流量净额越充裕，支付利息费用的能力也越强。

计算公式：

现金流量利息保障倍数＝经营活动现金流量净额/利息费用

⑦现金债务总额比。

计算公式：

现金债务总额比＝经营活动现金净流量/债务总额

特点:公式中的债务总额是期末余额而非平均额,包含流动负债和非流动负债。经营活动的现金净流量与全部债务的比率,可以反映企业用每年的经营活动现金流量偿付所有债务的能力。这个比率越高,说明企业承担债务的能力越强。

除上述指标外,还有一些因素对客户的长期偿债能力产生影响,如客户的现金流量、较长时期的经营性租赁业务、合资经营、或有负债和子公司的状况等。

(2)短期偿债能力分析。短期偿债能力是指客户以流动资产偿还短期债务即流动负债的能力,它反映客户偿付日常到期债务的能力。

①流动比率。

定义:流动比率是流动资产与流动负债的比率。它表明借款人每元流动负债有多少流动资产作为偿还的保证。

特点:流动比率越高,反映借款人短期偿债能力越强,债权人的权益越有保证。但流动比率也不宜过高。从理论上讲,只要流动比率高于1即可,但是考虑到稳健性,对此比率的要求会高一些。

计算公式:

流动比率 = 流动资产/流动负债

与流动比率相关的一个概念是营运资本,营运资本是流动资产与流动负债之差,即:

营运资本 = 流动资产 - 流动负债

营运资本与流动比率存在如下关系:

流动比率 = 1/(1 - 营运资本/流动资产)

两者可互相换算,但由于流动比率是相对数,更适于用于比较分析,在实际中运用更多。

②速动比率。

定义:速动比率是借款人速动资产与流动负债的比率。速动资产是指易于立即变现、具有即时支付能力的流动资产。

特点:速动比率比流动比率能够更加准确、可靠地评价借款人资产流动性及其偿还短期债务的能力。一般认为速动比率为1较为合适。

计算公式:

速动比率 = 速动资产/流动负债

速动资产 = 流动资产 - 存货 - 预付账款 - 待摊费用

③现金比率。

定义:现金比率是客户现金类资产与流动负债的比率,是衡量借款人短期偿债能力的一项参考指标。

特点:现金比率越高,表明客户直接支付能力越强。

计算公式:

现金比率 = 现金类资产/流动负债

④现金流量比率。

定义:现金流量比率,即经营活动的现金净流量与流动负债的比率,可以反映企业用每年的经营活动现金流量偿付流动负债的能力。

特点:这个比率越高,说明企业承担短期债务的能力越强。

计算公式:

现金流量比率 = 经营活动现金流量净额/流动负债

3. 营运能力分析

营运能力是指通过借款人资产周转速度的有关指标反映出来的资产利用的效率，它表明客户管理人员经营、管理和运用资产的能力。资产利用效率高，则各项资产周转速度就快，就能取得更多的收入和利润，盈利能力就强，就会有足够的资金还本付息，那么其长期偿债能力就强。

营运能力分析常用的比率主要有总资产周转率、流动资产周转率、固定资产周转率、应收账款周转率、存货周转率等。

(1)总资产周转率。

①定义：总资产周转率是指客户销售收入净额与资产平均总额的比率。

②特点：总资产周转率可以用来分析客户全部资产的使用效率。该比率越高，说明客户利用其全部资产进行经营的效率越高，客户的盈利能力越强。

③计算公式：

总资产周转率 = 销售收入净额/资产平均总额

资产平均总额 =（期初余额 + 期末余额）/2

总资产周转天数 = 计算期天数/总资产周转率

(2)流动资产周转率。

①定义：流动资产周转率是指客户一定时期的主营业务收入与流动资产平均余额的比率，即企业流动资产在一定时期内(通常为一年)周转的次数。

②特点：流动资产周转率是反映企业流动资产运用效率的指标。企业流动资产周转率越快，周转次数越多，周转天数越短，表明企业流动资产的运用效率越高，进而增强企业的偿债能力和盈利能力。

③计算公式：

流动资产周转率 = 主营业务收入净额/流动资产平均净值

流动资产平均净值 =（期初流动资产 + 期末流动资产）/2

流动资产周转天数 = 计算期天数/流动资产周转率

(3)固定资产周转率。

①定义：固定资产周转率是指客户销售收入净额与固定资产平均净值的比率。

②特点：固定资产周转率是反映客户固定资产使用效率的指标。该比率高，表明客户固定资产利用效率较高。

③计算公式：

固定资产周转率 = 销售收入净额/固定资产平均净值

固定资产平均净值 =（年初固定资产净值 + 年末固定资产净值）/2

固定资产周转天数 = 计算期天数/固定资产周转率

④实际分析中需考虑的因素：

第一，固定资产的净值随折旧时间推移而减少，随着固定资产的更新改造而增加，这些都会影响固定资产周转率。

第二，在不同企业间进行比较时，还要考虑由于采用不同折旧方法对固定资产净值的影响。

第三，不同行业间作比较时，应考虑由于行业性质的不同造成的固定资产状况的不同。

(4)营运资本周转率。

①定义:营运资本周转率是指客户一定时期的销售收入净额与营运资本平均余额的比率,即企业营运资本在一定时期内(通常为一年)周转的次数。

②特点:营运资本周转率是反映企业营运资本运用效率的指标。企业营运资本周转率越快,周转天数越短,表明企业以相同的营运资本实现的销售净业务收入越多,说明企业营运资本的运用效率越高,进而使企业的偿债能力和盈利能力均得以增强。

③计算公式:

营运资本周转率 = 销售收入净额/营运资本平均余额

营运资本平均余额 =(期初营运资本 + 期末营运资本)/2

营运资本周转天数 = 计算期天数/营运资本周转率

(5)应收账款周转率。

①定义:应收账款周转率是反映应收账款周转速度的指标,它是一定时期内赊销收入净额与应收账款平均余额的比率,表明一定时期内应收账款周转的次数。

②特点:应收账款周转率一般以年为计算基础,如果季节性生产和销售的企业,每月、季销售收入和应收账款变化很大,也可按月、按季计算。一般而言,一定时期内应收账款周转次数越多,说明企业收回赊销账款的能力越强,应收账款的变现能力和流动性越强,管理工作的效率越高。应收账款周转速度指标,不仅反映出客户营运能力的强弱,而且也反映出客户短期偿债能力的好坏。

③计算公式:

应收账款周转率 = 赊销收入净额/应收账款平均余额

赊销收入净额 = 销售收入 - 现销收入 - 销售退回 - 销售折让 - 销售折扣

应收账款平均余额 =(期初应收账款余额 + 期末应收账款余额)/2

应收账款周转天数 = 计算期天数/应收账款周转次数

= 应收账款平均余额 × 计算期天数/赊销收入净额

④计算应收账款周转率时应注意的问题:

第一,在与其他企业比较时,由于公开财务信息资料中很少表明赊账净额,所以在计算应收账款周转率时可采用销售收入净额。

第二,应收账款数额应包括资产负债表中的“应收账款”与“应收票据”等全部数额;但如果应收票据已向银行办理了贴现手续,这些应收票据就不应包括在应收账款平均余额之内。

第三,应收账款余额应是扣除坏账准备后的净额。

(6)存货周转率。

①定义:存货周转率是一定时期内借款人销货成本与平均存货余额的比率,它是反映客户销售能力和存货周转速度的一个指标,也是衡量客户生产经营环节中存货营运效率的一个综合性指标。存货是流动资产中最重要的组成部分,常常达到流动资产总额的一半以上。

②特点:存货周转速度不仅反映了流动资产变现能力的好坏,经营效率的高低,同时也表明客户的营运能力和盈利能力的强弱。存货周转率越高,获取的利润就越多。

③计算公式:

存货周转率 = 销货成本/平均存货余额

平均存货余额 =(期初存货余额 + 期末存货余额)/2

存货周转天数 = 计算期天数/存货周转次数

= 存货平均余额 × 计算期天数/销货成本

④分析存货周转率应注意事项:存货周转率通常按年计算,如果客户属季节性生产企业,每季度存货余额波动较大,平均存货余额应用每月或每季的存货余额平均计算。将不同时期存货周转率进行对比时,要注意存货计价方法的变更所带来的影响,并作相应调整。

(7)现金循环周期。

①定义:现金循环周期是企业从付出现金购买原材料到最终销售收回应收账款的时间。

②特点:现金循环周期越短,表明企业经营效率越高,现金转换速度越快,对企业盈利能力及偿债能力均有促进作用。

③计算公式:

现金循环周期 = 存货周转天数 + 应收账款周转天数 - 应付账款周转天数

应付账款周转天数 = 计算期天数/(主营业务成本净额/平均应付账款)

4. 杜邦分析

杜邦分析通过将净资产收益率换算为净利率、杠杆率和资产周转率的乘积,便于定量分析净资产收益率产生差异的原因。

净资产收益率是杜邦分析的起点和中心,如前所述,其计算公式为:

净资产收益率 = 净利润/所有者权益平均值

= (净利润/销售收入净额) × (销售收入净额/所有者权益平均值)

= (净利润/销售收入净额) × (销售收入净额/资产平均总额) × (资产平均总额/所有者权益平均值)

= 净利率 × 资产周转率 × 杠杆率

典题精练

【例8·单项选择题】下列不能反映借款人盈利能力的比率是(　　)。

A. 销售利润率　　B. 营业利润率

C. 税前利润率和净利润率　　D. 产权比率和权益乘数

D。【解析】反映借款人盈利能力的比率主要有销售利润率、营业利润率、税前利润率和净利润率、成本费用利润率等,这些统称为盈利比率。

【例9·单项选择题】已知某企业存货为18万元,流动负债为20万元,速动比率为1.5,假设该企业的流动资产由速动资产和存货构成,则该企业的流动比率为(　　)。

A. 2.4　　B. 2.5

C. 2.3　　D. 2.2

A。【解析】流动比率 = 流动资产/流动负债;速动比率 = 速动资产/流动负债;速动资产 = 流动资产 - 存货 - 预付账款 - 待摊费用。所以速动资产 = 20 × 1.5 = 30(万元),流动资产 = 30 + 18 = 48(万元),流动比率 = 48/20 = 2.4。

【例10·多项选择题】营运能力分析常用的比率主要有(　　)。

A. 总资产周转率　　B. 流动资产周转率

C. 固定资产周转率　　D. 资产负债率

E. 利息保障倍数

ABC。【解析】营运能力分析常用的比率主要有总资产周转率、流动资产周转率、固定资产周转率、应收账款周转率、存货周转率等。

本节速览

比较分析法	因素分析法	资产负债表	利润表
现金流量表	盈利能力	偿债能力	营运能力

三、客户信用评级

(一)客户评级的基本概念

信用评级一般分为外部评级和内部评级。外部评级通常是指公开市场专业评级机构(如穆迪、标普、惠誉、中诚信、中债资信等)对发行证券的客户主体或融资工具进行的资信评价。评级所依据的信息,主要是公开市场所披露的财务信息和经营数据。

内部评级是指商业银行依据内部收集的信息和自身的评价标准,对本行客户及其所开展业务风险进行的评价。内部评级包括银行针对已授信或拟授信对象的客户评级,也包括银行针对所开展具体业务特定交易结构的债项评级。

客户评级是商业银行对客户偿债能力和偿债意愿的综合计量和科学评价,反映的是客户违约风险的大小。

一般来说,级别越高的等级,表示这一等级的客户信用风险越低,而级别越低的,表示这一等级的客户信用风险越高。不同信用等级违约风险大小,并不是线性的关系,一般是呈现指数性质的关系。

(二)《巴塞尔新资本协议》下的客户信用评级

《巴塞尔新资本协议》要求银行必须建立一套完整的客户信用评级体系。这套科学的信用评级体系至少具有三大效能:一是能够有效区分违约客户,即不同信用等级的客户违约风险随信用等级的下降而呈加速上升的趋势,且评级结果之间不能出现零乱的反序,尤其是在客户比较集中的区域;二是能够准确量化客户违约风险,即能够估计各信用等级的违约概率,并将估计的违约概率与实际违约频率之间的误差控制在允许的范围内;三是整个信用评级体系的结果要具有稳定性。以上三个特征必须能够通过客观独立的审计和验证。

在《巴塞尔新资本协议》下,银行内部评级下每个债务人评级结果都需要对应一个违约概率。违约概率是指在未来一段时间内债务人发生违约的可能性。

《巴塞尔新资本协议》中规定,若出现以下一种情况或同时出现以下两种情况,债务人将被视为违约:第一,银行认定,除非采取追索措施,如变现抵押品(如果存在的话),借款人可能无法全额偿还对银行集团的债务。第二,债务人对于银行的实质性信贷债务逾期 90 天以上。

(三)客户评级对象的分类

按照《巴塞尔新资本协议》信用风险内部评级法的要求,银行应将其银行账户下的资产划分为六种不同的风险暴露:主权风险暴露、金融机构风险暴露、公司风险暴露、零售风险暴露、股权风险暴露和其他风险暴露。其中:公司风险暴露是指商业银行对公司、合伙制企业和独资企业及其他非自然人的债权。根据债务人类型及其风险特征,公司风险暴露又分为中小企业风险暴露、专业贷款和一般公司风险暴露。

(四)客户评级因素及方法

1. 评级因素

评级因素,一般也称为评级指标,指的是用于对企业信用能力以及信用意愿做出风险预测的指标。一般说来,评级指标分定性和定量两大类。

定性指标,指的是一些比较难以量化的指标,但这并不意味着定性指标是纯粹依据个人主观判断。借款人的行业特征、市场地位、公司治理等属于客户评级定性指标。

定量指标,一般又分为财务类的定量分析指标和非财务类的定量分析指标。财务类的分析指标一般是围绕经过审计的或者能经得起检验的财务报表数据进行,包括资产负债表、利润表和现金流量表。

2. 客户信用评级方法

商业银行客户信用评级主要包括专家分析法和统计分析法两类方法。

(1)专家分析法。专家分析法是商业银行在长期经营信贷业务、承担信用风险过程中逐步发展并完善起来的传统信用分析法。专家系统是依赖高级信贷人员和信贷专家自身的专业知识、技能和丰富经验,运用各种专业性分析工具,在分析评价各种关键要素的基础上依据主观判断来综合评定信用风险的分析系统。以 5Cs 系统为例,主要包括以下几个方面。

要点	内容
品德(Character)	品德是对借款人声誉的衡量。主要指企业负责人的品德、资金运用状况、经营管理水平、经营稳健性以及偿还愿望等,信用记录对其品德的判断具有重要意义
资本(Capital)	资本是指借款人的财务杠杆状况及资本金情况
还款能力(Capacity)	一方面是借款人未来现金流量的变动趋势及波动性;另一方面是借款人的管理水平
抵押(Collateral)	商业银行对抵押品的要求权级别越高,抵押品的市场价值越大,变现能力越强,则贷款的风险越低
经营环境(Condition)	主要包括商业周期所处阶段、借款人所在行业状况、利率水平等因素

专家分析法的突出特点在于将信贷专家的经验和判断作为信用分析和决策的主要基础,这种主观性很强的方法/体系带来的一个突出问题是对信用风险的评估缺乏一致性。

(2)统计分析法。统计分析法在信用评级中越来越受到重视,目前业内通常采用逻辑回归(Logistic Regression)方法,逻辑回归是一种用于解决二分类(0 or 1)问题的数理统计方法,用于估计借款人在未来一段时期内(一般为 1 年)违约的可能性。

信用风险量化模型在金融领域的发展也引起了监管当局的高度重视。1999 年 4 月,巴塞尔委员会发布了题为《信用风险模型化:当前的实践和应用》的研究报告,探讨了信用风险量化模型的应用对国际金融领域风险管理的影响,以及这些模型在金融监管尤其是在经济资本监管方面应用的可能性。《巴塞尔新资本协议》也明确规定,实施内部评级法的商业银行可采用模型估计违约概率。毫无疑问,信用风险量化模型的发展正在对传统的信用风险管理模式产生革命性的影响。

与传统的专家分析方法相比,基于统计分析的违约概率模型能够直接估计客户的违约概率,因此对历史数据的要求更高,需要商业银行建立一致的、明确的违约定义,并且在此基础上积累至少五年的数据。针对我国银行业的发展现状,商业银行将统计模型和传统的专家系统相结合，取长补短，有助于提高信用风险评估/计量水平。

（五）客户评级主标尺

主标尺是指将所有客户的信用评级对应到违约率区间，即设定一个能够区分客户风险程度、便于客户差别化管理且符合监管要求的全行统一的违约概率和信用等级对应的标准尺度。一般来说，主标尺应包括信用等级符号、每一信用等级对应的违约概率下限值、违约概率上限值和违约概率中间值。

1. 主标尺的基本特征

（1）主标尺应该以债务人真实的违约概率为标准划分。

（2）主标尺应该将违约概率连续且没有重叠地映射到风险等级，应该涵盖银行整体资产的信用风险。

（3）风险等级的划分足够精细，可以分辨不同类型的风险等级，相邻等级的违约率不能变化过大，各个违约率区间跨度（差值）应该是单调且最好是按几何级数方式增加。

（4）客户不能过于集中在单个风险等级，每个风险等级的客户数不能超过总体客户数的一定比例。

（5）违约率映射要综合考虑银行现有的评级和客户分布。

2. 主标尺的设立要求

（1）满足银行内部的管理要求。

（2）能够与国际公认的评级机构的级别相对应，以便于同行进行比较和资产管理。

（3）满足监管当局监管指引的要求，《商业银行资本管理办法（试行）》的相关规定如下：

①商业银行应设定足够的债务人级别和债项级别，确保对信用风险的有效区分。信用风险暴露应在不同债务人级别和债项级别之间合理分布，不能过于集中。

②商业银行债务人评级应最少具备 7 个非违约级别、1 个违约级别，并保证较高级别的风险小于较低级别的风险。根据资产组合的特点和风险管理需要，商业银行可以设定多于本办法规定的债务人级别，但应保持风险级别间排序的一致性和稳定性。

③若单个债务人级别风险暴露超过所有级别风险暴露总量的 30%，商业银行应有经验数据向中国银行业监督管理机构证明该级别违约概率区间合理并且较窄。

（六）客户评级流程

1. 评级发起

评级发起是指评级人员对客户进行一次新的评级过程。在此之前，商业银行应制定书面的评级发起政策，包括评级发起的债务人范围、评级发起工作的岗位设置、时间频率及各环节的操作流程等。

评级发起的要求如下：

（1）评级发起流程应足够详细并明确规定本行不同机构对同一债务人评级发起的相关授权流程。对同一债务人或保证人在商业银行内部只能有一个评级。

（2）评级发起人员应遵循尽职原则，充分、准确地收集评级所需的各项数据，审查资料的真实性，完整无误地将数据输入信用评级系统。

（3）评级发起应遵循客观、独立和审慎的原则，在充分进行信用分析的基础上，遵循既定的标准和程序，保证信用评级的质量。

2. 评级认定

评级认定是指评级认定人员对评级发起人员的评级建议进行最终审核认定的过程。

评级认定的要求如下：

(1)评级认定的岗位设置应满足独立性要求，评级认定人员不能从贷款发放中直接获益，不应受相关利益部门的影响，不能由评级发起人员兼任。

(2)非零售信贷管理信息系统应强制保留非零售客户评级的各项原始文档和凭证，并保留评级发起、认定等流程的完整日志记录，确保内部评级流程全程可追溯。相关信息系统中应有刚性控制，未经评级流程，不得开展授信等有关业务。

3. 评级推翻

评级推翻主要指评级人员对模型评级结果的推翻和评级认定人员对评级发起人员评级建议的否决。

评级推翻的要求如下：

(1)商业银行应监控评级专家推翻内部评级体系所输出的评级结果的流程，并制定相应的指导原则。

(2)商业银行应建立完善的评级推翻文档，在评级系统中详细记录评级推翻的理由、结果以及评级推翻的跟踪表现。

4. 评级更新

评级更新是指商业银行定期对现有客户进行重新评价的过程，即对现有客户的再次评级发起。

评级更新的要求如下：

(1)在评级更新过程中，商业银行应建立书面的评级更新政策，包括评级更新的条件、频率、程序和评级有效期。

(2)商业银行对公司类风险暴露的债务人和保证人评级应至少每年更新一次，对风险较高的债务人，商业银行应适当提高评级更新频率。

(3)评级有效期内需要更新评级时，评级频率应不受每年一次的限制，评级有效期自评级更新之日重新计算。

典题精练

【例11·单项选择题】(　　)是指评级认定人员对评级发起人员的评级建议进行最终审核认定的过程。

A. 评级发起　　B. 评级认定

C. 评级推翻　　D. 评级更新

B。【解析】评级认定是指评级认定人员对评级发起人员的评级建议进行最终审核认定的过程。

本节速览

信用评级	评级因素	定性分析法	定量分析法
5Cs	主标尺	评级认定	评级推翻

四、债项评级(中级考试内容)

(一)债项评级的基本概念

债项评级是指商业银行根据不同债务工具的特点,如债务类别、偿债优先级、风险缓释等,对其债项层面的偿还能力进行风险计量和评价。非零售类业务的债项包括贷款、贸易融资、票据、债券、表外业务垫款、担保类、承诺类表外业务等。

债项评级独立于客户评级,共同构成了商业银行的二维评级体系。客户评级的量化基于对违约概率的估计,债项评级的量化则可以是违约损失率(LGD),也可以是预期损失(EL)。

违约损失率是指一旦债务人违约,预期损失占风险敞口总额的百分比。此处的损失是经济损失而非会计损失,包括折扣因素、融资成本以及在确定损失的过程中发生的直接成本或间接成本。

违约损失率的测算在《巴塞尔新资本协议》内部评级初级法和高级法中有所不同。在内部评级初级法中,违约损失率需根据监管当局规定的方法和参数进行测算;在内部评级高级法中,银行自主确定各敞口对应的违约损失率。

(二)债项评级的因素和方法

1. 评级因素

要点	内容
债项因素	债项因素直接与债项合同的设计和条款相关,反映了 LGD 的债项本身相关特性,也反映了银行通过交易方式的条款安排来管理和降低信用风险的努力。债项类型是影响 LGD 大小的重要因素。 清偿优先性是指在负债企业破产清算时,债权人从企业残余价值中获得清偿时相对于其他债权人和股东的优先顺序,清偿优先性强的债项 LGD 一般低于清偿优先性靠后的债项
风险缓释因素	风险缓释是指为提高债务偿还的可能性,降低银行资金损失的风险,银行在发放债务时要求债务人提供抵押或者保证,以保障债权实现的法律行为。风险缓释的形式很多,如抵押、质押、保证等
企业因素	企业因素是指与特定的借款企业相关的因素。影响 LGD 的公司因素主要是借款企业的资产负债结构。该结构一方面反映在企业的融资杠杆率,即总资产和总负债的比率,另一方面反映在企业融资结构下清偿优先性
行业因素	有形资产较少的行业(如服务业)的 LGD 往往比有形资产密集型行业(如公用事业部门)的 LGD 高
宏观经济周期因素	宏观经济的周期性变化是影响 LGD 的重要因素。经济萧条时期的债务回收率要比经济扩张时期的回收率要低

2. 评级方法

LGD 模型开发是债项评级的核心内容。LGD 模型开发的方法一般分成两类：专家经验判断方法和数据驱动的统计方法。专家经验判断方法是根据风险管理领域专业人士的经验判断，来评估和决定影响 LGD 大小的风险因素和相应的权重，从而形成评级模型的方法。数据驱动统计方法是整理分析客观性的风险数据，从中寻找影响 LGD 大小的各种因素的统计规律，从而形成评级模型的方法。前者来自专业人士的各种主观经验判断，而后者主要是分析数据背后统计规律。其中较为常用的统计方法包括历史平均值方法、统计回归分析方法、回收率分布方法、决策树方法等。

(三)债项评级工作程序

与客户评级类似，债项评级工作程序也分为评级发起、评级认定、评级推翻和评级更新。其中评级发起、评级认定和评级推翻属于贷前程序，评级更新属于贷后程序。

1. 贷前债项评级

贷前债项评级工作包括调查、初评、审查和审定等工作程序。

调查内容包括：债项基本信息；保证信息，包括保证金额，保证类型，以及保证人的风险水平等；抵质押情况，包括抵质押品的类型、所有权和价值信息；借款企业信息，包括行业，企业类型，资产负债情况等；合同条款和还款安排；其他需要调查的信息。

2. 贷后债项评级

贷后债项评级工作主要是评级更新，评级更新分为定期评级更新和不定期评级更新。债项等级的定期更新由债项评级系统按一定时间频率自动进行，一般按月进行。

当影响债项评级的风险因素发生重大变化时，在债项评级系统定期评级之间，债项评级初评人员必须及时发起人工调整流程，重新评定债项等级。

(四)债项评级的结果应用

评级的结果可以有多种用途，主要包括以下八点：

(1)应用于客户准入。

(2)应用于授信审批及授权。

(3)应用于拨备计提。

(4)应用于贷款定价。

(5)应用于资本计量。

(6)应用于绩效考核。

(7)应用于风险监测。

(8)应用于不良资产处置与回收。

本节速览

债项评级	违约损失率(LGD)	债项因素	风险缓释因素
评级方法	贷前债项评级	贷后债项评级	结果应用

同步自测

一、单项选择题(在以下各小题所给出的四个选项中,只有一个选项符合题目要求,请将正确选项的代码填入括号内)

1. 信贷人员重点分析技术的阶段是(　　)。

A. 生产阶段　　B. 销售阶段

C. 研发阶段　　D. 供应阶段

2. 在同一张财务报表的不同项目之间、不同类别之间,或在两张不同财务报表的有关项目之间做比较的方法称为(　　)。

A. 趋势分析法　　B. 结构分析法

C. 比率分析法　　D. 比较分析法

3. 下列属于企业的非流动资产的是(　　)。

A. 预付账款　　B. 存货

C. 递延所得税资产　　D. 应收票据

4. 资本公积金不包括(　　)。

A. 股本溢价　　B. 法定财产重估

C. 接受捐赠的资产价值　　D. 法定盈余公积金

5. 利润表的结构分析法是以(　　)为100%,计算产品销售成本、产品销售费用、产品销售利润等指标各占产品销售收入的百分比,计算出各指标所占百分比的增减变动,分析其对借款人利润总额的影响。

A. 产品销售收入净额　　B. 产品销售成本

C. 产品销售费用　　D. 产品销售利润

6. (　　)是流动资产中最重要的组成部分,常常达到流动资产总额的一半以上。

A. 现金　　B. 存货

C. 利润　　D. 股票

7. 盈利能力就是获取利润的能力,反映借款人盈利能力的比率不包括(　　)。

A. 销售利润率　　B. 成本费用利润率

C. 净利润率　　D. 利息保障倍数

8. 目前所使用的商业银行客户信用评级分析方法中,使用最为广泛的系统是(　　)。

A. 5Cs 系统　　B. 5Ps 分析系统

C. 骆驼 CAMEL 分析系统　　D. Risk Calc 模型

9. 某公司某月经营活动的现金净流量为150万元;投资活动的现金流入量为35万元,现金流出量为15万元;筹资活动现金净流量为130万元,则该公司该月的现金净流量为(　　)万元。

A. 275　　B. 240

C. 300　　D. 205

10.《巴塞尔新资本协议》中规定,若债务人对于银行的实质性信贷债务逾期(　　)天以上,则该债务人将被视为违约。

A. 30　　B. 60

C. 90　　D. 120

11. 根据《商业银行资本管理办法（试行）》的规定，设立主标尺时，商业银行债务人评级应最少具备（　　）个非违约级别、（　　）个违约级别，并保证较高级别的风险小于较低级别的风险。

A. 6;1　　B. 6;2

C. 7;1　　D. 7;2

12. 债项评级独立于客户评级，共同构成了商业银行的（　　）。

A. 一维评级体系　　B. 二维评级体系

C. 三维评级体系　　D. 多维评级体系

13. 下列关于债项评级的说法中，错误的是（　　）。

A. 在第一维度客户评级中，商业银行应对每个客户名下的每笔债项进行独立的债项评级

B. 客户评级的量化基于对违约概率的估计

C. 债项评级的量化可以是违约损失率

D. 债项评级的量化可以是预期损失

14. 数据驱动的统计方法主要是分析数据背后的统计规律，其中较为常用的统计方法不包括（　　）。

A. 历史平均值方法　　B. 回收率分布方法

C. 统计回归分析方法　　D. 判定表方法

15. 在债项评级的工作程序中，属于贷后程序的是（　　）。

A. 评级更新　　B. 评级推翻

C. 评级认定　　D. 评级发起

二、多项选择题（在以下各小题所给出的选项中，至少有两个选项符合题目要求，请将正确选项的代码填入括号内）

1. 了解客户发展历史可以避免信贷人员被眼前景象所迷惑，一般进行客户历史分析应主要关注（　　）。

A. 以往盈利情况　　B. 以往重组情况

C. 名称变更　　D. 经营范围

E. 成立动机

2. 银行在进行财务报表分析时搜集的财务报表资料包括（　　）。

A. 利润表　　B. 会计报表附注

C. 注册会计师查账验证报告　　D. 资产负债表

E. 财务状况说明书

3. 下列关于资产结构分析的说法中，正确的有（　　）。

A. 在分析资产负债表时，一定要注意借款人的资产结构是否合理，是否与同行业的比例大致相同

B. 资产结构分析是通过计算各项资产占总资产的比重进行分析的

C. 资产结构分析要判断借款人资产分配的合理性

D. 通常制造业的固定资产比重小于零售业的固定资产比重

E. 服务业中，劳动密集型行业的固定资产比重一般低于资本密集型

4. 反映客户短期偿债能力的比率主要有（　　）。

A. 流动比率　　B. 资产负债率

C. 净利润率　　D. 速动比率

E. 现金比率

5. 在利息保障倍数的计算公式中，利息费用一般包括(　　)。
A. 流动负债利息费用
B. 长期负债中计入损益的利息费用
C. 计入固定资产原价的利息费用
D. 长期租赁费用
E. 分红费用

6. 在分析客户应收账款周转率时，应注意(　　)问题。
A. 由于公开财务信息资料中很少表明赊账净额，所以在计算应收账款周转率时可采用销售收入净额
B. 应收账款数额应包括资产负债表中的"应收账款"与"应收票据"等全部数额
C. 如果应收票据已向银行办理了贴现手续，这些应收票据就不应包括在应收账款平均余额之内
D. 应收账款余额应是扣除坏账准备后的净额
E. 应收账款周转速度指标只能反映出客户营运能力的强弱，无法反映客户短期偿债能力的好坏

7. 5Cs 系统包括(　　)。
A. 品德
B. 资本
C. 还款能力
D. 抵押
E. 经营环境

8. 根据债务人类型及其风险特征，公司风险暴露分为(　　)。
A. 小微企业风险暴露
B. 中小企业风险暴露
C. 大型企业风险暴露
D. 专业贷款公司风险暴露
E. 一般公司风险暴露

9. 客户评级流程包括(　　)。
A. 评级发起
B. 评级认定
C. 评级复核
D. 评级推翻
E. 评级更新

10. 贷前债项评级工作的调查内容包括(　　)。
A. 债项基本信息
B. 合同条款和还款安排
C. 抵质押情况
D. 保证信息
E. 借款企业信息

三、判断题(请判断以下各小题的正误，正确的选A，错误的选B)

1. 信贷人员对客户法人治理结构的评价要着重考虑中小股东行为的规范和对内部控制人的激励约束这两个因素。(　　)
A. 正确
B. 错误

2. 收款条件主要取决于市场供求和商业信用两个因素。(　　)
A. 正确
B. 错误

3. 如果银行认定，除非采取追索措施，借款人可能无法全额偿还对银行集团的债务，则债务人将被视为违约。(　　)
A. 正确
B. 错误

4. 主标尺不需要与国际公认的评级机构的级别相对应。(　　)
A. 正确
B. 错误

5. 非零售信贷管理系统允许评级发起人员进行评级结果试算。(　　)
A. 正确
B. 错误

答案详解

一、单项选择题

1. A。【解析】生产阶段的核心是技术。
2. C。【解析】比率分析法是在同一张财务报表的不同项目之间、不同类别之间，或在两张不同财务报表的有关项目之间做比较。比率分析法是最常用的一种方法。
3. C。【解析】非流动资产包括长期股权投资、固定资产、无形资产、商誉、长期待摊费用、递延所得税资产和其他非流动性资产等。
4. D。【解析】资本公积金包括股本溢价、法定财产重估和接受捐赠的资产价值等。
5. A。【解析】在利润表结构分析中是以产品销售收入净额为100%，计算产品销售成本、产品销售费用、产品销售利润等指标各占产品销售收入的百分比，计算出各指标所占百分比的增减变动，分析其对借款人利润总额的影响。
6. B。【解析】存货是流动资产中最重要的组成部分，常常达到流动资产总额的一半以上。因此，存货质量好坏、周转快慢，对客户资金周转循环长短具有重要影响。
7. D。【解析】反映借款人盈利能力的比率主要有销售利润率、营业利润率、税前利润率和净利润率、成本费用利润率、资产收益率、净资产收益率，这些统称为盈利比率。
8. A。【解析】目前所使用的定性分析方法，虽然有各种各样的架构设计，但其选择的关键要素都基本相似，其中，对企业信用分析的5Cs系统使用最为广泛。
9. C。【解析】现金净流量＝经营活动的现金净流量＋投资活动的现金净流量＋筹资活动的现金净流量＝150＋(35－15)＋130＝300(万元)。
10. C。【解析】《巴塞尔新资本协议》中规定，若债务人对于银行的实质性信贷债务逾期90天以上，债务人将被视为违约。
11. C。【解析】根据《商业银行资本管理办法(试行)》的规定，设立主标尺时，商业银行债务人评级应最少具备7个非违约级别、1个违约级别，并保证较高级别的风险小于较低级别的风险。
12. B。【解析】债项评级独立于客户评级，共同构成了商业银行的二维评级体系。
13. A。【解析】在第一维度客户评级中，对于同一客户，无论是作为债务人还是保证人，无论有多少债项，在商业银行内部只能有一个客户评级。在第二维度债项评级中，商业银行应对每个客户名下的每笔债项进行独立的债项评级。
14. D。【解析】数据驱动的统计方法主要是分析数据背后的统计规律，其中较为常用的统计方法包括历史平均值方法、回收率分布方法、统计回归分析方法、决策树方法等。
15. A。【解析】评级发起、评级认定、评级推翻属于贷前程序，评级更新属于贷后程序。

二、多项选择题

1. BCDE。【解析】对客户进行历史分析应主要关注以下内容：成立动机、经营范围、名称变更和以往重组情况。
2. ABCDE。【解析】银行在进行财务报表分析时搜集的财务报表资料包括会计报表、会计报表附注和财务状况说明书、注册会计师查账验证报告和其他资料。其中会计报表又包括资产负债表、利润表、现金流量表及其有关附表。
3. ABCE。【解析】制造业的固定资产比重大于零售业的固定资产比重。
4. ADE。【解析】反映客户短期偿债能力的比率主要有：流动比率、速动比率、现金流量比率和现金比率，这些统称为偿债能力比率。

5. ABCD。【解析】利息保障倍数计算公式中利息费用一般包括流动负债利息费用、长期负债中计入损益的利息费用以及计入固定资产原价的利息费用、长期租赁费用等。

6. ABCD。【解析】应收账款周转速度指标，不仅反映出客户营运能力的强弱，而且也反映出客户短期偿债能力的好坏。

7. ABCDE。【解析】5Cs 分析系统包括品德、资本、还款能力、抵押、经营环境。

8. BDE。【解析】根据债务人类型及其风险特征，公司风险暴露分为中小企业风险暴露、专业贷款和一般公司风险暴露。

9. ABDE。【解析】客户评级流程包括：(1)评级发起。(2)评级认定。(3)评级推翻。(4)评级更新。

10. ABCDE。【解析】贷前债项评级工作的调查内容包括：债项基本信息；合同条款和还款安排；抵质押情况，包括抵质押品的类型、所有权和价值信息；保证信息，包括保证金额、保证类型，以及保证人的风险水平等；借款企业信息，包括行业、企业类型、资产负债情况等；其他需要调查的信息。

三、判断题

1. B。【解析】信贷人员对客户法人治理结构的评价要着重关注控股股东行为的规范，董事会组成结构、运作方式和决策规则，以及对内部控制人的激励约束等几方面因素。

2. B。【解析】收款条件主要取决于市场供求和厂商品牌两个因素。

3. A。【解析】《巴塞尔新资本协议》中规定，若出现以下一种情况或同时出现以下两种情况，债务人将被视为违约：(1)银行认定，除非采取追索措施，如变现抵押品(如果存在的话)，借款人可能无法全额偿还对银行集团的债务。(2)债务人对于银行的实质性信贷债务逾期 90 天以上。

4. B。【解析】主标尺应能够与国际公认的评级机构的级别相对应，以便于同行进行比较和资产管理。

5. B。【解析】非零售信贷管理系统应严格禁止评级发起人员进行评级结果试算，评级结果一经产生，各项评级数据不应随意修改。

第六章 固定资产贷款项目评估（中级考试内容）

要点导图

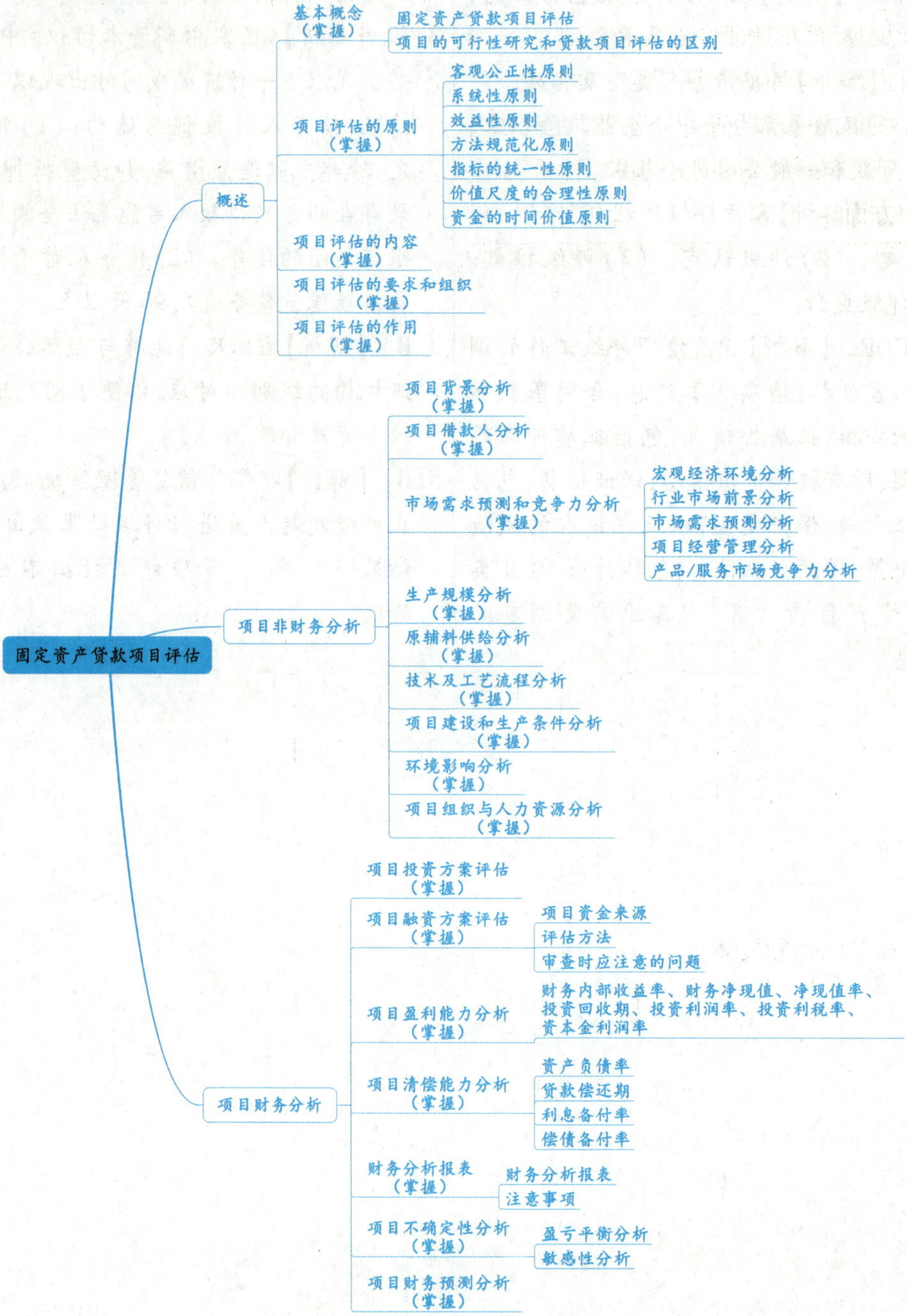

知识解读

一、概 述

(一)基本概念

1. 固定资产贷款项目评估

固定资产贷款项目评估是根据国家现行方针政策、银行信贷政策以及财税制度的有关规定,以项目可行性研究报告为基础,结合项目建设与经营的信息材料,从经济、技术等方面对项目进行科学审查与评价的一种方法。

2. 项目的可行性研究和贷款项目评估的区别

就涉及领域而言,项目的可行性研究与贷款项目评估是相同的。它们的区别主要表现在四个方面。

区别	贷款项目评估	项目的可行性研究
发起主体不同	贷款银行	项目业主或发起人
发生时间不同	贷款项目评估在后	项目的可行性研究在先
研究的范围与侧重点不同	在全面调查的基础上,针对发现或关心的问题,有所侧重地进行研究,不必面面俱到	全面的研究,并作出在技术上、财务上是否可行的结论
进行项目评估和可行性研究的目的不同	为项目审批和贷款决策服务	判断项目的可行性,项目报批和贷款申请

项目评估是为项目审批和贷款决策服务的,评估工作一般由决策部门承担,也可由决策部门委托有资格的机构承担。在风险评估阶段,应充分识别项目融资所面临的诸多风险,包括政策风险、产品市场风险、超支风险、筹资风险、完工风险等,并采取必要的方式有效降低和分散贷款的风险,如要求项目相关方通过签订总承包合同、投保商业保险、建立完工保证金、提供履约保函、签订长期供销合同等。

典题精练

【例1·单项选择题】项目的可行性研究属于(　　)工作,是项目业主或发起人为了确定投资方案而进行的工作,一般由设计和咨询机构完成。

A. 项目报告　　B. 项目结束

C. 项目开始　　D. 项目论证

D。【解析】项目的可行性研究属于项目论证工作,是项目业主或发起人为了确定投资方案而进行的工作,一般由设计和咨询机构完成。

(二)项目评估的原则

1. 客观公正性原则

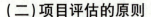

客观公正性原则就是指在项目评估中要尊重客观规律,不带主观随意性,讲求科学性。坚持评估的客观公正性原则的要求有:

(1)项目评估人员要避免各种先入为主的观念,克服主观随意性和片面性。这是坚持客观性原则的基本前提,也是项目评估公正性的必要保证。

(2)项目评估人员要深入调查研究,全面系统地掌握可靠的信息资料。这是项目评估科学性的基本保证,也是坚持客观性原则的基本要点。

2. 系统性原则

系统性原则是指在评估中考虑任何问题,都要有系统观念,也就是将拟建投资项目当作一个开放的系统看待。

投资项目是内部因素与外界环境的有机统一体。投资项目的内部因素,包括产品种类及生产规模、设备及技术、生产工艺、厂址及平面布置等;投资项目的外界条件,包括生产建设条件,项目所处的自然生态环境,产品的社会需求,与项目投入产出相联系的协作配套关系,与项目的财务经济效益相关的价格、税收、信贷、利率等财政金融政策。

系统性原则要求项目评估人员克服孤立地、静止地分析问题的僵化思想,在全面系统动态的分析论证过程中,创造性地对拟建项目进行评审和估价。

3. 效益性原则

效益性原则是指在项目评估中要以投资效益的好坏作为鉴别项目优劣和取舍的标准。对于一个好的项目,技术上可行是它的前提条件,经济上合理才是它的最终目标。在贯彻效益性原则时,要处理好投资项目的财务效益和国民经济效益的关系。不同的主体有不同的利益。在决策时应对不同的情况作出不同的决断。

效益情况	决断
财务效益和国民经济效益都不好的项目	属于经济上完全不合理的项目,应予以否定
财务效益好,而国民经济效益不好的项目	本质上也是经济上不合理的项目,也应该予以否定
财务效益不好,而国民经济效益好的项目	属于经济上合理的项目,应予以接受,但这类项目简单地接受将会对投资企业和贷款银行造成不利的影响,投资企业和贷款银行不易接受,因此,有必要对这类项目提供可行的优惠政策和措施,改善其财务状况,提高项目的财务效益
财务效益好,国民经济效益也好	经济上是合理的,在符合相关政策的前提下,应予以接受

4. 方法规范化原则

方法规范化原则是指评估工作中所采用的定性和定量分析方法,必须符合客观实际,体现事物的内在联系。

规范化原则对项目评估人员的要求:

(1)要学习和掌握好项目评估的规范化方法。

(2)要处理好使用规范化方法与创造性评估的关系。

一般来说，使用规范化方法并不影响项目评估人员的创造性劳动，而是项目评估人员创造性劳动容易得到承认的必要条件。

5. 指标的统一性原则

指标的统一性原则是指在项目评估中所使用的效益指标、国家参数的标准化，也就是衡量项目经济效益统一的标准和尺度。

在项目评估中，实现指标统一性这一原则要做到：

(1)国家有权机关应制定统一的评价参数，如基准收益率、折现率、投资回收期等。

(2)在评估过程中运用各种收益指标和参数时，要特别注重针对性，即不同行业和工业门类，应使用相应的评价参数和评价指标。

6. 价值尺度的合理性原则

价值尺度的合理性原则是指在评估投资效益时，使用合乎于项目评估目标的价值尺度，计量项目的成本和效益。价值尺度是计算项目成本和效益时使用的计量价格。

价格是项目评估中经济效益的核心问题，为贯彻合理使用价值尺度的原则，要求进行项目的财务评估、经济评估和社会评估时，分析使用与之相适应的计量价格：

(1)项目的财务评估主要用于判断项目在实行财税制度下的财务清偿能力和财务盈利能力。

(2)项目的经济评估主要用于分析项目是否做到资源的合理配置和有效利用，是否在一定的经济增长目标下花费最小的代价或在一定的代价下取得最大的经济增长。

(3)项目的社会评估的核心内容是在项目经济评估的基础上进一步考虑新增国民收入的合理分配问题，从而将增长目标和公平目标统一起来，追求国民福利的最大化。

7. 资金的时间价值原则

货币时间价值的主要内容：等额货币在不同的时间具有不等的价值，差别为货币的时间价值，表现形式就是利息。也就是说，利息是一种货币的时间价值，是一定数额的货币经过一段时间后所增加的价值。

在项目评估中，贯彻资金时间价值原则的要求有：

(1)为有关评价指标规定最低的取舍标准，即评价基准。

(2)采用动态分析方法，即贯彻“资金时间价值”原理的现值法，利用预测的现金流量表，对项目的成本和效益进行贴现，通过贴现后的成本和效益相比较，计算有关动态分析指标。

典题精练

【例2·单项选择题】下列不属于项目评估的原则的是(　　)。

A. 客观公正性原则　　B. 系统性原则

C. 全面性原则　　D. 效益性原则

C。【解析】项目评估的原则有：(1)客观公正性原则。(2)系统性原则。(3)效益性原则。(4)方法规范化原则。(5)指标的统一性原则。(6)价值尺度的合理性原则。(7)资金的时间价值原则。

【例3·单项选择题】投资项目的内部因素不包括（　　）。

A. 产品种类　　B. 生产工艺

C. 设备及技术　　D. 生产建设条件

D。【解析】投资项目的内部因素，包括产品种类及生产规模、生产工艺、设备及技术、厂址及平面布置等；投资项目的外界条件，包括产品的社会需求，生产建设条件，项目所处的自然生态环境，与项目投入产出相联系的协作配套关系，与项目的财务经济效益相关的价格、税收、信贷、利率等财政金融政策。

（三）项目评估的内容

1. 项目建设的必要性评估

（1）项目所属行业当前整体状况分析，发展趋势预测，国内外情况对比，项目所生产产品的生命周期分析。

（2）项目建设和运营是否符合相关法律法规要求，贷款项目是否符合国家产业政策，是否经过必要的报批程序，是否符合国家总体布局和地区经济结构的需要。

（3）项目产品市场情况分析和项目产品的竞争力分析。

2. 项目建设配套条件评估

（1）厂址选择是否合理，所需土地征用落实情况。

（2）资源条件能否满足项目需要，原辅材料、燃料供应是否有保障，是否经济合理。

（3）配套水、电、气、交通、运输条件能否满足项目需要。

（4）相关及配套项目是否同步建设。

（5）环保指标是否达到有关部门的要求，环境影响报告书是否已经由权威部门批准。

（6）项目所需资金的落实情况。

3. 项目技术评估

（1）项目所采用的技术是否先进、适用、合理、协调，是否与项目其他条件相配套。

（2）项目设备选择是否合理。所采用的设备能否与资源条件、生产工艺及项目单位的工人技术水平和管理者的管理水平相协调；引进设备的必要性，引进设备后对国外配件、维修材料、辅料的依赖程度和解决途径；引进设备与国内设备能否相协调。

4. 借款人及项目股东情况

对借款人及项目股东情况评估内容应包括：

（1）借款人是否具备主体资格。

（2）项目股东的风险承受能力、经济实力、整体经营情况及行业经验。

（3）项目与股东主营业务的相关性及协同效应。

（4）项目对项目股东的重要程度及股东支持项目的意愿和能力。

（5）项目经营主体在相关领域的经营管理能力。

5. 项目财务评估

要点	内容
项目投资估算与资金筹措评估	项目投资(含建设投资和流动资金)估算是否合理,是否存在高估、低估和漏估问题;项目总投资及构成的合理性,项目资本金比例是否符合国家规定;各项投资来源的落实情况及项目资本金的到位情况等;如果资金来源包括多家银行贷款,是否采用银团贷款的方式
项目基础财务数据评估	基础数据的取值是否有理有据,所采用的财税制度是否符合国家现行规定
项目的盈利能力和清偿能力评估	分析项目的还款资金来源,了解项目的盈利能力和还款能力
不确定性评估	了解项目将面临的风险及抗风险的能力

6. 项目担保及风险分担

项目担保及风险分担主要包括:

(1)所提供的担保是否合法、有效、足额可靠,是否以项目资产设定抵押,担保法律文件是否完善,项目是否投保必要的商业保险。

(2)项目风险是否在出资人、借款人、项目承包方、施工方等各参与方之间得到合理分配,完工担保是否落实。

(3)项目的政策风险、筹资风险、完工风险、产品市场风险、超支风险、原材料风险、营运风险、汇率风险、环保风险和其他相关风险是否得到有效控制等。

7. 项目融资方案

项目融资方案主要是综合判定包括贷款金额、期限、还款计划、项目收入账户等在内的融资方案安排是否合理可行。

8. 银行效益评估

(1)盈利性效益评估。

(2)流动性效益评估。

(3)银行效益动态分析。

典题精练

【例4·单项选择题】项目建设配套条件评估要考虑的要素不包括(　　)。

A. 厂址选择是否合理

B. 资源条件能否满足项目需要

C. 配套水、电、气、交通、运输条件能否满足项目需要

D. 项目所需技术要求是否能达到

D。【解析】项目建设配套条件评估要考虑:(1)厂址选择是否合理,所需土地征用落实情况。(2)资源条件能否满足项目需要,原辅材料、燃料供应是否有保障,是否经济合理。(3)配套水、电、气、交通、运输条件能否满足项目需要。(4)相关及配套项目是否同步建设。(5)环保指标是否达到有关部门的要求,环境影响报告书是否已经由权威部门批准。(6)项目所需资金的落实情况。

【例5 · 多项选择题】项目评估的内容包括(　　)。

A. 项目建设的必要性评估　　B. 项目建设配套条件评估

C. 项目财务评估　　D. 借款人及项目股东情况

E. 项目技术评估

ABCDE。【解析】项目评估的内容包括:(1)项目建设的必要性评估。(2)项目建设配套条件评估。(3)项目技术评估。(4)借款人及项目股东情况。(5)项目财务评估。(6)项目担保及风险分担。(7)项目融资方案。(8)银行效益评估。

(四)项目评估的要求和组织

项目评估是项目决策的重要手段,金融机构以项目评估的结论作为决策项目和提供贷款的主要依据。银行最关心的是借款企业的财务状况和项目的效益情况,并把贷款项目的还款能力作为评估重点。进行项目财务效益评估前,必须先评估分析项目的投资估算、产品方案、建设规模、原辅料供应及保证情况、产品市场情况、生产工艺、物料单耗、水电供应、交通条件以及项目承办单位能力等方面的情况,银行如果舍此进行盲目的财务评估,将对银行贷款决策有一定的误导作用。

目前为止,国内银行对项目进行评估时,基本模式是以银行工作人员为主进行评估;辅助模式是邀请有关专家和银行工作人员一起组成项目评估小组。

(五)项目评估的作用

银行在发放贷款前对申请贷款的项目进行制度化的评估,可以为银行客观地了解和评价项目,提高信贷资产质量打下基础。

作为债权人,银行可以从维护自身权益的立场出发,根据自己的标准评价项目,为贷款决策提供科学依据。银行应将固定资产贷款项目融资业务的全部流程纳入规范化操作模式之中,按照项目评估报告模板等工具完成尽职调查、风险控制、客户服务等各项工作,不仅能提高综合收入,而且作为项目合作伙伴深入到项目建设运营的整个流程中,全面了解各方面信息,提高识别、评估、控制固定资产贷款业务风险的能力。

项目评估中,在对固定资产贷款项目情况按规范程序进行逐项分析并分别得出分项结论的基础上,要对各分项论证结果进行全面的归纳总结,形成总体评估结论。总体评估结论应直接、明确地表明是否建议给予贷款支持及贷款的金额、期限、利率、担保方式等。对评估中发现的可能存在的各种问题和不利因素作扼要说明,并提出相应的风险控制建议,从而为贷款项目业务的平稳较快发展提供更加有力的支持。

本节速览

贷款项目评估	客观公正原则	系统性原则	效益性原则
规范化原则	统一性原则	合理性原则	时间价值原则
项目财务评估	项目融资方案	银行效益评估	项目评估的作用

二、项目非财务分析

(一)项目背景分析

1. 宏观背景

从宏观角度看,对项目的背景分析主要包括以下两个方面:

(1)项目建设是否符合国民经济平衡发展的需要。

(2)项目建设是否符合国家的产业政策、技术政策和地区、部门发展规划。

2. 微观背景

分析项目的微观背景,也即从微观上判断项目建设的合理性。主要分析发起人或借款人投资建设该项目的原因,建成后的意义作用,该项目与项目发起人或借款人现有主营业务的关系,该项目计划与发起人或借款人的长远发展规划有何关系,投资建设该项目有何相对竞争优势等;然后分析项目建设的内外部条件是否具备,包括项目建设的各种资金、技术、市场、社会协作条件、劳动力、自然条件、各种优惠政策及可供利用的基础设施等资源要素及市场供求状况是否匹配,以及其他推动或吸引投资者提出项目建设意向的背景情况等。

3. 项目审批进程的审查

项目进程的审查是指考察项目建设是否严格遵守国土资源、环境保护、安全生产、城市规划等法律法规,是否取得有权审批部门出具的合规性批复,涉及质量监督、银行监管、证券监管、外汇监管、工商管理、安全生产监管等部门的项目,也应加强相关审查,确保符合法律法规和国家政策的规定。

要点	内容
适用流程	按照国家现行规定,建设项目根据资金性质、社会影响、环境影响等因素的不同,其审批程序大体可分为审批制、核准制和备案制三种: (1)对于使用政府资金投资建设的项目,实行审批制管理。 (2)对于不使用政府资金投资建设的项目,区别不同情况实行核准制和备案制,其中涉及重大和限制类固定资产投资的,适用核准制
审批手续	审批项目获得的审批手续是否完备,是否获得相关的规划、土地、环保、节能、安全等有关文件
审批权限	审查项目的各级审批部门是否拥有相应权限,是否存在越权审批等情况;项目的总投资等建设条件变化超过规定浮动比例是否得到有权审批部门同意,有无取得有权审批部门重新批复的文件。如果项目是各级地方发改委审批的项目,还应审查项目是否存在拆分处理越权审批的情况
项目实施	(1)审查项目是否存在重大变动,变动原因是什么,项目的初步设计、开工、概算调整是否合理,调整后对项目各项经济指标的变动有何影响。 (2)对于已经动工的项目,应审查项目进度、投资完成和项目资金到位是否正常;审核项目所采用的环保方案是否符合国家、地方环保政策和要求;审核部门提出的设计、环保、安全等改进方案,企业是否已经有效落实

（二）项目借款人分析

借款人是指从境内金融机构取得贷款的自然人和企事业法人，借款人分析包括新建项目借款人分析和改扩建、技术改造项目借款人分析。

新建项目借款人分析侧重对法定代表人和领导班子整体素质、借款人的经济地位、借款人的生产经营和资产负债状况等进行调查分析。

改扩建和技术改造项目借款人分析侧重对法定代表人和领导班子整体素质、借款人的经济地位、借款人的生产经营和资产负债情况，以及信用状况、发展前景、偿债能力等进行综合论证分析。

要点	内容
借款人概况	了解借款人的地理位置、历史沿革、产权构成（或所有制形式）、组织形式、职工人数及构成；分析企业形象、主导产品、在行业和区域经济发展中的地位和作用；对涉及企业体制、主营业务方向、对外投资及诉讼等重要事项应作进一步调查分析
借款人经济地位评估	主要调查借款人的行政隶属关系及历史沿革；调查分析借款人所在行业和区域经济现状、发展前景或规划，以及贷款项目对行业和区域经济发展的作用
借款人的法定代表人和领导班子整体素质评估	了解法定代表人和领导班子成员的信誉、从业经历、历史业绩、品德和能力，评价其经营管理水平
借款人生产经营状况和经济技术实力评估	了解借款人近3年的总资产、净资产、固定资产净值、在建工程、长期投资以及工艺技术装备水平等变化情况；分析借款人近几年业务拓展及经济实力增长情况，主要是调查现有主要产品的质量和生产能力，分析近3年来各年主要产品的产量、销售收入、销售税金、利润总额及其增长情况，计算并分析生产能力利用率、销售利润率、资产报酬率等指标，预测其变化趋势
借款人资产负债情况及偿债能力评估	分析借款人近3年来各年末的资产、负债、所有者权益总额指标及其增长情况；计算并分析资产负债率、流动比率、速动比率等指标，预测其变化趋势；分析主要资产负债项目的增减变化情况和原因，在综合考虑或有负债的情况下，评价其短期和长期偿债能力
借款人信用状况评估	调查借款人基本结算户开立或资金分流情况，计算借款人近3年短期借款、长期负债的本息偿还率指标，分析借款人有无逾期贷款、是否按合同还本付息；了解借款人的信用等级，本行对借款人全部存量贷款的风险状况，借款人与本行的业务合作现状和贡献度
借款人发展前景评估	分析借款人所在行业的发展方向、特点及中长期发展规划，综合评价借款人的发展前景，对借款人的业务发展方向和长远规划进行论述

典题精练

【例6·单项选择题】下列不属于借款人生产经营状况和经济技术实力评估内容的是( )。

A. 了解借款人近3年的总资产、净资产、固定资产净值、在建工程、长期投资以及工艺技术装备水平等变化情况

B. 分析借款人近几年业务拓展及经济实力增长情况

C. 分析借款人近3年来各年主要产品的产量、销售收入、销售税金、利润总额及其增长情况

D. 分析借款人近3年来各年末的资产、负债、所有者权益总额指标及其增长情况

D。【解析】借款人生产经营状况和经济技术实力评估的具体内容是:了解借款人近3年的总资产、净资产、固定资产净值、在建工程、长期投资以及工艺技术装备水平等变化情况;分析借款人近几年业务拓展及经济实力增长情况,主要是调查现有主要产品的质量和生产能力,分析近3年来各年主要产品的产量、销售收入、销售税金、利润总额及其增长情况,计算并分析生产能力利用率、销售利润率、资产报酬率等指标,预测其变化趋势。分析借款人近3年来各年末的资产、负债、所有者权益总额指标及其增长情况属于借款人资产负债情况及偿债能力评估的内容。

(三)市场需求预测和竞争力分析

市场需求预测分析是指在供求预测、市场调查和环境分析的基础上,根据项目产品的竞争能力、市场环境和竞争者等要素,分析和判断项目投产后所生产产品的未来销路问题,具体来说就是考察项目产品在特定时期内是否有市场,以及采取怎样的营销战略来实现销售目标。

1. 宏观经济环境分析

宏观经济环境是决定项目产品市场需求的基础条件。

(1)宏观经济分析的主要方法。宏观经济分析的主要方法有指标法、计量经济模型分析和概率预测等方法。

经济指标有三类:

①先行指标,这类指标对将来的经济状况提供预示性的信息,主要有货币供应量、股票价格指数等。

②同步指标,这类指标反映的是国民经济正在发生的情况,并不预示将来的变动,主要包括失业率、国民总收入等。

③滞后指标,主要有银行短期商业贷款利率、工商业未还贷款等。

(2)评价宏观经济形势的相关变量。

要点	内容
国内生产总值与经济增长率	国内生产总值是指一定时期内(一般按年统计)在一国国内新创造的产品和劳务的价值总额。 经济增长率也称经济增长速度,它是反映一定时期经济发展水平变化程度的动态指标,也是反映一个国家经济是否具有活力的基本指标

（续表）

要点	内容
失业率	失业率是指一定时期满足全部就业条件的就业人口中仍未有工作的劳动力所占的比重
通货膨胀率	通货膨胀率是指用某种价格指数衡量的一般价格水平的持续上涨
利率	利率直接反映的是信用关系中债务人使用资金的代价，也是债权人出让资金使用权的报酬
汇率	汇率是外汇市场上一国货币与他国货币相互交换的比率，即以本国货币表示的外国货币的价格
财政收支	财政收支包括财政收入和财政支出两个方面，财政收入是国家为了保证实现政府职能的需要，通过税收等渠道集中的公共性资金收入；财政支出则是为满足政府执行职能需要而使用的财政资金
国际收支	国际收支一般是一国居民在一定时期内与非居民在政治、经济、军事、文化及其他往来中所产生的全部交易的系统记录。国际收支包括经常项目和资本项目
固定资产投资规模	固定资产投资规模是指一定时期在国民经济各部门、各行业固定资产再生产中投入资金的数量

2. 行业市场前景分析

（1）行业生命周期。行业生命周期就是行业从进入市场到退出市场所经历的市场生命循环过程，进入和退出市场标志着周期的开始和结束。典型的行业生命周期一般可以分成四个阶段：启动阶段（初级阶段）、成长阶段、成熟阶段和衰退阶段。

（2）行业与经济周期的关系。经济发展有其自身的规律性，而周期性是其中一个重要的特征。按照对经济周期变迁的应变程度，行业可以分为三类：增长型行业、周期型行业和防御型行业。

要点	内容
增长型行业	增长型行业的运动态势与经济活动总水平的周期及其振幅无关。其收入增长的速率相对于经济周期的变动来说，并未出现同步影响，因为它们主要依靠技术的进步、新产品推出及更优质的服务，从而使其经常呈现出增长形态
周期型行业	周期型行业的运动状态直接与经济周期相关。当经济处于上升时期，这些行业会紧随其扩张；当经济衰退时，这些行业也相应衰落
防御型行业	防御型行业的产品需求相对稳定，不受经济周期影响

（3）行业热点演变的一般规律。

①经济扩张初期。此时最先启动的行业是住宅与轿车等周期性消费品行业，然后是电子信息、机械设备等生产资料行业以及交通运输业。

②经济快速增长时期。基础原材料产业往往与宏观经济的景气度有很高的关联度，竞争程度比下游产业相对要低。这些行业的增长会延伸至整个经济扩张期的结束。

③经济收缩时期。食品和城市公用设施类行业受经济周期影响相对较弱。在经济收缩时，这类企业受经济周期影响不明显，会具有良好的表现。

(4)产品市场前景预测分析。项目审查过程中,可按照以下三个方面对产品市场前景进行分析审查:

①产品需求。审查过程中,主要应明确产品的消费对象、用途及区域分布情况,并进一步审查项目可行性研究或评估报告中对需求调查和需求预测的方法是否合适,资料是否可靠,对国内、国外、近期和远期的调查和预测数据及发展趋势的分析判断是否恰当。

②产品供应。审查项目评估报告或可行性研究对现有国内外同类生产企业的生产能力、产品产量和销售量、生产能力利用情况以及成本、价格情况的调查分析结论是否合理;业内主要竞争对手的经营业绩、管理模式、市场占有率等情况如何,项目与主要竞争对象相比哪些方面具有优势,哪些方面存在不足等;对国内、国外现有同类产品的在建、拟建项目的生产规模、预计投产时间和产品特点等情况分析是否真实。

③市场前景预测。审查产品市场的综合平衡及余缺情况,拟建项目产品的特点和价格竞争力如何,可行性研究或项目评估的分析理由和结论是否正确。审查可行性研究或项目评估对项目未来若干年内(一般为 5 年以上,不能低于贷款期限)产品总需求量、品种、价格趋势的预测是否合理。同时,也应注意进出口同类产品和替代产品对市场总需求的影响。

3. 市场需求预测分析

(1)市场需求预测的主要相关因素。

①产品特征和消费条件。产品特征主要指产品本身的特点,产品的现状、规格、性能以及用途等。

②社会购买力与产品价格水平。社会购买力是在一定的经济发展阶段,一定收入水平的基础上,国内和国际在零售市场上用以购买商品的货币支付能力。居民收入水平决定着产品的市场需求量,产品价格直接影响消费需求的变化。

(2)市场需求预测的内容。

①定义。市场需求预测是在对需求量调查的基础上,对需求现状进行分析与评估。对当前市场需求状况进行预测分析,包括估计总的市场潜在需求量(简称潜量)、区域市场潜量、行业的实际销售额和公司的市场占有率。

②估计潜在的市场需求总量。潜在的市场需求量是指在一定时期内,在一定行业营销水平和一定的市场环境下,一个行业所有企业可能达到的最大营销量之和。

总市场潜量可表示为:

$$Q = npq$$

式中:

Q——总市场潜量;

n——给定的条件下特定产品或市场中的购买者的数量;

p——单位产品的价格;

q——购买者的平均购买量。

③估计区域市场潜在需求量。

④评估行业销售额和企业的市场占有率。

4. 项目经营管理分析

项目经营管理能力是指对项目整个生产经营活动进行决策、计划、组织、控制、协调,对人员进行激励,以实现其任务和目标等一系列工作的综合能力总称。评价项目经营管理能力,重点分析营销策略、目标市场和治理机制等层面。

(1)目标市场。目标市场是指项目在市场细分之后的若干“子市场”中所运用营销活动瞄准的市场方向。

(2)目标市场选择的策略。企业选择目标市场一般可运用的策略:无差别性市场策略、差别性市场策略、集中性市场策略。

(3)目标市场策略合理性分析。企业选择目标市场时,必须考虑其面临的各种因素和条件,如产品类似性、市场类似性、企业规模和原料的供应、产品生命周期、竞争的目标市场等。

可从产品特点、市场特点、竞争者的策略等几个方面着手,分析判断企业采用的目标市场策略是否合理。

(4)营销策略。营销策略是企业以顾客需要为出发点,有计划地组织各项经营活动,通过相互协调一致的各项策略为顾客提供满意的商品和服务而实现企业目标的过程。

4P营销策略组合理论:产品(Product)、价格(Price)、促销(Promotion)、渠道(Place)。

6P营销策略组合理论:产品(Product)、价格(Price)、促销(Promotion)、渠道(Place)、权力(Power)、公共关系(Public Relations)。

(5)治理机制。治理机制是指据以对工商企业进行管理和控制的体系,是所有者对一个企业的经营管理和绩效进行监督和控制的一整套制度安排。考察企业或项目的治理机制,可以从激励约束机制、组织架构、管理团队等几个方面着手。

5. 产品/服务市场竞争力分析

(1)竞争力的概念。市场竞争力是指项目提供的产品或服务区别于主要竞争对手并能够为项目的生存发展带来利益的特定因素。

核心竞争力具有竞争对手难以模仿、不可移植、不会因员工的离开而流失等特点。

(2)市场竞争力分析。企业竞争力的分析方法有很多,最主要的是波特五力分析模型。波特五力分析模型将大量不同的因素汇集在一个简便的模型中,以此分析一个行业的基本竞争态势。波特五力分析模型确定了竞争的五种主要来源,即购买者的讨价还价能力、供应商的讨价还价能力、替代品的威胁、潜在进入者的威胁,以及来自目前在同一行业的公司间的竞争。波特的竞争力模型的意义在于,五种竞争力量的抗争中蕴含着三类成功的战略思想:专一化战略、差异化战略和总成本领先战略。

(3)不同类型企业需要不一样的核心竞争力。企业的核心竞争力有很多种类,包括良好的售后服务能力、独特的企业文化、低成本采购议价能力、生产高质量产品的能力、快速的客户订单系统、新产品研发能力、准确的客户需求定位能力、与关键客户合作的能力等。

典题精练

【例7·单项选择题】下列不属于经济指标内容的是(　　)。

A. 先行指标,主要有货币供应量、股票价格指数等

B. 先行指标,主要有货币供应量、股票价格指数、国民生产总值等

C. 同步指标,主要包括失业率、国民生产总值等

D. 滞后指标,主要有银行短期商业贷款利率、工商业未还贷款等

B。【解析】经济指标有三类:(1)先行指标,主要有货币供应量、股票价格指数等,这类指标对将来的经济状况提供预示性的信息。(2)同步指标,主要包括失业率、国民生产总值等,这类指标反映的是国民经济正在发生的情况,并不预示将来的变动。(3)滞后指标,主要有银行短期商业贷款利率、工商业未还贷款等。

【例8 · 单项选择题】(　　)决定着产品的市场需求量,产品价格直接影响着消费需求的变化。

A. 居民收入水平　　B. 产品特征

C. 产品价值　　D. 经济体制

A。【解析】居民收入水平决定着产品的市场需求量,产品价格直接影响消费需求的变化。

(四)生产规模分析

项目的生产规模分析是指对拟建项目生产规模的大小所做的审查、分析和评价。银行对项目的生产规模进行分析,可以了解项目是否实现了规模经济,进而了解该项目的经济效益状况,为项目的贷款决策提供依据。

1. 项目规模的主要制约因素

(1)国民经济发展规划、战略布局和有关政策。

(2)项目所处行业的技术经济特点。

(3)生产技术和设备、设施状况。

(4)资金和基本投入物。

(5)其他生产建设条件。土地使用权的取得,也是项目进行建设和生产的基本条件。项目的生产规模还受交通运输、环境保护、人员编制、设备供应等因素的制约。

2. 项目规模评估的内容

(1)当可行性研究报告中提出一个可行性方案时,银行评估人员应向企业了解是否有其他方案,并根据项目产品的市场需求调查和预测、投入物和生产条件的分析,再经过规模经济的分析,肯定原来的方案或提出更好的方案。

(2)当可行性研究报告中对生产规模提出了几种不同方案,并从中选择了最优方案时,银行评估人员应对提出的最优方案进行审查、计算和分析,考核其选择是否正确;对于未提出最优方案的项目,应从几种不同的可行性方案中选出最优方案。

3. 项目规模评估的方法(针对不同项目规模)

(1)效益成本评比法:将各方案的经济效益或成本进行比较,选取经济效益最高或成本最低的方案。具体方法有盈亏平衡点比较法、净现值比较法和最低成本分析法。

(2)多因素评比法:将各类方案的各种因素进行综合考虑比较,从中选择大部分(或主要)因素比较好的方案。

(3)决策树分析法。

(4)数学规划法。

典题精练

【例9 · 多项选择题】项目规模评估时,效益成本评比法包含的具体方法有(　　)。

A. 盈亏平衡点比较法　　B. 多因素分析法

C. 净现值比较法　　D. 最低成本分析法

E. 决策树分析法

ACD。【解析】效益成本评比法主要是将各方案的经济效益或成本进行比较,选取经济效益最高或成本最低的方案。这类评比的具体方法有盈亏平衡点比较法、净现值比较法和最低成本分析法。

（五）原辅料供给分析

原辅料供给分析是指项目在建成投产后生产经营过程中所需各种原材料、辅助材料及半成品等的供应数量、价格、质量、供应来源、运输距离及仓储设施等情况的分析。

1. 原辅料供给分析的内容

（1）分析和评价原辅料的供应数量能否满足项目的要求。

（2）分析和评价原辅料的价格、运费及其变动趋势对项目产品成本的影响。

（3）分析和评价原辅料的质量是否符合生产工艺的要求。

（4）分析和评价原辅料的存储设施条件。

2. 分析目的

（1）主要投入物是否符合项目的要求。

（2）主要投入物来源是否稳定。

（3）主要投入物价格是否经济合理。

（4）项目的生产是否具有连续性和稳定性。

典题精练

【例 10 · 多项选择题】原辅料供给分析主要是对项目建成投产后生产经营过程中所需的各种（　　）等的情况的分析。

A. 原材料　　B. 辅助材料

C. 半成品　　D. 存货

E. 产成品

ABC。【解析】原辅料供给分析是指对项目建成投产后生产经营过程中所需的各种原材料、辅助材料及半成品等的供应数量、质量、价格、供应来源、运输距离及仓储设施等情况的分析。

（六）技术及工艺流程分析

技术及工艺流程分析就是分析比较项目的设计方案、生产工艺和设备造型等内容，分析和评估项目生产规定产品的技术方案是否为最佳技术方案，分析和评估项目的生产（服务）过程是否在最经济的条件下得以实现。

1. 产品技术方案分析

产品技术方案分析是指分析项目产品的品种、规格、技术性能以及产品的质量。建设项目建成投产后，成为商品的生产者和经营者。

产品技术方案分析一方面要分析拟建项目的主要产品和副产品所采用的质量标准是否符合要求，另一方面要分析产品方案和市场需求状况。

2. 工艺技术方案评估

工艺技术方案的分析评估是投资项目技术可行性分析的核心，工艺技术设计标准的好坏和高低，对整个项目的设立及执行有决定性影响。

银行在进行工艺技术方案的分析评估时，必须考虑以下几个方面：

（1）工艺技术实施对生态环境的影响。

（2）工艺技术方案能否保证产品质量。产品的质量主要由工艺和原料决定，因而采用的工艺技术必须能够达到设计要求的产品质量标准。在进行工艺对产品质量保证程度的评价时，要求：

①通过各种介绍资料观察对比工艺对产品使用价值的影响。

②通过查证、核实、对比、衡量产品质量的各种参数，分析其工艺是否符合对原料和配套设施的要求。

(3)工艺技术的经济合理性。在分析工艺方案时，必须结合本地区经济发展水平和资源条件，对不同工艺方案的自动化水平和机械化程度所产生的经济合理性进行分析评估：

①对于资本要素稀缺、劳动要素丰裕的经济较为落后的发展地区，大量使用节省劳动要素的高新技术是不经济的。

②对于资本充足、劳动力稀缺的发达地区，选择机械化和自动化程度高的高新技术方案具有经济上的合理性。

(4)技术来源的可靠性和经济性。工艺方案的技术来源应当可靠。工艺技术营运成本决定着工艺方案的经济收益。工艺技术营运成本包括人员工资、原材料及能源消耗费、维护运转费、工艺设备及厂房折旧费。

(5)产业基础和生产技术水平的协调性。工艺技术方案的确定必须考虑企业上下游相关产业的技术承接能力和相关产品、部件的配套能力。合理的工艺技术方案选择应当能够使企业在一定的区域和行业中，既能够利用相对较高的技术水平保持一定的竞争优势，又不会因为技术水平过高而陷入技术过剩和技术孤立的境地。

(6)工艺技术的原材料适应性。不同的工艺所需的原材料不同，相同的产品由于工艺不同，对原材料的要求也可能不一样。

(7)工艺技术的先进性和成熟性。新工艺、新技术进入工业生产领域前，必须经过试验阶段。只有在试验阶段解决了各种技术应用问题，经过权威机关综合评价和鉴定之后，才能投入工业化生产。

(8)工艺技术实施的可行性。在分析评估中，要检查核实工艺对实施条件有何具体要求，并分析可行性研究报告中是否采取了相应措施，分析项目是否可以顺利实施和投产。

总之，在进行工艺技术方案的分析时，要分析工艺技术方案的选择是否与社会发展目标相符合。

3. 设备评估

对设备进行评估是指对投资项目设备的先进性和适应性进行评估，研究项目所需要设备的型号、规格、数量和来源等能否满足项目的生产能力、技术装备水平及能耗和物耗指标的要求。设备选择评估的主要内容有：

(1)设备的使用寿命和可维护性。评估设备的使用寿命应结合项目所在行业的技术发展趋势和技术更新周期。设备使用寿命的评估主要考虑的因素有：

①设备的物质寿命。设备的物质寿命是指设备在使用过程中由于化学和物理的作用，导致设备报废而退出生产领域所经历的时间。

②设备的技术寿命。设备的技术寿命是指设备从开始使用，直至因技术落后而被淘汰为止所经历的时间。

③设备的经济寿命。设备的经济寿命是指设备在经济上的合理使用年限，它是由设备的使用费决定的。

(2)设备的生产能力和工艺要求。采用的设备要符合工艺的要求并具有较高的生产率，其生产能力应与拟建项目的设计生产能力相吻合。

(3)设备的经济性。选择的设备在能满足生产工艺对设备功能要求的前提下，其所需的活劳动和物化劳动的消耗指标不高于拟建项目规定的指标。

(4)设备的可靠性。设备可靠性是指设备在规定条件下和规定时间内,完成规定功能的能力,一般用可靠度来衡量。

(5)设备的配套性。设备的配套性是指相关设备、器具之间的数量、各种技术指标和参数的吻合程度。

4. 工程设计方案的评估

银行对工程设计方案进行分析和评估,就是要分析工程设计方案是否符合项目的总体发展,是否经济合理。对工程设计方案的分析评估可以从以下两个方面进行:

(1)总平面布置方案分析。项目总平面布置方案是以项目总平面图表现的。在技术评估时,应分析总图布置的合理性,主要应从以下几个方面分析:

①是否满足生产工艺流程流畅。

②是否符合国土规划、土地管理和城市规划的要求。

③布置是否紧凑,能否适应场内外运输的要求。

④是否符合卫生、安全要求。

⑤能否节约用地、节约投资。

⑥是否经济合理。

总平面图的经济合理性是通过一系列的技术经济指标反映出来的,如绿化系数、占地面积分析、土地利用系数、建筑系数以及土石方量等。

(2)主要工程设计方案分析。主要工程设计方案是指土建工程设计方案。在评估土建工程的内容时应认真分析其主要工程内容,并估算其主要工程量。

①建筑工程方案分析。按照实用、经济的原则选用建筑结构方案。根据生产工艺和设备的需要、厂房的大小和项目所在地的具体条件合理选用。

在评估时,应判别项目适应的建筑标准,不宜过高或过低。

②施工组织设计分析。

要点	内容
施工方案分析	施工方案分析是指对主要单项工程、公用设施、配套工程的施工方法和工程量的估算。要重点分析影响施工进度和工程质量的关键工程部位的施工方法
施工进度分析	项目的实施进度计划常用的两种表现形式为横道图和网络图。对施工进度的分析主要是分析各工序之间的时间安排和衔接是否合理、均衡
施工顺序分析	投资项目可划分为很多单项工程,而单项工程也可划分为较多的分部分项工程,施工进度计划的主要内容就是如何安排分部分项工程之间的施工顺序并在此顺序的基础上安排时间
建设材料供应计划分析	建设材料供应计划应主要根据施工进度计划的要求确定,即应根据施工进度计划的要求,确定施工机械、设备、建筑材料、生产工艺设备以及各种劳动力供应调配计划

5. 工程技术评估应注意的问题

(1)配备一定数量的具有一定专业水平的技术专家或技术人员。

(2)评估人员必须深入实际,调查研究项目的技术与设计方案,听取企业、主管部门以及负责可行性研究技术人员的有关意见,避免主观臆断。

(3)认真核实各项技术方案指标,看其计算范围是否统一,各项数据是否正确,内容是否合理,可供选择的方案是否具有可比性等。

(4)搞好方案的定量分析,进行备选方案的综合技术评估,这是最关键的评估环节。

(5)对大型项目,特别是现代化的联合企业,应通盘考虑由于该项目的兴建所带来的一系列新的经济问题、技术问题、社会问题,从宏观上搞好多层次的技术评估,帮助企业从发展国民经济的角度考虑技术问题。

典题精练

【例11·单项选择题】设备的技术寿命是指设备从开始使用至(　　)所经历的时间。

A. 设备因物理、化学作用报废　　B. 设备因技术落后被淘汰

C. 设备使用费超过预算　　D. 设备完全折旧

B。【解析】设备技术寿命是指设备从开始使用,直至因技术落后而被淘汰为止所经历的时间。设备因物理、化学作用而报废,退出生产领域所经历的时间为设备的物质寿命。设备从投入使用到由于老化导致过度高额的使用费,在经济上不再合理所经历的时间为设备的经济寿命。

【例12·多项选择题】设备选择评估的主要内容有(　　)。

A. 设备的可靠性　　B. 设备的配套性

C. 设备的经济性　　D. 设备的生产能力和工艺要求

E. 设备的使用寿命和可维护性

ABCDE。【解析】设备选择评估的主要内容有:(1)设备的生产能力和工艺要求。(2)设备的经济性。(3)设备的配套性。(4)设备的使用寿命和可维护性。(5)设备的可靠性。

(七)项目建设和生产条件分析

1. 项目建设条件分析

建设条件分析主要是审查拟建项目是否具备建设条件及其可靠性。拟建项目的建设条件包括项目自身的内部条件和客观存在的外部条件。

内部条件是指拟建项目的物力、人力、财务资源条件。

外部条件是指相关项目的协作配套条件、建筑施工条件以及国家规定的环境保护条件。

要点	内容
财务资源分析	财务资源分析主要分析项目筹资方案能否及时供应足额资金,并与建设工程进度相适应
厂址选择条件分析	厂址选择条件分析是指围绕项目是否符合有关厂址选择的条件所作出的综合分析。厂址选择条件既是建设条件又是生产条件,建厂地区的选择要综合考虑地理条件、项目方针、当地的基础结构和社会经济环境,并充分利用原有的工业基础
相关项目分析	相关项目是指由拟建项目引起的,并与建设、生产、流通、耗费有联系的原材料、燃料、动力运输和环境保护等协作配套项目。相关项目分析最重要的问题就是分析项目建设方案是否同步
交通运输条件分析	交通运输条件是项目建设和生产的关键环节。 运输条件分析就是要分析运输方式的选择是否合理、运输设备是否安全可靠、运输环节是否连续协调,以及运输距离是否经济合理等

（续表）

要点	内容
环境保护方案分析	(1)审查环境影响报告。 (2)审查治理方案。 (3)审查建设总投资与总设计。 (4)分析环境保护的经济性

2. 项目生产条件分析

项目生产条件分析主要是指项目建成投产后，对生产经营过程中所需要的供应条件和物资条件进行的分析。

(1)资源条件分析。资源是项目存在的物质基础。资源条件分析就是为了使项目能最大限度地利用资源，结合本地区的资源条件特点，通过对资源的分布、储量、开采利用的可能性和经济性等所进行的分析评价。

(2)原材料供应条件分析。原材料的供应需包括在加工过程中的物料损耗量，还需判断供应来源的可靠性。

(3)燃料及动力供应条件分析。燃料及动力是项目建设和生产过程中的基本要素和重要的物质保证。燃料及动力供应条件分析主要包括以下内容：

①分析和评价项目所需燃料的需求量能否得到满足。

②分析和评价供水条件。

③分析和评价供电条件。

④分析交通运输和通信条件。

⑤分析外部协作配套条件和同步建设。

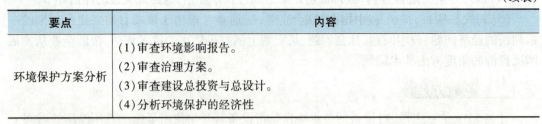

典题精练

【例13・单项选择题】项目生产条件分析主要是指项目建成投产后，对生产经营过程中所需要的物资条件和(　　)条件进行的分析。

A. 销售　　B. 生产

C. 经济　　D. 供应

D。【解析】项目生产条件分析主要是指项目建成投产后，对生产经营过程中所需要的物资条件和供应条件进行的分析。不同行业、不同性质、不同类型的建设项目的生产特点是不同的。

(八)环境影响分析

环境影响分析是指审查分析项目在生产建设过程中是否会排放污染物或造成新的污染源，对环境造成什么影响，采取了哪些相应措施，这些措施是否达到《中华人民共和国环境保护法》的要求和符合哪些环境保护标准。

1. 项目可能造成环境污染和后果

环境污染包括自然环境污染和社会环境污染两个方面。自然环境污染主要是指人类社会生产活动对河流、土壤、空气和森林等的破坏。而社会环境污染主要指交通拥挤、城市膨胀、垃圾堆积等。环境影响分析主要是指对自然环境污染治理措施的审查分析。

(1)项目可能造成环境污染的因素:

①项目投产后,生产过程中排放的废气、废水、废渣("三废")等污染物。

②项目投产后所用能源导致的污染。

(2)项目可能对环境污染造成的后果:

①土壤遭到破坏。

②河流遭到破坏。

③水质下降。

④气态污染物将直接影响人们的健康和人类生存安全。

2. 项目环境影响分析的内容

(1)审查分析项目是否对其可能对环境产生的不良影响进行全面分析并采取相应措施。

(2)审查分析项目污染治理技术是否科学可靠。

(3)审查分析治理后是否达到环保部门的规定。

(4)审查分析环保资金落实情况。

(九)项目组织与人力资源分析

组织和管理评估是指围绕项目的组织机构设置,对组织机构所做出的企业组织是否合理和有效进行综合分析评价。人力资源分析是指对企业的人力资源选择、来源、招聘与培训等总体规划进行详细论证与考察。

1. 项目组织机构分析

对项目的组织机构条件进行评估,就是要了解与项目实施有关的机构现状,即是否存在着实施项目必需的机构体系;如果已经具备,它能否满足项目的要求;对项目的组织机构提出加强和改善的建议,以保证项目目标的实现。项目的组织机构概括起来可以分为三大部分:项目的经营机构、项目的实施机构和项目的协作机构。

(1)项目经营机构的分析。项目经营机构负责提供项目实施的成果。项目经营机构的规模应该取决于项目的设计能力,即项目的年产量或提供服务的能力及范围。项目经营机构除了按照既定的目标提供服务以外,还应具有根据市场变化而不断改变经营方针、内容和方式的能力,使项目不断发展。

(2)项目实施机构的分析。在我国,项目的实施机构通常称为项目的建设单位,由它负责项目方案的准备、挑选、报请上级机关审批,以及项目的建设过程(包括设计、施工、购置安装设备等)。

对项目实施机构的分析主要从以下几个方面进行:

①项目新技术推广使用机构的设置。设立必要的推广机构,加快推广进程,可以促进项目效益尽早实现。

②机构的设置。机构设置的出发点应该是高效率、高质量地完成项目建设工作。机构设置的关键之一是如何使项目实施机构具备管理项目的能力,并且使这种能力持久地保持下去,随着经济的发展仍不失其活力。

③项目实施监督系统的建立。项目的实施过程及实施效果由项目实施机构负责,将项目活动由各职能部门所管辖,就能形成项目内部的相互监督系统,良好的会计核算体系,加上计算机技术,可以形成流畅的管理信息传递系统,增加会计部门对决策机构的限制力。

④项目实施机构的人员配备和培训。项目实施人员的配备,既要包括经验丰富的老专家、老职工,又要包括其事业发展处于顶峰时期的中年专家和职工,同时还要有一定比例的

各专业的新手，在年龄层次和知识层次上的梯度可以保证项目稳妥、持续地沿着既定目标发展。项目实施人员的培训，尤其是对管理人员和技术人员的培训，有助于不断提高其工作人员的素质，也有助于不断改进工作方法，提高工作质量。

项目实施机构的分析重点是防止机构的扩大化，提高机构实施项目的能力和应变能力，并且使所有机构的活动形成有机的反馈系统，增强项目的生命力。

(3)项目协作机构的分析。与项目有关的协作机构大致可以分为三个层次：国家发展改革部门和主管部门、地方政府机构、业务往来单位。根据项目的规模不同，有的与三个层次都存在联系，有的则只与后两个层次存在联系。

①与项目有关的地方机构。应根据需要设置和调整地方机构，提高机构工作人员的素质，加强对项目的中层管理。

②与项目有关的协作单位。实施项目时，有必要对项目有关协作单位进行评价，从整体上考察它们能否满足项目要求。考察的内容主要是这些机构是否健全，规章制度是否完整以及机构的工作能力如何等。

③与项目有关的国家机构。我国的国家机构一般担负着制定发展项目政策和规划的工作，对大中型项目有最终决策权。分析与项目有关的国家机构，应首先考虑国家机构制定有关政策的能力及政策的正确与否。其次，国家机构对项目管理往往是多部门同时进行的。

2. 人力资源分析

银行对人力资源进行分析的内容包括分析项目的人力资源选择结构是否合理、是否符合项目的发展，分析评估项目人力资源的供求和流动情况。

(1)人力资源的选择。总的来说，人力资源由数量和质量两个方面构成，其中质量方面较数量方面更为重要。

要点	内容
人力资源自然结构	人力资源自然结构是以人的自然生理属性来进行的人力资源配置，包括人力资源的性别结构和年龄结构
人力资源文化结构	人力资源文化结构是以受教育程度来考察的人力资源组合情况
人力资源专业技能结构	人力资源专业技能结构是以专业职称、技术等级考察的人力资源组合情况
人力资源业务或工种结构	人力资源业务或工种结构是指以业务类型或工种组合配置的人力资源结构

(2)人力资源的供求预测与流动分析。项目运行过程中的人力资源来源的基本渠道主要有企业内部和外部两个。

要点	内容
人力资源供求预测	人力资源供求预测的主要目的是估计未来某个时期企业对劳动力的需求，这是人力资源规划中较具技术性的关键部分。同时人力资源预测必须考虑劳动力的供给情况。因此，人力资源预测通常包括两项内容：一是企业内部和外部的劳动力供给预测；二是企业内部和外部的劳动力需求预测
人力资源流动分析	人力资源的流动是市场经济的特征之一。以企业人力资源的流动来维持员工队伍的新陈代谢，对保持企业组织的效率与活力具有重要意义

典题精练

【例14·单项选择题】人力资源供求预测的主要目的是估计未来某个时期企业对(　　)的需求,这是人力资源规划中较具技术性的关键部分。

A. 劳动者　　B. 劳动量

C. 人才　　D. 劳动力

D。【解析】人力资源供求预测的主要目的是估计未来某个时期企业对劳动力的需求,这是人力资源规划中较具技术性的关键部分。

本节速览

宏观背景	微观背景	企业信用度	投资环境评估
行业生命周期	增长型行业	经济扩张初期	产品需求
环境影响	项目组织	人力资源	供求预测

三、项目财务分析

项目财务分析是贷款项目分析的核心内容,是在吸收对项目其他方面评估成果的基础上,根据现行的财税金融制度,确定项目评估的基础财务数据,分析计算项目直接发生的财务费用和效益,编制财务报表,计算财务指标,考察项目的盈利能力、清偿能力、抗风险能力等财务状况(对涉及外汇的项目还要进行外汇平衡分析),据以判断项目财务的可行性,为项目贷款的决策提供依据。

(一)项目投资方案评估

项目投资方案评估是指在给定的建设规模、产品方案和工程技术方案的基础上,估算项目建设所需费用;重点审查投资方案构成是否全面、合理,是否存在高估或低估投资规模现象等。项目投资方案评估以定量分析为主,在进行投资估算评估时,应对项目可行性研究报告或初步设计(包括政府有权部门对可行性研究报告、初步设计的批复意见)等文件中所列项目总投资及各分项投资进行评估。

1. 项目总投资构成

项目总投资由建设投资、建设期利息和流动资金三部分组成。

(1)建设投资。

建设投资 = 工程费用 + 工程其他费用 + 预备费

式中:

工程费用 = 建筑工程费 + 设备及工器具购置费 + 安装工程费

工程其他费用 = 土地征用及补偿费 + 建设单位管理费、工程保险费、工程监理费、办公及生活家具购置费等费用

预备费 = 基本预备费 + 涨价预备费

式中：

$$基本预备费 = (工程费用 + 工程其他费用) \times 基本预备费率$$

$$涨价预备费 = \sum_{t=1}^{n} I_t[(1+f)^t - 1]$$

式中，n 为建设期；I_t 为建设期第 t 年的建设投资；f 为建设期年均价格复合上涨率；t 为第 t 年。

（2）建设期利息。建设期利息指筹措债务资金时在建设期内发生，按规定允许在投产后计入固定资产原值的利息，即资本化利息。

项目建设期每年应计利息 =（年初贷款累计金额 + 本年发放贷款总额/2）× 年利率

（3）流动资金。项目流动资金的范围包括项目建成投产后，为维持正常生产经营活动，用于购买原材料、燃料、支付工资及其他经营费用等所需的周转资金。流动资金评估一般采用扩大指标估算法或分项详细估算法。

①扩大指标估算法是参照同类企业流动资金占营业收入或经营成本的比例，或者单位产量占用营运资金的数额估算流动资金。

②分项详细估算法是利用流动资产与流动负债估算项目占用的流动资金。一般先对流动资产和流动负债主要构成要素进行分项估算，进而估算流动资金。流动资产的构成要素一般包括存货、库存现金、应收账款和预付账款；流动负债的构成要素一般只考虑应付账款和预收账款。流动资金等于流动资产与流动负债的差额。

2. 评估方法

通过对同行业、同规模、同类型项目单位生产能力投资额比较，初步判断项目投资规模的合理性。

按固定资产投资构成、国家和行业定额指标、同地区和同类项目投资及价格资料，逐项审查项目投资内容是否完整，有无重大缺漏项，有无高估冒算、人为压低造价及计算错误等现象发生。

（1）建筑工程费一般包括主要生产工程、辅助生产工程、公用与服务性工程、生活福利设施等。着重审查项目主要工程及相关辅助工程是否齐全，投资规模与项目工程量、生产规模是否匹配。

（2）设备及工器具购置费，着重审查设备及工器具是否考虑全面，主要设备价格是否合理。

$$国内设备购置费 = 设备原价 \times (1 + 运杂费率)$$

$$进口设备购置费 = 设备原价 + 进口费用 + 国内运杂费$$

进口费用主要包括国外运费、运输保险费、关税、增值税、消费税等。

（3）安装工程费，着重审查安装工程费率是否存在明显不合理情况。

（4）土地征用及补偿费，主要包括土地征用费、土地补偿费、青苗补偿费、征地动迁费、安置补助费及土地使用税等。着重审查各项土地费用是否考虑全面，土地价格与当地经济发展状况、同区域和同用途地价是否相当，有无明显不合理现象。

（5）工程建设其他费用，主要包括工程保险费、监理费、勘察设计费、职工培训费等。审查各项费用是否考虑齐全，所占比例是否合理，其中建设期长、地质结构复杂、建设风险较高的大型基础设施项目（如海港、水库、水电、大型桥梁、山岭重丘区公路建设）应审查工程保险、监理等费用是否考虑齐全。

(6)基本预备费,审查时着重审查基本预备费率取值是否符合国家及有关部门的规定。

(7)涨价预备费,项目建设期内预留的因物价上涨而引起的投资费用的增加额。审查时应注意涨价预备费是否考虑建设期限及国家年投资价格上涨指数。对于建设期限较短、已完工比例高且已完工投资额中未出现预期价格上涨的项目,可不考虑涨价预备费因素。

(8)建设期借款利息,着重审查是否根据项目融资额度、投放进度、建设期限、融资费率等因素综合测算建设期借款利息,如融资方案中包括国外借款,尚须审查是否包括手续费、管理费、承诺费及国内代理机构收取的转贷费、担保费、管理费等。

采用扩大指标法估算流动资金时,参照同类、同规模企业,同类产品生产企业流动资产占销售收入、经营成本的比率,单位产量占用流动资产的比率等指标粗略估算流动资产总额,也可用行业总资产周转率平均水平推算流动资产值,与评估测算的流动资产总额做粗略验证。

采用分项详细估算法测算流动资金时,应根据存货周转率、应收账款周转率等行业或部门标准、平均水平等参数,逐项审查应收账款、存货、现金、应付账款的合理性。

3. 审查应注意的问题

注意审查项目调查及评估报告与可行性研究报告相比,项目投资总额及构成有无较大差距,如有较大差距,则应审查调查或评估部门有无合理解释和依据;如实际动态概算超过原审批动态概算10%,则应审查其概算调整是否已取得原概算审批单位批准。

在建项目注意审查项目已完成投资额与计划投资额的比较,如存有较大差距,则应在审查中予以揭示,分析造成差距的主要原因,并对项目超概算或低概算做可能性分析。

注意审查是否存在项目业主为规避审批权限,人为分拆项目或缩减投资总额的情况。

根据项目实际情况评价项目投资额变动风险度。一般来说,项目设计程度越深入,投资额变动风险度越低,依初步设计所作的评估投资额较依可研所作的评估投资额变动风险度要低,依可研所作的评估投资额较依项目立项所作的评估投资额变动风险度要低;技术力量好、信誉度高的专业可研设计单位和评估单位所作的投资额变动风险度相对较低;工程建设期越长、地质结构越复杂、工程建设难度越高的项目,投资额变动风险度越高。

(二)项目融资方案评估

项目融资方案评估是通过分析项目建设和生产所需全部资金的来源、构成(含资本/负债比例、长短期负债比例、资本金结构、银行债权融资结构等)、按计划到位的可能性及与项目投资计划的匹配性,评估项目融资方案的合理性、可靠性及对银行贷款的保障能力。

1. 项目资金来源

项目资金来源包括项目资本资金和债务性资金。

项目资本资金是指项目投资人投入、不得抽回且无须偿还的资金。其形式包括股东和财政投入的各类货币或非货币形式的出资。

债务性资金是指项目债权人投入、未来需要偿还的资金。其形式有银行贷款、发行债券、融资租赁及股东借款等。

2. 评估方法

(1)项目资本金审查。

①项目资本金比例审查。商业银行在提供融资服务时,应对投资项目资本金来源、比例、到位情况进行审查。

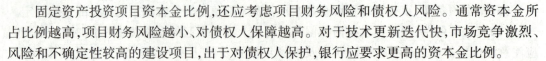

固定资产投资项目资本金比例，还应考虑项目财务风险和债权人风险。通常资本金所占比例越高，项目财务风险越小、对债权人保障越高。对于技术更新迭代快，市场竞争激烈、风险和不确定性较高的建设项目，出于对债权人保护，银行应要求更高的资本金比例。

②项目资本金来源审查。

a. 财政补助资金。国家财政性补助资金主要包括国债资金、国家重点交通工程交通补助资金、县乡公路交通补助资金、国债贴息等无偿补助资金，可作为符合条件的重大项目资本金，对此项资金来源着重审查补助额度、进度是否已取得国家发展改革委、交通部等有权部门批复，其中国债资金须审查是否确为无偿资金，须偿还的国债资金一般不纳入资本金范畴。

地方各级政府补助资金主要包括地方各级财政国债配套资金、其他财政补助资金等。审查地方承诺的合法性及相关依据，补助额是否经同级人大批准并列入当年财政预算；分析地方财政收支状况，判断及时、足额出资的能力。

b. 企事业法人自有资金。新设项目独立法人的，其所有者权益可以全部作为投资项目资本金。审查资本金来源时，应着重查验公司章程、合同、验资报告、营业执照及企业财务报告，审查各股东认缴出资的合法性、出资额及实际到位额。对未到位的资本金，应分析各股东的出资能力和到位进度。

不设项目独立法人的，项目单位应按要求设立专门账户和会计科目，对拨入的资金和投资项目的资产、负债进行独立核算，并据此核定投资项目资本金的额度和比例。不设独立法人的项目，其资本金主要来源于现有企业的所有者权益、项目建设期内企业经营所得（不包括本项目经营所得）、股东增资扩股资金、发行权益工具的筹资等。

对企业所有者权益来源考察，应着重分析其中可用于项目建设的资金，主要包括两个方面，一是企业货币资金中可用于项目投资的资金；二是企业其他资产中可变现用于项目投资的资金。

对企业经营所得来源的考察，应审慎控制其在资本金总额中所占比重，并注意对其建设期内企业既有业务的经营收益稳定性和现金流回笼的可能性予以分析和揭示。

对股东增资扩股来源的考察，应查验验资报告，增资方式、金额，营业执照中注册资本是否已相应变更；分析增资扩股资金中可用于项目建设的资金；未到位的增资扩股资金尚须审查相关投资方的出资承诺、出资方式、出资能力和到位可能性。

对权益工具筹资的审查，通过发行金融工具等方式筹措的资金，按照国家统一的会计制度分类为权益工具的，可以认定为投资项目资本金，但不得超过项目资本金总额的50%。

（2）债务性资金审查。对于债务性资金来源，应调查其筹措数额、筹措方式、筹资成本、筹资计划安排及审批落实等情况。对拟通过发行债券筹资的，应审查是否获得有关部门的批准或备案，调查了解发行规模、价格、时间、方法和说明等信息，结合证券市场的运行情况，分析其能否按时完成该部分资金的筹集。

3. 审查时应注意的问题

（1）注意审查筹资总额、方式、到位进度与投资方案、建设计划是否匹配，已投入资金额度、完成投资额、工程进度与原方案是否相符，如有较大差距，应分析原因并在审查中予以揭示。对于已到位的各项资金，必须审查验资报告或相应的资金到位证明及资金使用情况，必要时应对存放资金的账户进行调查。

（2）注重对未到位资金到位可能性的分析，防止因总投入资金不足引起资金硬缺口和资金到位进度与施工进度不一致引起的资金软缺口。充分估计融资方案在实施过程中,可能出现资金不落实,导致建设工期拖长、工程造价升高、原定投资效益目标无法实现的风险。

(3)国务院关于资本金比例的规定仅为项目资本金的最低比例,审查时应结合项目效益、还款来源充足性及可靠性、还贷期限、宏观经济及政策趋势等因素,根据贷款风险管理的要求,确定项目资本金的适宜比例。对项目综合效益一般、贷款风险度较高、国家产业政策和信贷政策限制的项目,可要求项目业主提高项目资本金比例;对项目资本金不符合规定比例的,应要求调整筹资方案。

(4)以实物、工业产权、非专利技术、土地使用权作价出资的,须附有资质的资产评估机构的评估报告,审查作价金额、作价比例是否恰当,相关资产是否确为项目投资所需并纳入投资总额范畴,该部分资金占项目资本金的比例是否符合国家有关规定。

(5)自筹资金不能混同于自有资金和项目资本金。股东借款、预售房款是借款人筹资方案中常见的资金来源,但均属于债务性资金,不可列入项目资本金范畴。

(6)自有资金不等于项目资本金。自有资金中可用于项目建设的部分才能够构成项目资本金。既有项目法人为维持现有生产经营所必需的营运资金以及有其他特定用途的货币资金(如上市公司从证券市场募集的有其他明确用途的资金),不能作为项目资本金。新建项目法人如有项目外业务,其自有资金也不能等同于项目资本金。

(7)多家金融机构介入同一项目时,应注意与他行沟通,尽可能组成银团贷款;不能组成银团贷款的,应注意审查资本金来源的真实性,控制企业在各行总提款金额不超过项目贷款合理需求额,防止项目资本金占比下降和借款人以项目为平台融资他用。

(8)融资方案中采取浮动利率计息的,要充分考虑贷款利率变动对项目可能造成的风险和损失;对于利用外资的投资项目,应根据币种情况,对汇率变动可能给项目造成的风险和损失充分估计。

(三)项目盈利能力分析

项目的盈利能力分析主要通过财务内部收益率、财务净现值、净现值率、投资回收期、投资利润率、投资利税率和资本金利润率7个评价指标进行。

1. 财务内部收益率

(1)含义。财务内部收益率是指使项目在计算期内各年净现金流量累计净现值等于零时的折现率。财务内部收益率是反映项目获利能力的动态指标。

(2)公式。

$$\sum_{t=1}^{n}(CI-CO)_t(1+FIRR)^{-t}=0$$

CI:现金流入量;CO:现金流出量;n:计算期;$FIRR$:财务内部收益率。

(3)特点。财务内部收益率可通过财务现金流量表现值计算,用试差法求得。

将求出的 $FIRR$ 与期望收益率、基准收益率或行业收益率进行比较,若 $FIRR$ 大于所选定的判别标准,则项目就可以接受。

2. 财务净现值

(1)含义。财务净现值是反映项目在计算期内获利能力的动态评价指标。一个项目的净现值是指项目按照基准收益率或根据项目的实际情况设定的折现率,将各年的净现金流量折现到建设起点(建设期初)的现值之和。

（2）公式。

$$FNPV=\sum_{t=1}^{n}(CI-CO)_t(1+i)^{-t}$$

$(CI-CO)_t$：第 t 年的净现金流入量；n：计算期；i：基准收益率或设定折现率；$FNPV$：财务净现值。

（3）特点。财务净现值大于零，表明项目的获利能力超过基准收益率或设定收益率；净现值等于零，表明项目的获利能力等于设定收益率或基准收益率；财务净现值小于零，表明项目的获利能力达不到基准收益率或设定的收益率水平。一般来说，$FNPV>0$ 的项目是可以接受的。

3. 净现值率

（1）含义。净现值率也即项目的净现值与总投资现值之比。

（2）公式。

$$FNPVR=FNPV/PVI$$

$FNPVR$：净现值率；$FNPV$：财务净现值；PVI：总投资现值。

（3）特点。净现值率主要用于投资额不等的项目的比较，其值越大，表明项目单位投资能获得的净现值就越大，项目的效益就越好。

4. 投资回收期

（1）含义。投资回收期也称返本年限，是指用项目净收益抵偿项目全部投资所需时间，它是项目在财务投资回收能力的主要评价指标。投资回收期（以年表示）一般从开始建设年份算起。

（2）公式。

投资回收期（pt）= 累计净现金流量开始出现正值年份数 − 1 + 上年累计净现金流量绝对值/当年净现金流量

（3）特点。在财务评价中，将求出的投资回收期与行业基准投资回收期比较，当项目投资回收期小于或等于基准投资回收期时，表明该项目能在规定的时间内收回投资。

5. 投资利润率

（1）含义。投资利润率是指项目达到设计能力后的一个正常年份的年利润总额与项目总投资的比率，它是考察项目单位投资盈利能力的静态指标。对生产期内各年利润额变化大的项目，应以生产期各年的平均年利润来计算。

（2）公式。

投资利润率 = 年利润总额或年平均利润总额/项目总投资 × 100%

（3）特点。在项目评估中，将项目投资利润率与行业平均利润率或其他基准利润率比较，以判断项目的投资利润率是否达到本行业的平均水平或所希望达到的水平。

6. 投资利税率

（1）含义。投资利税率是项目达到设计生产能力后的一个正常生产年份的利税总额或项目生产期内平均利税总额与项目总投资的比率。

（2）公式。

投资利税率 = 年利税总额或年平均利税总额/项目总投资 × 100%

年利税总额 = 年销售收入（不含销项税）− 年总成本费用（不含进项税）

（3）特点。在项目评估中，可将投资利税率与行业平均利税率对比，以判别项目单位投资对国家积累的贡献水平是否达到本行业的平均水平。

7. 资本金利润率

(1)含义。资本金利润率是在项目达产后的正常生产年份的利润总额或项目生产期内平均利润总额与资本金的比率,它反映项目资本金的盈利能力。

(2)公式。

资本金利润率 = 年利润总额或年平均利润总额/资本金 ×100%

典题精练

【例 15 · 单项选择题】从净现值率的角度考虑,下列项目中效益最好的是( )。

A. 总投资现值为 100 万元,财务净现值为 30 万元

B. 总投资现值为 200 万元,财务净现值为 50 万元

C. 总投资现值为 500 万元,财务净现值为 100 万元

D. 总投资现值为 800 万元,财务净现值为 200 万元

A。【解析】净现值率越大,项目的效益就越好。净现值率 = 财务净现值/总投资现值。A 项净现值率为 0.3;B 项净现值率为 0.25;C 项净现值率为 0.2;D 项净现值率为 0.25。因此 A 项项目效益最好。

【例 16 · 单项选择题】某项目的净现金流量如下表所示(单位:万元),如果折现率为 15%,其财务净现值为( )万元。

年份	0	1	2	3	4
净现金流量	-100	30	40	40	40

A. 3.25

B. 6.25

C. 5.54

D. 4.45

C。【解析】财务净现值可通过计算机或专用的计算器进行计算。如果用普通计算器进行计算,要根据给定的折现率通过现值系数表查出各年的折现系数,把各年的折现系数乘以对应年份的净现金流量就是对该年的净现金流量进行贴现;把各年的已经贴现了的净现金流量进行相加即为净现值。经查表折现率为 15% 的第一至四年的折现系数分别为 0.87、0.756、0.658、0.572,本项目的净现值 = -100 +30 ×0.87 +40 ×0.756 +40 ×0.658 +40 ×0.572 =5.54(万元)。

(四)项目清偿能力分析

项目清偿能力分析主要通过计算一些反映项目还款能力的指标,分析判断项目还款期间的财务状况及还款能力,分析项目按时偿还贷款的可能性。

1. 资产负债率

(1)定义。资产负债率是反映项目各年负债水平、财务风险及偿债能力的指标。资产负债率反映企业利用债权人提供的资金进行经营活动的能力,表明企业每百元资产所需偿付的债务。

(2)公式。

资产负债率 = 负债合计/资产合计 ×100%

(3)特点。该指标可以直观地反映项目今后的负债水平,通过对这个指标的分析,对项目今后的还款能力可以有个大体上的了解,进而判断项目的负债水平是否超出所允许的程度。

2. 贷款偿还期

贷款偿还期是指项目偿还完贷款所需的时间。这个指标的计算有两个目的：

（1）在贷款期限限定的情况下，计算项目能否满足还款要求，以及可以采用的还贷方式和计划安排。

（2）以最大能力法计算项目贷款偿还期。最大能力法即以项目本身投产以后产生的可还款资金偿还项目贷款所需的时间。

3. 利息备付率

（1）定义。利息备付率（*ICR*），又称“项目利息保障倍数”，是指借款人在贷款偿还期内的息税前利润（*EBIT*）与应付利息（*PI*）的比值，它从付息资金来源的充裕性角度反映项目偿付利息的保障程度。

（2）公式。

$$ICR = EBIT/PI$$

（3）特点。利息备付率越高，表明利息偿付的保障程度越高。利息备付率原则应大于1，各家银行可根据自己政策确定最低值要求。

4. 偿债备付率

（1）定义。偿债备付率（*DSCR*），又称“项目偿债覆盖率”，是指借款人在贷款偿还期内，用于计算还本付息的资金（$EBITDA - T_{AX}$）与应还本付息（*PD*）金额的比值，它表示可用于还本付息的资金偿还借款本息的保障程度。

（2）公式。

$$DSCR = (EBITDA - T_{AX})/PD$$

（3）特点。偿债备付率越高，表明可用于还本付息的资金保障程度越高。偿债备付率原则应大于1，各家银行可根据自己政策确定最低值要求。

典题精练

【例17·多项选择题】下列指标中，反映项目清偿能力的指标有（　　）。

A. 资产负债率　　B. 投资利润率

C. 贷款偿还期　　D. 利息备付率

E. 净现值率

ACD。【解析】投资利润率和净现值率反映的是项目的盈利能力。

（五）财务分析报表

固定资产项目通常需要编制一些财务辅助报表和财务报表，计算财务分析指标，考察项目的盈利能力、偿债能力、抗风险能力，判断项目的财务可行性。

1. 财务分析报表

（1）基本财务分析报表。

①现金流量表，主要包括：项目投资现金流量表，用于计算项目投资内部收益率及净现值等财务分析指标；项目资本金现金流量表，用于计算项目资本金财务内部收益率；投资各方现金流量表，用于计算投资各方内部收益率。

②利润表与利润分配表，反映项目计算期内各年营业收入、总成本费用、利润总额等情

况,以及所得税后利润分配,用于计算总投资收益率、项目资本金净利润率等指标。

③财务计划现金流量表,反映项目计算期各年的投资、融资及经营活动的现金流入和流出,用于计算累计盈余资金,分析项目的财务生存能力。

④资产负债表,用于综合反映项目计算期内各年年末资产、负债和所有者权益的增减变化及对应关系,计算资产负债率。

⑤借款还本付息计划表,反映项目计算期内各年借款本金偿还和利息支付情况,用于计算偿债备付率和利息备付率指标。

(2)财务分析辅助报表。

①建设投资估算表。

②建设期利息估算表。

③流动资金估算表。

④项目总投资使用计划与资金筹措表。

⑤营业收入、税金及附加和增值税估算表。

⑥总成本费用估算表(生产要素法、生产成本加期间费用法)。

2. 注意事项

(1)项目投资现金流量表和项目资本金现金流量表。根据不同需要,财务分析通常可分为融资前分析和融资后分析。融资前分析是在不考虑债务融资的条件下进行的财务分析,从项目投资总获利能力角度,考察项目净现金流价值是否大于其投资成本。融资前财务分析主要采用项目投资现金流量表进行分析,即将全部投资视为自有资金,用该表计算全部投资的内部收益率、净现值、投资回收期等评价指标,考察项目全部投资的盈利能力。融资后分析是从项目权益投资者角度,考察项目给权益投资者带来的收益水平。融资后分析主要通过项目资本金现金流量表进行分析,即将项目资本金作为现金流出,同时还本付息也作为现金流出,计算项目在扣除经营成本、税收和还本付息后剩余,也就是投资者的权益性收益,从而得到资本金财务内部收益率。

(2)财务计划现金流量表。财务计划现金流量表通过考察项目计算期内的投资、融资和经营活动产生的各项现金流入和流出,计算净现金流量和累计盈余资金,从而分析项目是否有足够的净现金流量维持正常运营,以实现财务可持续性。一方面,拥有足够的经营净现金流量是项目财务可持续的基本条件,一个项目不能产生足够的经营净现金流量或经营净现金流量为负,项目正常运行势必会遇到财务困难;另一方面,各年度累计盈余资金不出现负值是财务生存的必要条件,在整个运营期间,允许个别年份的净现金流量出现负值,但不能允许任一年份的累计盈余资金出现负值。一旦出现负值时,应实时进行短期融资,且该短期融资应体现在财务计划现金流量表中,同时相关利息也应纳入成本费用和其后的计算。

典题精练

【例18·多项选择题】在评估中,为编制基本财务报表,还必须编制一些辅助报表,下列属于辅助报表的有(   )。

A. 建设投资估算表

B. 流动资金估算表

C. 建设期利息估算表

D. 营业收入、税金及附加和增值税估算表

E. 借款还本付息计划表

ABCD。【解析】借款还本付息计划表属于基本财务分析报表。

(六)项目不确定性分析

项目评估所采用的数据,大多数来自预测和估算,随着项目的实施和时间的推移,项目原料市场和产品市场供求关系、经济环境、技术水平、政策法律等影响项目效益的不确定性因素都可能发生变化。不确定性分析方法应用较多的是盈亏平衡分析和敏感性分析。

1. 盈亏平衡分析

盈亏平衡分析是通过盈亏平衡点(BEP)分析项目成本与收益平衡关系的一种方法,在盈亏平衡点上,企业的销售收入总额与产品销售总成本(含销售税金)相等,企业处于不盈不亏状态。盈亏平衡点通常根据正常生产年份产品产量或销售量、变动成本、产品价格、固定成本、销售税金及附加等数据计算,用销售收入、产量、生产能力利用率及销售单价来表示。

(1)用实际产量表示的盈亏平衡点,其计算公式为:

盈亏平衡点产量 = 年固定成本/(产品单价 - 单位产品可变成本 - 单位产品销售税金)

(2)用销售收入表示的盈亏平衡点,其计算公式为:

盈亏平衡点销售收入 = 产品单价 × 年固定成本/(产品单价 - 单位产品可变成本 - 单位产品销售税金)

(3)用生产能力利用率表示的盈亏平衡点,其计算公式为:

盈亏平衡点生产能力利用率 = 年固定成本/(年销售收入 - 年变动成本 - 年销售税金) × 100%

(4)达产年份以销售单价表示的盈亏平衡点,其计算公式为:

盈亏平衡点销售单价 = 达产年份单位产品固定成本 + 单位产品变动成本 + 单位产品销售税金及附加

一般情况下,无论以何种形式表示,盈亏平衡点越低越好。因为盈亏平衡点越低表明项目抗风险能力越强。用盈亏平衡点来分析项目的抗风险能力时必须结合项目的背景材料和实际情况。计算盈亏平衡点时,要注意销售单价、销售收入、变动成本、销售税金在增值税计算口径上的一致性。

2. 敏感性分析

敏感性分析是指通过分析项目主要因素发生变化时对项目经济评价指标的影响程度,从中找出对项目效益影响最敏感的、最大的因素,并进一步分析其可能产生的影响。

在项目计算期内可能发生变化的因素有产品价格、产品产量、产品成本或主要投入物的价格、建设工期、固定资产投资以及汇率等。

敏感性分析通常是分析上述单因素变化或多因素变化对项目内部收益率产生的影响,

银行则可以分析敏感因素的变化对贷款偿还期的影响。

为了直观地表示敏感因素对评价指标的影响程度，可以绘制敏感性分析图，横坐标表示敏感性因素的变化幅度，纵坐标表示评价指标值及其变化。

典题精练

【例19·单项选择题】下列关于项目不确定性分析的说法中，不正确的是（　　）。

A. 盈亏平衡分析是通过盈亏平衡点（BEP）分析项目成本与收益平衡关系的一种方法

B. 在盈亏平衡点上，企业的销售收入总额与产品销售总成本（不含销售税金）相等

C. 一般情况下，无论以何种形式表示，盈亏平衡点都是越低越好，因为盈亏平衡点越低表明项目抗风险能力越强

D. 计算盈亏平衡点时，要注意销售单价、销售收入、变动成本、销售税金在增值税计算口径上的一致性

B。【解析】在盈亏平衡点上，企业的销售收入总额与产品的销售总成本（含销售税金）相等，企业处于不盈不亏状态。

（七）项目财务预测分析

1. 财务预测步骤和内容

（1）选取项目预测基础数据与参数。

①项目计算期，包括项目建设期和运营期。

②生产负荷，又称生产能力利用率，是指项目建成投产后各年实际产量与设计生产能力的比值。

③价格，包括项目产成品销售的价格和购入原材料、燃料、动力等价格。

④税费，主要包括增值税、消费税、资源税、所得税、城市维护建设税和教育费附加等。

⑤其他，如利率、汇率等。

（2）预测销售（营业）收入。销售（营业）收入是指项目销售产品或者提供服务取得的收入。通常按两种方式进行收入估算。一种是生产主导型项目，根据生产成熟度，估算各年的生产负荷，从而计算销售收入；另一种是销售主导型项目，主要根据市场开发程度，确定各年度销售计划进而估算销售收入。

项目收入 = 产品价格 × 销售数量（销售主导型）

= 产品价格 × 设计规模 × 生产负荷（生产主导型）

（3）计算增值税、销售税金及附加。

①增值税。

增值税应纳税额 = 当期销项税额 − 当期进项税额

式中：

当期销项税额 = 销售收入（不含税）× 税率

销售收入（不含税）= 销售收入（含税）/（1 + 税率）

②销售税金及附加。销售税金及附加主要包括与项目运营财务关系密切的消费税、资源税、土地增值税、城市维护建设税、教育费附加，具体按照国家现行税收条例执行。

（4）评估成本与费用。包括项目总成本费用、经营成本、固定成本与可变成本。其中，总成本费用评估主要用于项目利润分析，经营成本评估主要用于项目现金流量分析，固定成本与可变成本评估主要用于项目盈亏平衡分析。

①总成本费用。总成本费用是指项目运营期内为生产产品或提供服务所发生的全部成

本和费用。可采用以下两种方法之一进行估算。

生产成本加期间费用法：

总成本费用 = 生产成本 + 管理费用 + 财务费用 + 销售费用

式中：

生产成本 = 直接材料费 + 直接燃料和动力费 + 直接工资 + 其他直接支出 + 制造费用（包括折旧费、修理费、其他费用）

管理费用 = 公司经费 + 咨询审计费 + 技术转让费 + 无形资产与递延资产摊销 + 业务招待费 + 坏账损失 + 其他

财务费用 = 经营期汇兑净损失 + 利息净支出 + 金融机构手续费 + 其他

销售费用 = 运输、装卸包装费 + 广告费、销售服务费 + 差旅费、办公费 + 其他

生产要素法：

总成本费用 = 外购原材料、燃料及动力费 + 人员工资及福利费 + 折旧费 + 摊销费 + 修理费 + 财务费用（利息支出）+ 其他费用

②经营成本。经营成本是现金流量分析中所使用的特定概念，是项目现金流量表中运营期不包含利息的实际现金流出。经营成本与融资方案无关，是项目融资前的分析基础。项目经营成本与总成本费用之间关系如下：

经营成本 = 总成本费用 − 折旧费 − 摊销费 − 财务费用

③固定成本与可变成本。固定成本是指不随产品产量及销售量的增减发生变化的各项成本费用，主要包括非生产人员工资及福利费、折旧费、无形资产及长期待摊费用摊销费、修理费、办公费、管理费等。可变成本是指随产品产量和销售量增减变化而成正比例变化的各项费用，主要包括原材料、燃料、动力消耗、包装费、生产工人工资及福利费。

（5）计算项目利润。

利润总额（年）= 销售（营业）收入 − 税金及附加 − 总成本费用 + 补贴收入

税后利润 = 利润总额 − 所得税额

息税前利润 = 利润总额 + 利息支出

息税折旧摊销前利润 = 息税前利润 + 折旧 + 摊销

（6）测算项目现金流量。

①项目投资现金流量表。

所得税前净现金流量 = 销售（营业）收入 + 补贴收入 +（回收固定资产余值 + 回收流动资金）$_{\text{仅测算期末}}$ −（建设投资 + 流动资金）$_{\text{仅建设期}}$ − 经营成本 − 税金及附加 − 维持运营投资

所得税后净现金流量 = 所得税前净现金流量 − 调整所得税

②项目资本金现金流量表。

净现金流量 = 销售（营业）收入 + 补贴收入 +（回收固定资产余值 + 回收流动资金）$_{\text{仅测算期末}}$ − 项目资本金$_{\text{仅建设期}}$ − 借款本金偿还 − 借款利息偿还 − 经营成本 − 税金及附加 − 所得税 − 维持运营投资

2. 审查应注意的问题

项目建设期应与项目投资计划相对应；运营期应根据产品寿命期（如矿产资源项目的设计开采年限、收费公路的收费年限）、主要设施和设备的使用寿命期、主要技术的寿命期等因素综合确定。

确定项目生产经营期各年的生产负荷时，应考虑原材料、燃料、动力供应、产品市场需求及工艺技术等因素变化对生产负荷的影响和制约。

销售收入的审查主要审查产量和单价的取值是否合理。

原材料、燃料、动力方面，审查原材料、动力、燃料价格与现行价格（或近年平均价格）相比，价格确定是否谨慎，预测价格是否考虑未来价格变动因素，变动方向、变动幅度是否合理。

工资及福利费方面，应将项目人均工资及福利费与行业及当地人均工资及福利费标准做比较，判断项目人均工资及福利费的合理性；将项目人员定额测算的劳动生产率与行业平均劳动生产率做比较，判断项目人员数额的合理性。

折旧、摊销及修理费用方面，审查相关费用计提是否符合会计谨慎性原则充分提取，折旧方法、年限、残值率是否符合国家、部门（或行业）标准及项目固定资产的特点，大修、小修费用是否考虑充分。

税费审查主要包括以下三方面：项目所涉及的税种是否都已计算；计算公式是否正确；所采用的税率是否符合现行规定。

本节速览

项目投资方案评估	建设投资	建设期利息	流动资金
安装工程费	基本预备费	项目融资方案评估	盈利能力分析
清偿能力分析	财务分析报表	偿债备付率	盈亏平衡分析

同步自测

一、单项选择题（在以下各小题所给出的四个选项中，只有一个选项符合题目要求，请将正确选项的代码填入括号内）

1. 项目的财务评估不包含（　　）。

A. 项目投资估算与资金筹措评估　　B. 项目基础财务数据评估

C. 流动性效益评估　　D. 不确定性评估

2. 到目前为止，国内银行对项目进行评估时，基本上是采用以（　　）为主进行评估的模式。

A. 有关专家　　B. 银行工作人员

C. 有关专家和银行工作人员　　D. 专业评估机构

3.（　　）是在一定的经济发展阶段，一定收入水平的基础上，国内和国际在零售市场上用于购买商品的货币支付能力。

A. 社会购买力　　B. 平均消费能力

C. 居民消费能力　　D. 货币购买力

4. 假设某年我国人均购买水果 15 千克，若按人口为 13 亿，平均每千克水果价格为 12 元计算，该年我国水果市场的总市场潜量为（　　）亿元。

A. 2 340　　B. 195

C. 180　　D. 234

5. 符合国家在不同时期对不同行业项目（　　）的规定是确定项目生产规模的前提。

A. 最小规模　　B. 回收期

C. 盈利　　D. 发展规划

6. 工艺技术方案的分析评估是投资项目（　　）的核心，其标准的好坏和高低对整个项目的设立及执行有决定性影响。

A. 技术可行性分析　　B. 产业基础分析

C. 财务可行性分析　　D. 效益分析

7.（　　）关系到项目和生产物资能否顺利集聚、供应，以及产品能否顺利分销。它是项目建设和生产的关键环节。

A. 厂址选择条件　　B. 财务资源

C. 相关项目　　D. 交通运输条件

8.（　　）的分析重点是防止机构的扩大化，提高机构实施项目的能力和应变能力，并且使所有机构的活动形成有机的反馈系统，增强项目的生命力。

A. 项目实施机构　　B. 项目经营机构

C. 项目的协作机构　　D. 项目反馈机构

9.（　　）主要用于投资额不等的项目的比较，其值越大，表明项目单位投资能获得的净现值就越大，项目的效益就越好。

A. 财务内部收益率　　B. 财务净现值

C. 投资回收期　　D. 净现值率

10.（　　）对项目评估人员的思想作风、工作作风和职业道德作风提出了最基本的要求。

A. 评估的客观公正性原则　　B. 评估价值尺度的合理性原则

C. 评估的效益性原则　　D. 评估方法的规范化原则

11. 对于一个好的项目，它的最终目标是（　　）。

A. 技术上可行　　B. 管理上可行

C. 经济上合理　　D. 财务效益好

12. 下列属于经济上合理的项目是（　　）。

A. 财务效益和国民经济效益都不好的项目

B. 社会影响力大，财务效益好的项目

C. 财务效益好，而国民经济效益不好的项目

D. 财务效益不好，而国民经济效益好的项目

13.（　　）主要用于分析项目是否做到资源的合理配置和有效利用。

A. 项目的财务评估　　B. 项目的技术评估

C. 项目的经济评估　　D. 项目的社会评估

14. 按照国家现行规定，建设项目根据资金性质、环境影响、社会影响等因素的不同，其审批程序大体可分为三种，不包括（　　）。

A. 审批制　　B. 注册制

C. 核准制　　D. 备案制

15. 下列关于项目审批进程的审查的说法中，错误的是（　　）。

A. 对于使用政府资金投资建设的项目，实行备案制管理

B. 对于不使用政府资金投资建设的项目，涉及重大固定资产投资的，适用核准制

C. 对于不使用政府资金投资建设的项目，涉及限制类固定资产投资的，适用核准制

D. 凡不使用政府资金投资建设的项目，除重大项目和限制类项目外，均实行备案制

16. 借款人资产负债情况及偿债能力评估主要是分析借款人近（　　）年来各年末的资产、负债、所有者权益总额指标及其增长情况等。

A. 2　　B. 3

C. 5　　D. 10

17. 借款人分析不包括（　　）。

A. 借款人信用状况评估　　B. 借款人发展前景评估

C. 借款人的法定代表人的亲属状况评估　　D. 借款人资产负债情况及偿债能力评估

18. 宏观经济分析可以通过一系列经济指标的计算、分析和对比来进行。下列属于同步指标的是（　　）。

A. 货币供应量　　B. 股票价格指数

C. 失业率　　D. 银行短期商业贷款利率

19. 下列关于评价宏观经济形势的相关变量的说法中，错误的是（　　）。

A. 国内生产总值是指一定时期内（一般按年统计）在一国国内新创造的产品与劳务的价值总额

B. 经济增长率是反映一定时期经济发展水平变化程度的动态指标

C. 经济增长率是反映一个国家经济是否具有活力的基本指标

D. 失业率上升与下降是以潜在 GNP 相对于 GNP 的变动为背景的

20. 按照对经济周期变迁的应变程度可将行业分为三类，不包括（　　）。

A. 增长型行业　　B. 周期型行业

C. 衰退型行业　　D. 防御型行业

21. 一般来说，在经济周期的不同阶段往往形成不同的产业热点。在经济扩张初期最先启动的行业是（　　）。

A. 周期性消费品行业　　B. 生产资料行业

C. 交通运输业　　D. 基础原材料行业

22. 波特的竞争力模型的意义在于，五种竞争力量的抗争中蕴含着三类成功的战略思想，这三类成功的战略思想不包括（　　）。

A. 总成本领先战略　　B. 差异化战略

C. 渠道领先战略　　D. 专一化战略

二、多项选择题（在以下各小题所给出的选项中，至少有两个选项符合题目要求，请将正确选项的代码填入括号内）

1. 项目的可行性研究和贷款项目评估的区别主要表现在（　　）。

A. 发起的主体不同　　B. 发生的时间不同

C. 研究的范围和侧重点不同　　D. 进行项目评估和可行性研究的目的不同

E. 涉及领域不同

2. 典型的行业生命周期一般可以分为（　　）。

A. 启动阶段　　B. 成长阶段

C. 过渡阶段　　D. 成熟阶段

E. 衰退阶段

3. 项目规模的主要制约因素包括（　　）。

A. 国民经济发展规划、战略布局和有关政策　B. 项目所处行业的技术经济特点

C. 生产技术和设备、设施状况　　D. 资金和基本投入物

E. 其他生产建设条件

4. 对项目规模评估的方法包括（　　）。

A. 效益成本评比法　　B. 多因素评比法

C. 抽样评价法　　D. 相似度法

E. 等级尺度法

5. 在厂址选择条件分析中，建厂地区的选择要综合考虑（　　）。

A. 地理条件　　B. 项目方针

C. 当地的基础结构　　D. 社会经济环境

E. 原有的工业基础

6. 组织机构是项目实施的“软件”部分,对项目的组织机构条件进行评估,一般从(　　)方面进行分析。
A. 项目的实施机构
B. 项目的经营机构
C. 项目的协作机构
D. 项目的关联机构
E. 项目的研发机构
7. 对项目组织机构进行分析时,与项目有关的协作机构大致可分为(　　)几个方面。
A. 地方计划部门
B. 业务往来单位
C. 地方政府机构
D. 国家主管部门
E. 国家发展改革部门
8. 下面属于项目盈利能力分析指标的有(　　)。
A. 财务内部收益率
B. 财务净现值
C. 资产负债率
D. 净现值率
E. 投资回收期
9. 根据方法和参数的规定,基本财务报表有(　　)。
A. 现金流量表
B. 利润表
C. 资金来源与运用表
D. 资产负债表
E. 借款还本付息表
10. 计算盈亏平衡点时,要注意(　　)在增值税计算口径上的一致性。
A. 销售单价
B. 销售收入
C. 变动成本
D. 销售税金
E. 固定成本
11. 项目环境影响分析的内容包括(　　)。
A. 审查分析项目是否对其可能对环境产生的不良影响进行全面分析并采取相应措施
B. 审查分析项目污染治理技术是否科学可靠
C. 审查分析治理后是否达到环保部门的规定
D. 审查环保设备是否符合环保部门的要求
E. 审查分析环保资金落实情况
12. 项目审批进程的审查内容包括(　　)。
A. 适用流程
B. 审批手续
C. 审批权限
D. 审批时间
E. 项目实施
13. 新建项目借款人分析,侧重对(　　)等进行调查分析。
A. 借款人的偿债能力
B. 法定代表人和领导班子整体素质
C. 借款人的经济地位
D. 借款人的生产经营和资产负债状况
E. 借款人的信用状况
14. 经济指标有三类:先行指标、同步指标和滞后指标。下列属于滞后指标的有(　　)。
A. 国民生产总值
B. 失业率
C. 股票价格指数
D. 银行短期商业贷款利率
E. 工商业未还贷款
15. 评价宏观经济形势的变量有(　　)。
A. 利率
B. 财政收支
C. 汇率
D. 国际收支
E. 失业率

16. 1960 年,美国市场营销专家麦卡锡教授提出了著名的4P 营销策略组合理论,将营销策略归纳为(　　)。

A. 产品　　B. 价格

C. 权力　　D. 促销

E. 渠道

17. 波特五力分析模型确定了竞争的五种主要来源,即(　　)。

A. 供应商的讨价还价能力　　B. 购买者的讨价还价能力

C. 潜在进入者的威胁　　D. 替代品的威胁

E. 不同行业的公司间的竞争

三、判断题(请判断以下各小题的正误,正确的选 A,错误的选 B)

1. 贷款人可以以要求借款人签订长期供销合同、使用金融衍生工具或者发起人提供资金缺口担保等方式,有效分散建设期风险。(　　)

A. 正确　　B. 错误

2. 从宏观角度看,对项目的背景分析主要包括项目建设是否符合国民经济平衡发展的需要和是否符合国家的产业政策、技术政策和地区、部门发展规划。(　　)

A. 正确　　B. 错误

3. 市场需求预测的主要相关因素包括产品特征和消费条件、社会购买力与产品价格水平。(　　)

A. 正确　　B. 错误

4. 项目所需主要原辅料运输费用的高低,只对产品成本的高低有很大的影响。(　　)

A. 正确　　B. 错误

5. 设备的选择一般取决于生产工艺流程和生产规模的要求,以及对设备在技术、工艺等方面的要求。(　　)

A. 正确　　B. 错误

6. 与项目有关的协作机构大致可分为三个层次,且项目与三个层次都存在联系。(　　)

A. 正确　　B. 错误

7. 增长型行业的需求收入弹性较小,公司收入及盈利能力相对稳定。(　　)

A. 正确　　B. 错误

答案详解

一、单项选择题

1. C。【解析】流动性效益评估属于银行效益评估的内容。

2. B。【解析】目前为止,国内银行对项目进行评估时,基本上是采用以银行工作人员为主进行评估的模式,很少邀请与项目有关的技术及管理专家参加评估工作,这种评估模式在相当程度上影响了项目评估质量。

3. A。【解析】社会购买力是在一定的经济发展阶段,一定收入水平的基础上,国内和国际在零售市场上用于购买商品的货币支付能力。

4. A。【解析】总市场潜量可表示为:$Q = npq$;其中,n 为特定条件下的购买者的数量,p 为单位产品价格,q 为购买者的平均购买量。所以 $Q = npq = 15 \times 13 \times 12 = 2\ 340$(亿元)。

5. A。【解析】符合国家在不同时期对不同行业项目最小规模的规定是确定项目生产规模的前提。

6. A。【解析】工艺技术方案的分析评估是投资项目技术可行性分析的核心,工艺技术设计标准的好坏和高低,对整个项目的设立及执行有决定性影响。

7. D。【解析】交通运输条件关系到项目和生

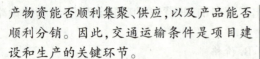

产物资能否顺利集聚、供应，以及产品能否顺利分销。因此，交通运输条件是项目建设和生产的关键环节。

8. A。【解析】项目实施机构的分析重点是防止机构的扩大化，提高机构实施项目的能力和应变能力，并且使所有机构的活动形成有机的反馈系统，增强项目的生命力。

9. D。【解析】净现值率主要用于投资额不等的项目的比较，净现值率越大，表明项目单位投资能获得的净现值就越大，项目的效益就越好。

10. A。【解析】只有坚持项目评估工作的客观性原则，才有可能保证项目评估的公正性和科学性。客观公正性原则对项目评估人员的思想作风、工作作风和职业道德作风提出了最基本的要求。

11. C。【解析】对于一个好的项目，技术上可行是它的前提条件，经济上合理才是它的最终目标。

12. D。【解析】在决策时应对以下几种情况作出不同的判断：(1)项目的财务效益和国民经济效益都不好的项目，属于经济上完全不合理的项目，应予以否定。(2)项目的财务效益好，而国民经济效益不好的项目，本质上也是经济上不合理的项目，也应该予以否定。(3)项目的财务效益不好，而国民经济效益好的项目，属于经济上合理的项目，应予以接受。(4)项目的财务效益好，国民经济效益也好，这类项目经济上是合理的，应予以接受。

13. C。【解析】项目的经济评估主要用于分析项目是否做到资源的合理配置和有效利用，是否在一定的经济增长目标下花费最小的代价或在一定的代价下取得最大的经济增长。

14. B。【解析】按照国家现行规定，建设项目根据资金性质、环境影响、社会影响等因素的不同，其审批程序大体可分为审批制、核准制和备案制三种。

15. A。【解析】一般来说，对于使用政府资金投资建设的项目，实行审批制管理。

16. B。【解析】借款人资产负债情况及偿债能力评估主要是分析借款人近3年来各年末的资产、负债、所有者权益总额指标及其增长情况等。

17. C。【解析】借款人分析包括借款人概况、借款人经济地位评估、借款人的法定代表人和领导班子整体素质评估、借款人生产经营状况和经济技术实力评估、借款人资产负债情况及偿债能力评估、借款人信用状况评估、借款人发展前景评估等。

18. C。【解析】同步指标主要包括失业率、国民生产总值等，这类指标反映的是国民经济正在发生的情况，并不预示将来的变动。

19. D。【解析】失业率上升与下降是以GNP相对于潜在GNP的变动为背景的。

20. C。【解析】我们按照对经济周期变迁的应变程度将行业分为三类，即增长型行业、周期型行业和防御型行业。

21. A。【解析】在经济扩张初期最先启动的行业是住宅与轿车等周期性消费品行业，然后是电子信息、机械设备等生产资料行业及交通运输业。

22. C。【解析】波特的竞争力模型的意义在于，五种竞争力量的抗争中蕴含着三类成功的战略思想：总成本领先战略、差异化战略和专一化战略。

二、多项选择题

1. ABCD。【解析】项目的可行性研究和贷款项目评估的区别主要表现在以下几个方面：发起的主体不同；发生的时间不同；研究的范围与侧重点不同；进行项目评估和可行性研究的目的不同。但是就涉及领域而言，两者是相同的。

2. ABDE。【解析】典型的行业生命周期一般可以分成四个阶段：启动阶段（初级阶段）、成长阶段、成熟阶段和衰退阶段。

3. ABCDE。【解析】项目规模的主要制约因素包括：国民经济发展规划、战略布局和有关政策；项目所处行业的技术经济特点；生产技术和设备、设施状况；资金和基本投入物；其他生产建设条件。

4. AB。【解析】项目规模评估的方法有：

(1)效益成本评比法。(2)多因素评比法。(3)决策树分析法。(4)数学规划法。

5. ABCDE。【解析】建厂地区的选择要综合考虑地理条件、项目方针、当地的基础结构和社会经济环境,并充分利用原有的工业基础。

6. ABC。【解析】项目的组织机构概括起来可以分为三大部分:项目的实施机构、项目的经营机构和项目的协作机构。

7. BCDE。【解析】在对项目的组织结构进行分析时,与项目有关的协作机构大致可以分为业务往来单位、地方政府机构、国家发展改革部门和主管部门。

8. ABDE。【解析】项目的盈利能力分析主要通过财务内部收益率、财务净现值、净现值率、投资回收期、投资利润率、投资利税率和资本金利润率七个评价指标进行。

9. ABCDE。【解析】根据方法与参数的规定,基本财务报表有现金流量表、利润表、资金来源与运用表、资产负债表、借款还本付息表。

10. ABCD。【解析】计算盈亏平衡点时,要注意销售单价、销售收入、变动成本、销售税金在增值税计算口径上的一致性。

11. ABCE。【解析】项目环境影响分析的内容包括:(1)审查分析项目是否对其可能对环境产生的不良影响进行全面分析并采取相应措施。(2)审查分析项目污染治理技术是否科学可靠。(3)审查分析治理后是否达到环保部门的规定。(4)审查分析环保资金落实情况。

12. ABCE。【解析】项目审批进程的审查内容包括:(1)适用流程。(2)审批手续。(3)审批权限。(4)项目实施。

13. BCD。【解析】新建项目借款人分析,侧重对借款人的经济地位、法定代表人和领导班子整体素质、借款人的生产经营和资产负债状况等进行调查分析。

14. DE。【解析】滞后指标主要有银行短期商业贷款利率、工商业未还贷款等。A、B 项属于同步指标。C 项属于先行指标。

15. ABCDE。【解析】评价宏观经济形势的变量有国内生产总值与经济增长率、失业率、通货膨胀率、利率、汇率、财政收支、国际收支、固定资产投资规模。

16. ABDE。【解析】1960 年,美国市场营销专家麦卡锡教授提出了著名的 4P 营销策略组合理论,将营销策略归纳为产品(Product)、价格(Price)、促销(Promotion)和渠道(Place)。

17. ABCD。【解析】波特五力分析模型确定了竞争的五种主要来源,即供应商的讨价还价能力、购买者的讨价还价能力、潜在进入者的威胁、替代品的威胁,以及来自目前同一行业的公司的竞争。

三、判断题

1. B。【解析】题干描述的属于有效分散经营期风险的方式。贷款人应当以要求借款人或者通过借款人要求项目相关方签订总承包合同、投保商业保险、建立完工保证金,提供完工担保和履约保函等方式,最大限度地降低建设期风险。

2. A。【解析】从宏观角度看,对项目的背景分析主要包括以下两个方面:项目建设是否符合国民经济平衡发展的需要;项目建设是否符合国家的产业政策、技术政策和地区、部门发展规划。

3. A。【解析】市场需求预测的主要相关因素包括产品特征和消费条件、社会购买力与产品价格水平。

4. B。【解析】项目所需主要原辅料运输费用的高低,对项目生产的连续性和产品成本的高低都有很大的影响。

5. A。【解析】设备的选择一般取决于生产工艺流程和生产规模的要求,以及对设备在技术、工艺等方面的要求。

6. B。【解析】与项目有关的协作机构大致可以分为三个层次,一是国家发展改革部门和主管部门;二是地方政府机构;三是业务往来单位。根据项目的规模不同,有的与三个层次都存在联系,有的则只与后两个层次存在联系。

7. B。【解析】防御型行业的需求收入弹性较小,公司收入及盈利能力相对稳定。

第七章 担保管理

要点导图

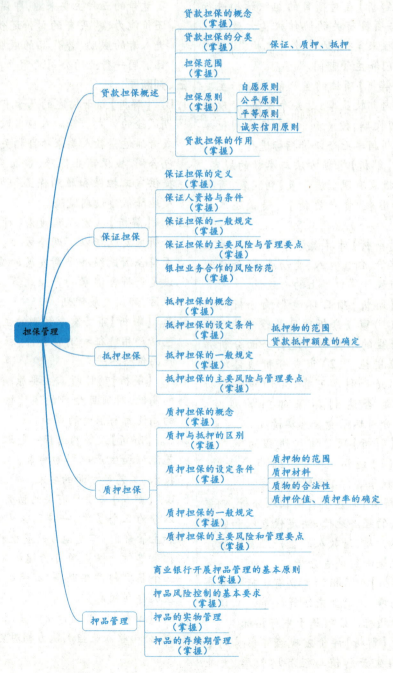

- 担保管理
  - 贷款担保概述
    - 贷款担保的概念（掌握）
    - 贷款担保的分类（掌握）
      - 保证、质押、抵押
    - 担保范围（掌握）
    - 担保原则（掌握）
      - 自愿原则
      - 公平原则
      - 平等原则
      - 诚实信用原则
    - 贷款担保的作用（掌握）
  - 保证担保
    - 保证担保的定义（掌握）
    - 保证人资格与条件（掌握）
    - 保证担保的一般规定（掌握）
    - 保证担保的主要风险与管理要点（掌握）
    - 银担业务合作的风险防范（掌握）
  - 抵押担保
    - 抵押担保的概念（掌握）
    - 抵押担保的设定条件（掌握）
      - 抵押物的范围
      - 贷款抵押额度的确定
    - 抵押担保的一般规定（掌握）
    - 抵押担保的主要风险与管理要点（掌握）
  - 质押担保
    - 质押担保的概念（掌握）
    - 质押与抵押的区别（掌握）
    - 质押担保的设定条件（掌握）
      - 质押物的范围
      - 质押材料
      - 质物的合法性
      - 质押价值、质押率的确定
    - 质押担保的一般规定（掌握）
    - 质押担保的主要风险和管理要点（掌握）
  - 押品管理
    - 商业银行开展押品管理的基本原则（掌握）
    - 押品风险控制的基本要求（掌握）
    - 押品的实物管理（掌握）
    - 押品的存续期管理（掌握）

知识解读

一、贷款担保概述

(一)贷款担保的概念

贷款担保是指为降低银行资金损失的风险,提高贷款偿还的可能性,银行在发放贷款时要求借款人或第三方提供担保,以保障贷款债权实现的法律行为。担保为银行提供了一个可以影响或控制的潜在还款来源,从而增加了贷款最终偿还的可能性。

(二)贷款担保的分类

担保的形式有多种,一笔贷款可以有几种担保。担保的具体形式主要有以下几种:

(1)保证。保证是指保证人和债权人约定,当债务人不履行债务时,保证人按照约定履行债务或者承担责任的行为。

(2)质押。质押是指债权人与债务人或第三人以协商订立书面合同的方式,移转债务人或者第三人的动产或权利的占有,在债务人不履行债务时,债权人有权以该财产优先受偿。

(3)抵押。抵押是指借款人或第三人在不转移财产占有权的情况下,将财产作为债权的担保,银行持有抵押财产的担保权益,当借款人不履行借款合同时,银行有权以该财产折价或者以拍卖、变卖该财产的价款优先受偿。

典题精练

【例1·单项选择题】贷款担保的形式不包括(　　)。

A. 保证　　B. 票据贴现

C. 抵押　　D. 质押

B。【解析】贷款担保的形式包括保证、抵押和质押。

(三)担保范围

担保范围分为法定范围和约定范围。法定范围为:

(1)主债权,即由银行承兑协议、借款合同、出具保函协议书等各种信贷主合同所确定的独立存在的债权。

(2)利息,是指由主债权所派生的利息。

(3)违约金,是指由法律规定或合同约定的债务人不履行或不完全履行债务时,应付给银行的金额。

(4)损害赔偿金,是指债务人因不履行或不完全履行债务给银行造成损失时,应向银行支付的补偿费。

(5)实现担保物权的费用,是指债务人在债务履行期届满而不履行或不完全履行债务,银行为实现担保物权而支出的合理费用。一般包括鉴定评估费、诉讼费、公证费、变卖费、拍卖费、执行费等费用。

(6)质物保管费用，是指在质押期间，因保管质物所发生的费用。

如需另行约定担保责任范围，可在担保合同中予以约定。

典题精练

【例2·单项选择题】实现担保物权的费用是银行为实现担保物权而支出的合理费用，一般不包括(　　)。

A. 诉讼费　　B. 服务费

C. 拍卖费　　D. 变卖费

B。【解析】实现担保物权的费用是指债务人在债务履行期届满而不履行或不完全履行债务，银行为实现担保物权而支出的合理费用。一般包括诉讼费、鉴定评估费、公证费、拍卖费、变卖费、执行费等费用。

(四)担保原则

担保活动应当遵循自愿、公平、平等、诚实信用的原则。

1. 自愿原则

自愿原则是指公民、法人或者其他组织有权根据自己的意愿决定参不参加民事活动，参加何种民事活动，根据自己的意愿依法处分自己的财产和权利。在担保活动中，自愿原则主要体现在：

(1)担保主体有权选择订立担保合同的方式。

(2)当事人有选择担保相对人的自由。

(3)当事人有权依法从事担保活动或不从事担保活动。

(4)当事人有权选择保证、抵押、质押或者定金的担保方式，有权约定排除留置的适用，也有权选择为谁提供担保。

2. 公平原则

公平原则是指当事人之间在设定民事权利和义务、承担民事责任等方面应当公平、合情合理。公平原则是当事人从事担保活动时应遵循的基本原则，其在担保活动中主要体现在担保活动中产生的法律责任的分担必须合理。合理分担责任具体体现在：

(1)担保合同的内容不能显失公平。

(2)人民法院处理担保纠纷时，应严格依照当事人的过错判定当事人应负担的责任。

(3)在担保法律关系的当事人都没有过错的情况下，所发生的损失应由各方合理分担。

3. 平等原则

平等原则是指参加民事活动的当事人无论是自然人或法人，无论其经济实力的强弱，其在法律上的地位一律平等，任何一方不得把自己的意志强加给对方，同时法律也对双方提供平等的保护。

平等原则主要体现在：

(1)所有的民事主体，在从事担保活动中，适用同一法律，具有平等的地位。

(2)民事主体在从事担保活动时必须平等协商。

4. 诚实信用原则

诚实信用原则是指当事人在担保活动中要言行一致、表里如一,恪尽担保合同约定的义务。在担保活动中,诚实信用原则主要体现在三个方面:

(1)担保合同的订立必须符合诚实信用原则,如果一方是采用了不诚实的手段诱骗他人为自己的债务提供担保,则受害人有权请求法院予以撤销或者不承担法律责任。

(2)担保合同的履行必须符合诚实信用原则,当事人在行使担保合同的权利和履行担保合同的义务时,应遵从诚实信用原则,不能滥用权利和以违背诚实信用的方式行使权利与承担义务。

(3)如果担保中的当事人一方明知他人受到欺诈、胁迫或因其他原因,在违背真实意思的情况下为自己提供担保的,这种不诚实的受益是不被允许的。

典题精练

【例3·单项选择题】(　　)是指当事人在担保活动中要言行一致、表里如一,恪尽担保合同约定的义务。

A. 平等原则　　B. 自愿原则

C. 公平原则　　D. 诚实信用原则

D。【解析】诚实信用原则是指当事人在担保活动中要言行一致、表里如一,恪尽担保合同约定的义务。

(五)贷款担保的作用

1. 协调和稳定商品流转秩序,使国民经济健康运行

贷款担保是一种债权债务关系的履行机制和保障制度,它是对借款企业和贷款银行之间特定债权债务关系的担保。它避免或减少了因借款企业不能归还贷款本息而对银行和其他经济活动产生的不良影响,从而促进商品流转秩序的协调稳定和国民经济的健康运行。

2. 降低银行贷款风险,提高信贷资金使用效率

贷款担保是信贷资产风险管理的一种方法,它可以减少银行对借款企业违约的担心,使贷款的偿还有了双重保证,把借款企业不还贷的风险转移给了第三者。

3. 促进借款企业加强管理,改善经营管理状况

担保企业必然关心借款企业的经营状况和履约能力的变化,以保证自身财产的安全。为防止借款企业因经营不善而失去还贷能力,担保企业不仅会督促借款企业按期还本付息,而且积极帮助借款企业改善经营、提高管理、克服经营中出现的困难。

4. 巩固和发展信用关系

(1)信用关系的健康存在和发展要求有良好的信用制度和偿债还贷秩序。银行开展担保贷款业务,能通过担保形式的约束建立银行与借款企业之间,借款企业与担保企业之间以及担保企业和银行之间规范正常的信用关系。为维护金融秩序的稳定,当某一方违约时,可通过法律手段进行调整。

(2)利用担保贷款有利于银行信用的实现。由第三者对借款企业的还贷能力进行担保,方便了银行信用的实现,弥补了借款企业信用能力的不足。

典题精练

【例4·判断题】在担保贷款中，担保企业作为第三者要以其财产对借款企业的还贷责任予以担保，不可以用信誉来担保。（　　）

A. 正确　　　　B. 错误

B。【解析】在担保贷款中，担保企业作为第三者要以其信誉或财产对借款企业的还贷责任予以担保，因此，当借款企业不能按期偿还贷款本息时，担保企业就必须代为清偿。

本节速览

贷款担保	抵押	质押	保证
留置	定金	担保范围	担保原则

二、保证担保

（一）保证担保的定义

保证是指债权人和保证人约定，当债务人不履行到期债务或者发生当事人约定的情形时，保证人必须按照约定履行债务或者承担责任的行为。保证就是债权债务关系当事人以外的第三人担保债务人履行债务的一种担保制度。

（二）保证人资格与条件

1. 保证人资格

《中华人民共和国民法典》对保证人的资格作了明确的规定，只有那些具有代主债务人履行债务能力及意愿的法人、其他组织或者公民才能作保证人。

这句话可以理解为：

（1）保证人必须是具有民事行为能力的人。

（2）保证人必须具有代为履行主债务的资力。

作为保证人，不仅要满足上述两个要件，还要受以下条件的限制：机关法人不得为保证人，但是经国务院批准为使用外国政府或者国际经济组织贷款进行转贷的除外。以公益为目的的非营利法人、非法人组织不得为保证人。

2. 保证人评价

信贷人员应对保证人进行严格调查、评价。对保证人的评价包括保证限额分析、评价保证人的代偿能力和确认保证人的主体资格等几个方面。

要点	内容
审查保证人的主体资格	经商业银行认可的具有较强代为清偿能力的、无重大债权债务纠纷单位和个人可以接受为保证人
评价保证人的代偿能力	对保证人代偿能力的评价，包括代偿能力现实状况评价和代偿能力变动趋势分析。并按照规定程序审定保证人的信用等级，测算信用风险限额

（续表）

要点	内容
保证人保证限额分析	保证人保证限额是指根据客户信用评级办法测算出的保证人信用风险限额减去保证人对商业银行的负债（包括或有负债）得出的数值
保证率的计算	保证率＝申请保证贷款本息/可接受保证限额×100%
商业银行担保评价报告	经评价符合保证人条件的信贷人员撰写"商业银行担保评价报告"随信贷审批材料一并报送评价审查人员。如不符合条件，应及时将保证人材料退还，并要求债务人另行提供保证人或提供其他担保方式

典题精练

【例5·单项选择题】信贷人员对保证人的评价不包括（　　）。

A. 保证人的背景　　B. 保证人的主体资格

C. 保证限额分析　　D. 保证人的代偿能力

A。【解析】信贷人员应对保证人进行严格调查、评价。对保证人的评价包括确认保证人的主体资格、评价保证人的代偿能力和保证限额分析等几个方面。

（三）保证担保的一般规定

1. 保证担保份额的确定

同一债务有两个以上保证人的，保证人应当按照保证合同约定的保证份额，承担保证责任；没有约定保证份额的，债权人可以请求任何一个保证人在其保证范围内承担保证责任。已经承担保证责任的保证人，除当事人另有约定外，有权在其承担保证责任的范围内向债务人追偿，享有债权人对债务人的权利，但不得损害债权人的利益。

2. 保证担保的类型

根据当事人在保证合同中约定的权利义务安排，保证担保分为一般保证和连带责任保证：

（1）当事人在保证合同中约定，债务人不能履行债务时，由保证人承担保证责任的，为一般保证。

一般保证的保证人在主合同纠纷未经审判或者仲裁，并就债务人财产依法强制执行仍不能履行债务前，对债权人可以拒绝承担保证责任。但有下列情形之一的，保证人不得行使前述权利：

第一，债务人住所变更，致使债权人要求其履行债务发生重大困难的。

第二，人民法院受理债务人破产案件，中止执行程序的。

第三，保证人以书面形式放弃上述权利的。

（2）当事人在保证合同中约定保证人与债务人对债务承担连带责任的，为连带责任保证。

3. 债权债务关系转移对保证担保责任的影响

保证期间，债权人转让全部或者部分债权，未通知保证人的，该转让对保证人不发生效力。保证人与债权人约定禁止债权转让，债权人未经保证人书面同意转让债权的，保证人对受让人不再承担保证责任。

保证期间，债权人许可债务人转让债务的，应当取得保证人书面同意，保证人对未经其同意转让的债务，不再承担保证责任，但是债权人和保证人另有约定的除外。

4. 保证责任

债权人与保证人可以约定保证期间，但是约定的保证期间早于主债务履行期限或者与主债务履行期限同时届满的，视为没有约定；没有约定或者约定不明确的，保证期间为主债务履行期限届满之日起6个月。债权人与债务人对主债务履行期限没有约定或者约定不明确的，保证期间自债权人请求债务人履行债务的宽限期届满之日起计算。

一般保证的债权人未在保证期间对债务人提起诉讼或者申请仲裁的，保证人不再承担保证责任。连带责任保证的债权人未在保证期间请求保证人承担保证责任的，保证人不再承担保证责任。

被担保的债权既有物的担保又有人的担保的，债务人不履行到期债务或者发生当事人约定的实现担保物权的情形，债权人应当按照约定实现债权；没有约定或者约定不明确，债务人自己提供物的担保的，债权人应当先就该物的担保实现债权；第三人提供物的担保的，债权人可以就物的担保实现债权，也可以请求保证人承担保证责任。提供担保的第三人承担担保责任后，有权向债务人追偿。

（四）保证担保的主要风险与管理要点

1. 保证担保存在的主要风险因素

（1）保证手续不完备，保证合同产生法律风险。在操作中，可能出现有法定代表人签字但未加盖公章，或者是有公章但未有法定代表人签字，或者是未对上述签字盖章的真实性进行验证等重大遗漏。此外，还存在保证合同条款约定不明确，不符合法律法规的要求等一系列问题。这些都将使保证合同产生重大隐患，甚至导致合同无效。

（2）超过诉讼时效，贷款丧失胜诉权。《中华人民共和国民法典》规定，向人民法院请求保护民事权利的诉讼时效期间为3年。诉讼时效期间自权利人知道或者应当知道权利受到损害以及义务人之日起计算。法律另有规定的，依照其规定。

（3）保证人不具备担保能力。如果保证人没有能够代为清偿借款人的财产，或者有财务但不具有处分权，或者有处分权但无法变现清偿，这样的担保形同虚设。

（4）虚假担保人。借款人以不同名称的公司向同一家银行的多个基层单位借款，而且相互提供担保，借款和担保人公司的法定代表人往往也是同一人兼任的。这样的贷款具有较大的风险性。

（5）公司互保。甲公司在申请借款时因银行要求，不得不寻找业务关系较为密切的乙公司作为其保证人。但乙公司因为自身借款需要或者担心自己被卷入担保纠纷而遭受经济损失，故而反过来也要求甲公司为其向银行借款时作担保。这种行为在法律上并没有被禁止，但银行也必须小心对待。

（6）保证人不具备担保资格。国家机关、以公益为目的的非营利法人、非法人组织不得为保证人。

2. 保证担保的管理要点

（1）核保。核实保证简称为“核保”，是指去核实保证人提供的保证是在自愿原则的基础上达成的，是保证人真实意思的表示。强制提供的保证，保证合同无效。

商业银行接受企业法人为保证人的，要注意验证核实以下几点：

①股份有限公司或有限责任公司的企业法人提供的保证是否取得了董事会决议同意或股东大会同意。

②中外合资、合作企业的企业法人提供的保证是否取得了董事会出具的同意担保的决议及授权书、董事会成员签字的样本、由中国注册会计师事务所出具的验资报告或出资证明。

③核保必须是现场实地核保,并且是双人同去,才能起到制约作用。

④核保人必须亲眼所见保证人在保证文件上签字盖章,并做好核保证实书,留银行备查。

⑤企业法人出具的保证是否符合该法人章程规定的宗旨或授权范围。

⑥法人和法定代表人签字印鉴的真伪。

(2)签订好保证合同。商业银行经过对保证人的调查核保,认为保证人具备保证的主体资格,同意贷款后,在签订借款合同的同时,还要签订保证合同,作为主合同的从合同。

要点	内容
保证合同的形式	保证合同要以书面形式订立,以明确双方当事人的权利和义务。书面保证合同可以单独订立,包括当事人之间的具有担保性质的信函、传真等,也可以是主合同中的担保条款
保证合同订立方式	保证人与商业银行可以就单个主合同分别订立保证合同,也可以协商在最高贷款限额内就一定期间连续发生的贷款订立一个保证合同,后者大大简化了保证手续
保证合同的内容	保证合同应包括被保证的主债权(贷款)种类、数额,贷款期限、保证的方式、保证担保的范围、保证的期限及双方认为需要约定的其他事项

(3)贷后管理。银行办完保证贷款手续并发放贷款后,需注意:

①保证人的经营状况是否变差,或其债务是否增加,包括向银行借款或又向他人提供担保。

②银行与借款人协商变更借款合同应经保证人同意,否则可能保证无效。办理贷款展期手续时,未经保证人同意,展期后的贷款,保证人不承担保证责任。

典题精练

【例6·单项选择题】商业银行经过对保证人的调查核保,认为保证人具备保证的主体资格,同意贷款后,在签订借款合同的同时,还要签订(　　),作为主合同的从合同。

A. 保证合同　　　　B. 责任合同

C. 担保合同　　　　D. 第三人合同

A。【解析】商业银行经过对保证人的调查核保,认为保证人具备保证的主体资格,同意贷款后,在签订借款合同的同时,还要签订保证合同,作为主合同的从合同。

(五)银担业务合作的风险防范

1. 融资性担保公司及其管理

融资性担保公司是指依法设立,经营融资性担保业务的有限责任公司或股份有限公司。融资性担保公司由省、自治区、直辖市人民政府实施属地管理。监管部门根据当地实际情况规定融资性担保公司注册资本的最低限额,但不得低于人民币2 000万元。注册资本为实缴货币资本。

《融资担保公司监督管理条例》规定,融资担保公司的担保责任余额不得超过其净资产的10倍。对主要为小微企业和农业、农村、农民服务的融资担保公司,前款规定的倍数上限可以提高至15倍。融资担保公司对同一被担保人的担保责任余额与融资担保公司净资产的比例不得超过10%，对同一被担保人及其关联方的担保责任余额与融资担保公司净资产的比例不得超过15%。

融资担保公司不得为其控股股东、实际控制人提供融资担保，为其他关联方提供融资担保的条件不得优于为非关联方提供同类担保的条件。融资担保公司不得吸收存款或者变相吸收存款，不得自营贷款或者受托贷款，不得受托投资。

2. 银担业务合作及其风险防范

(1)与担保机构开展融资性担保业务合作时，应审慎选择融资用途真实合理、第一还款来源可靠的客户，不应单纯依赖担保机构提供的担保，而简化、放松对借款人的信贷风险判断。

(2)在银担合作中，优选资本实力优良、股东背景良好、代偿率及代偿回收表现良好的担保机构开展合作。

(3)控制单一担保机构担保的业务规模、担保机构对单个客户的担保责任的集中度，同时对融资担保机构担保业务的客户组合、期限组合等进行审慎管理。

(4)对有担保责任余额的融资担保机构，进行必要的存续期跟踪管理。

(5)及时判断银担协作风险水平，主动及时调整银担合作策略。

典题精练

【例7·单项选择题】《融资担保公司监督管理条例》规定，对主要为小微企业和农业、农村、农民服务的融资担保公司，其担保责任余额不得超过其净资产的(　　)倍。

A. 5　　B. 10

C. 15　　D. 20

C。【解析】《融资担保公司监督管理条例》规定，融资担保公司的担保责任余额不得超过其净资产的10倍。对主要为小微企业和农业、农村、农民服务的融资担保公司，前款规定的倍数上限可以提高至15倍。

本节速览

保证担保	保证人资格	保证人评价	保证率
保证担保风险	核保	融资性担保公司	银担业务合作

三、抵押担保

(一)抵押担保的概念

抵押是债务人或第三人对债权人以一定财产作为清偿债务担保的法律行为。债权人称为抵押权人；所提供的抵押财产称为抵押物；提供抵押财产的债务人或第三人称为抵押人。抵押设定之后，在债务人到期不履行债务时，抵押权人有权依照法律的规定以抵押物折价或以抵押物的变卖价款较其他债权人优先受偿。抵押根据权利特征不同，分为一般抵押和最高额抵押。

（二）抵押担保的设定条件

1. 抵押物的范围

（1）债务人或者第三人有权处分的下列财产可以抵押：

①建筑物和其他土地附着物。

②建设用地使用权。

③海域使用权。

④生产设备、原材料、半成品、产品。

⑤正在建造的建筑物、船舶、航空器。

⑥交通运输工具。

⑦法律、行政法规未禁止抵押的其他财产。

（2）下列财产不得抵押：

①土地所有权。

②宅基地、自留地、自留山等集体所有土地的使用权，但是法律规定可以抵押的除外。

③学校、幼儿园、医疗机构等为公益目的成立的非营利法人的教育设施、医疗卫生设施和其他公益设施。

④所有权、使用权不明或者有争议的财产。

⑤依法被查封、扣押、监管的财产。

⑥法律、行政法规规定不得抵押的其他财产。

2. 贷款抵押额度的确定

（1）抵押物的认定。作为贷款担保的抵押物，必须是归抵押人所有的财产，或者是抵押人有权支配的财产。因此，银行对选定的抵押物要逐项验证产权，具体如下：

不同情况	抵押物的认定
实行租赁经营责任制的企业	产权单位同意的证明
集体所有制企业和股份制企业用其财产作抵押时	核对抵押物所有权；验证董事会或职工代表大会同意的证明
用共有财产作抵押时	共有人同意抵押的证明并以抵押人所有的份额为限

（2）抵押物的估价。抵押物的估价是评估抵押物的现值。银行对抵押物的价值都要进行评估。

①估价方法。一般的做法是由抵押人与银行双方协商确定抵押物的价值，委托具有评估资格的中介机构给予评估或银行自行评估。一般的估价方法如下：

不同类别抵押物	估价方法
房屋建筑	考虑房屋和建筑物的用途及经济效益、新旧程度及可能继续使用的年限、原来的造价和现在的造价等因素
机器设备	考虑无形损耗和折旧，估价时应扣除折旧
可转让的土地使用权	考虑土地的用途、土地的供求关系等因素

另外，估价的时间性和地区性也会对抵押物的估价结果产生一定的影响。

②抵押率的确定。

抵押率的确定依据	具体内容
抵押物的适用性、变现能力	选择的抵押物适用性要强，由适用性判断其变现能力。对变现能力较差的，抵押率应适当降低
抵押物价值的变动趋势	实体性贬值，即由于使用磨损和自然损耗造成的贬值；功能性贬值，即由于技术相对落后造成的贬值；经济性贬值，即由于外部环境变化引起的贬值或增值

抵押率的计算公式为：

$$抵押率=担保债权本息总额/抵押物评估价值额\times 100\%$$

(3)抵押贷款额度的确认。由于抵押物在抵押期间会出现损耗、贬值，在处理抵押物期间会发生费用，以及贷款有利息、逾期有罚息等原因，银行一般向借款人提供的贷款额会低于抵押物的评估值，贷款额度要在抵押贷款率与抵押物的评估价值的范围内加以确定。其计算公式为：

$$抵押贷款额=抵押物评估值\times 抵押贷款率$$

抵押人所担保的债权不得超出其抵押物的价值。财产抵押后，该财产的价值大于所担保债权的余额部分，可以再次抵押，但不得超出其余额部分。

(三)抵押担保的一般规定

1. 抵押权的设立

(1)以建筑物和其他土地附着物、建设用地使用权、海域使用权、正在建造的建筑物抵押的，应当办理抵押登记。抵押权自登记时设立。

(2)以动产抵押的，抵押权自抵押合同生效时设立；未经登记，不得对抗善意第三人。

(3)抵押权设立前抵押财产已出租并转移占有的，原租赁关系不受该抵押权的影响。

一般来说，办理抵押物登记的部门如下：

(1)以无地上定着物的土地使用权抵押的，为核发土地使用权证书的土地管理部门。

(2)以城市房地产或者乡(镇)、村企业的厂房等建筑物抵押的，为县级以上地方人民政府规定的部门。

(3)以林木抵押的，为县级以上林木主管部门。

(4)以航空器、船舶、车辆抵押的，为运输工具的登记部门。

(5)以企业的设备和其他动产抵押的，为财产所在地的市场监督管理部门。

2. 抵押合同的签订

设立抵押权，当事人应当采用书面形式订立抵押合同。

抵押合同一般包括下列条款：

(1)被担保债权的种类和数额。

(2)债务人履行债务的期限。

(3)抵押财产的名称、数量等情况。

(4)担保的范围。

3. 抵押的效力

(1)抵押担保的范围。抵押担保的范围包括：主债权及利息、违约金、损害赔偿金和实现抵押权的费用。如果抵押合同另有规定的，按照规定执行。

(2)抵押物的转让。在抵押期间,抵押人可以转让抵押财产。当事人另有约定的,按照其约定。抵押财产转让的,抵押权不受影响。

抵押人转让抵押财产的,应当及时通知抵押权人。抵押权人能够证明抵押财产转让可能损害抵押权的,可以请求抵押人将转让所得的价款向抵押权人提前清偿债务或者提存。转让的价款超过债权数额的部分归抵押人所有,不足部分由债务人清偿。

(3)抵押物的保全。

①在抵押期间,银行若发现抵押人对抵押物使用不当或保管不善,足以使抵押物价值减少时,有权要求抵押人停止其行为。

②抵押物价值减少时,银行有权要求抵押人恢复抵押物的价值,或者提供与减少的价值相等的担保。

4. 抵押权的实现

抵押担保虽然具有现实性和凭物性,但抵押权与其担保的债权是同时存在的。抵押贷款到期,若借款人能足额按时归还本息,则抵押自动消失。抵押贷款到期,若借款人不能按时归还贷款本息,或银行同意展期后仍不能履行,抵押权才真正得以实现。

(1)同一财产向两个以上债权人抵押的,拍卖、变卖抵押财产所得的价款依照下列规定清偿:

①抵押权已登记的,按照登记的先后顺序清偿;顺序相同的,按照债权比例清偿。

②抵押权已登记的先于未登记的受偿。

③抵押权未登记的,按照债权比例清偿。

(2)建设用地使用权抵押后,该土地上新增的建筑物不属于抵押财产。该建设用地使用权实现抵押权时,应当将该土地上新增的建筑物与建设用地使用权一并处分,但新增建筑物所得的价款,抵押权人无权优先受偿。

(3)以集体所有土地的使用权依法抵押的,实现抵押权后,未经法定程序,不得改变土地所有权的性质和土地用途。

(4)为债务人抵押担保的第三人,在抵押权人实现抵押权后,有权向债务人追偿。

(5)担保期间,担保财产毁损、灭失或者被征收等,担保物权人可以就获得的保险金、赔偿金或者补偿金等优先受偿。被担保债权的履行期限未届满的,也可以提存该保险金、赔偿金或者补偿金等。

(6)抵押权人应当在主债权诉讼时效期间行使抵押权;未行使的,人民法院不予保护。

(四)抵押担保的主要风险与管理要点

1. 贷款抵押风险分析

(1)因主合同无效,导致抵押关系无效。抵押权的发生与存在须以一定债权关系的发生与存在为基础和前提。故抵押权是一种从权利。

(2)资产评估不真实,导致抵押物不足值。抵押物价值是随着市场行情变化,相对不确定,但借款人往往利用各种手段尽量争取将抵押物价值抬高,以达到多贷款的目的。

(3)未抵押有效证件或抵押的证件不齐。抵押中的财产一般都由抵押人控制,如果抵押权人未控制抵押物的有效证件,就可能造成同一抵押物的多头抵押和重复抵押。

（4）将共有财产抵押而未经共有人同意。对以共有财产抵押的，按照共有财产共同处分的原则，应该经得各共有人的同意才能设立，否则抵押无效。

（5）以第三方的财产作抵押而未经财产所有人同意。未经所有权人同意就擅自抵押的，不但抵押关系无效，而且构成侵权。

（6）抵押物虚假或严重不实。抵押物必须实际存在是抵押权建立的前提，且抵押人对此拥有完全的所有权。

（7）未办理有关登记手续。《中华人民共和国民法典》规定在法律规定范围内的财产抵押时，双方当事人不仅要签订抵押合同，而且要办理抵押物登记，否则抵押合同无效。

（8）抵押物价值贬损或难以变现。主要包含以下两种情况：

①以易损耗的机器或交通运输工具作抵押。

②专用机器设备等抵押物。

2. 抵押担保的管理要点

（1）对抵押物进行严格审查。

①要确保抵押物的真实性。

②确保抵押物的合法性。

③认真查验抵押物的权属，确保抵押物的有效性。

（2）对抵押物的价值进行准确评估。这是保证抵押物足值的关键。为防止评估价值中掺有水分，银行应认真审查评估报告的真实性和准确性。贷款发放后，银行应按照一定的时间频率对抵押物价值进行评估。

（3）做好抵押物登记工作，确保抵押关系的效力。需依法登记的抵押物，抵押合同自登记之日起生效。法律规定，自登记之日起生效的合同，必须办理抵押登记，否则合同就无效。

（4）抵押合同期限应覆盖贷款合同期限。抵押期限应等于或大于贷款期限，凡变更贷款主合同的，一定要注意新贷款合同与原贷款抵押合同期限的差异，不能覆盖贷款合同期限的要重新签订抵押合同。

（5）续期管理。

典题精练

【例8·单项选择题】下列关于贷款抵押风险分析的说法中，正确的是（　　）。

A. 抵押权建立的前提是抵押物必须实际存在，且抵押人对此拥有完全的所有权

B. 以正在建造的建筑物抵押的，抵押权自抵押合同生效时设立

C. 共有财产是指两人以上对同一财产享有所有权，对以共有财产抵押的，只要一方同意抵押就有效

D. 未经所有权人同意就擅自抵押的，抵押关系无效，但不构成侵权

A。【解析】抵押权建立的前提是抵押物必须实际存在，且抵押人对此拥有完全的所有权。以正在建造的建筑物抵押的，应当办理抵押登记，抵押权自登记时设立。对以共有财产抵押的，按照共有财产共同处分的原则，应该经得各共有人的同意才能设立，否则抵押无效；未经所有权人同意就擅自抵押的，不但抵押关系无效，而且构成侵权。所以，以第三方的财产作为抵押，必须经得第三方同意，并办理有关法律手续，方能有效。

本节速览

抵押担保	抵押物范围	抵押物的估价	抵押率
抵押贷款额度	抵押担保风险	抵押物登记	风险防范

四、质押担保

(一)质押担保的概念

质押是债权人所享有的通过占有由债务人或第三人移交的质物而使其债权优先受偿的权利,它是贷款担保方式之一。设立质权的人,称为出质人;享有质权的人,称为质权人;债务人或者第三人移交给债权人的动产或权利为质物。以质物作担保所发放的贷款为质押贷款。质押担保的范围包括:

(1)主债权及利息。

(2)损害赔偿金。

(3)质物保管费用。

(4)违约金。

(5)实现质权的费用。

(二)质押与抵押的区别

质押与抵押虽然都是物的担保的重要形式,本质上都属于物权担保,但两者性质不同,有着重要的区别。

区别	质押	抵押
质权的标的物与抵押权的标的物的范围不同	动产和财产权利	动产和不动产
标的物的占有权是否发生转移不同	转移质押标的物的占有权	不转移抵押标的物的占有权
对标的物的保管义务不同	质权人对质物负有善良管理人的注意义务	抵押权人没有保管标的物的义务
受偿顺序不同	一物只能设立一个质押权,没有受偿的顺序问题	一物可设数个抵押权,当数个抵押权并存时,有受偿的先后顺序之分
能否重复设置担保不同	不能在同一质物上重复设置质权	允许抵押权重复设置(当抵押物价值大于所担保债权的余额部分时)
对标的物孳息的收取权不同	质权人依法有权收取质物所生的天然孳息和法定孳息	由抵押人收取,抵押权人无权收取。只有在债务履行期间届满,债务人不履行债务致使抵押物被法院依法扣押的情况下,自扣押之日起,抵押权人才有权收取孳息

（三）质押担保的设定条件

1. 质押物的范围

（1）商业银行可接受的财产质押：

①汇票、本票、存款单、债券、仓单、支票、提单。

②依法可以转让的股权、基金份额。

③出质人所有的、依法有权处分并可移交质权人占有的动产。

④依法可转让的专利权、商标专用权、著作权中的财产权等知识产权。

⑤现有的以及将有的应收账款。

（2）商业银行不可接受的财产质押：

①法律法规禁止流通的财产或者不可转让的财产。

②国家机关的财产。

③所有权、使用权不明或有争议的财产。

④依法被查封、扣押、监管的财产。

⑤租用的财产。

⑥其他依法不得质押的其他财产。

2. 质押材料

（1）财产共有人出具的同意出质的文件。

（2）质押财产的产权证明文件。

（3）出质人资格证明。

①法人：经工商行政管理部门年检合格的事业法人营业执照、企业法人营业执照。

②法人分支机构：经工商行政管理部门年检合格的营业执照、授权委托书。

（4）出质人须提供有权决议的机关作出的关于同意提供质押的文件、决议或其他具有同等法律效力的文件或证明（包括但不限于股东会决议、授权委托书、董事会决议）。

3. 质物的合法性

（1）出质人对质物、质押权利占有的合法性。

①审查质押的设定是否已由出质人有权决议的机关作出决议。

②用动产出质的，应通过审查财务账簿、动产购置发票，确认其是否为出质人所有。

③用权利出质的，应核对权利凭证上的所有人与出质人是否为同一人。如果不是，则要求出示取得权利凭证的合法证明，如判决书或他人同意授权质押的书面证明。

④若质押财产为共有财产，出质是否经全体共有人同意。

（2）质物、质押权利的合法性。

①对以股票设定质押的，必须是依法可以流通的股票。

②使用权、所有权不明或有争议的动产，法律规定禁止流通的动产不得作为质物。

③凡发现质押权利凭证有变造、伪造迹象的，应重新确认，经确认确实为变造、伪造的，应及时向有关部门报案。

④凡出质人以权利凭证出质，必须对出质人提交的权利凭证的合法性、真实性和有效性进行确认。确认时向权利凭证签发或制作单位查询，并取得该单位出具的确认书。

⑤海关监管期内的动产作质押的，须由负责监管的海关出具同意质押的证明文件。

⑥对于用票据设定质押的，还必须对背书进行连续性审查：每一次背书记载事项、各类签章完整齐全并不得附有条件，各背书都是相互衔接的，即前一次转让的被背书人必须是后

一次转让的背书人;票据质押应办理质押权背书手续,办理了质押权背书手续的票据应记明"设质""质押"等字样。

4. 质押价值、质押率的确定

(1)质押价值的确定。

①对于有明确市场价格的质押品,其公允价值即为该质押品的市场价格。

②对于没有明确市场价格的质押品,则应当在以下价格中选择较低者为质押品的公允价值:公司最近一期经审计的财务报告或税务机关认可的财务报告中所写明的质押品的净资产价格;以公司最近的财务报告为基础,测算公司未来现金流入量的现值,所估算的质押品的价值;如果公司正处于重组、并购等股权变动过程中,可以交易双方最新的谈判价格作为确定质押品公允价值的参考。

(2)质押率的确定。

①信贷人员应根据质押财产的价值和质押财产价值的变动因素,科学地确定质押率。

②确定质押率的依据。

要点	内容
质物的适用性、变现能力	对变现能力较差的质押财产应适当降低质押率
质物、质押权利价值的变动趋势	一般可从质物的实体性贬值、功能性贬值及质押权利的经济性贬值或增值三方面进行分析

典题精练

【例9·单项选择题】商业银行不可接受的财产质押为(　　)。

A. 出质人所有的、依法有权处分的机器、交通运输工具和其他动产

B. 依法可以转让的基金份额、股权

C. 依法可以转让的商标专用权、专利权、著作权中的财产权等知识产权

D. 租用的财产

D。【解析】商业银行不可接受的财产质押:(1)所有权、使用权不明或有争议的财产。(2)法律法规禁止流通的财产或者不可转让的财产。(3)国家机关的财产。(4)依法被查封、扣押、监管的财产。(5)租用的财产。(6)其他依法不得质押的其他财产。

(四)质押担保的一般规定

1. 质押权的设立

(1)动产质押中,质权自出质人交付质押财产时设立。

(2)权利质押中,以汇票、支票、本票、债券、存款单、仓单、提单出质的,质权自权利凭证交付质权人时设立;没有权利凭证的,质权自有关部门办理出质登记时设立;以基金份额、证券登记结算机构登记的股权出质的,质权自证券登记结算机构办理出质登记时设立,以其他股权出质的,质权自工商行政管理部门办理出质登记时设立;以注册商标专用权、专利权、著作权等知识产权中的财产权出质的,质权自有关主管部门办理出质登记时设立;以应收账款出质的,质权自信贷征信机构办理出质登记时设立。

2. 质押担保合同的订立

设立质权，当事人应当采取书面形式订立质权合同。质权合同一般包括下列条款：

(1)担保债权的种类和数额。

(2)债务人履行债务的期限。

(3)质押财产的名称、数量等情况。

(4)担保的范围。

(5)质押财产交付的时间、方式。

(五)质押担保的主要风险和管理要点

1. 质押担保存在的风险

(1)司法风险。如果借款人与其他债权人有经济纠纷，司法部门凭生效的法律文书来银行冻结或扣划存款，发放质押贷款的银行是难以对抗的。为规避这种风险，银行须将质押资金转为定期存单单独保管，或者采取更为妥当的方式，将其转入银行名下的保证金账户。

(2)汇率风险。当外币有升值趋势，或外币利率相对高于人民币利率时，常常会发生企业以外币质押向银行借人民币的情况。如果人民币升值，质押的外币金额已不足以覆盖它了，质押贷款金额将出现风险敞口。

(3)虚假质押风险(是贷款质押最主要的风险因素)。目前各家银行内部都作了严格的规定，只有本银行系统的存单才可用于在本行作质押贷款。

(4)操作风险(主要是对质物的保管不当)。例如质物没有登记、交换、保管手续，造成丢失；对用于质押的存款没有办理内部冻结看管手续等。

2. 质押担保的管理要点

(1)银行防范质物的价值风险：

①应要求质物经过有行业资格且资信良好的评估公司或专业质量检测、物价管理部门作价值认定，再确定一个有利于银行的质押率。

②选择价值相对稳定的动产或权利作为质物。

(2)防范质押操作风险：

①银行首先必须确认质物是否需要登记。

②按规定办理质物出质登记，并收齐质物的有效权利凭证，同时与质物出质登记、管理机构和出质人签订三方协议，约定保全银行债权的承诺和监管措施。

③银行要将质押证件作为重要有价单证归类保管，一般不应出借。

(3)为防范虚假质押风险，银行查证质押票证时应做到：

①有密押的应通过联行核对。

②无密押的应派人到出证单位或其托管部门作书面的正规查询。

本节速览

质押担保	质权	质物	孳息
质押材料	质押价值	质押率	质押担保合同
虚假质押风险	司法风险	汇率风险	操作风险

五、押品管理

(一)商业银行开展押品管理的基本原则

(1)合法性原则。

(2)有效性原则。

(3)审慎性原则。

(4)从属性原则。

(二)押品风险控制的基本要求

1. 商业银行拟接受的押品应符合的基本条件

(1)押品真实存在。

(2)押品权属关系清晰,抵押(出质)人对押品具有处分权。

(3)押品符合法律法规规定或国家政策要求。

(4)押品具有良好的变现能力。

2. 押品分类管理

商业银行应至少将押品分为金融质押品、房地产、应收账款和其他押品等类别,并在此基础上进一步细分。同时,应结合本行业务实践和风控水平,确定可接受的押品目录,且至少每年更新一次。

3. 抵质押率上限

商业银行应审慎确定各类押品的抵质押率上限,并根据经济周期、风险状况和市场环境及时调整。

抵质押率指押品担保本金余额与押品估值的比率。抵质押率的计算公式为:

$$抵质押率=押品担保本金余额\div押品估值\times100\%$$

(三)押品的实物管理

对于法律法规规定抵质押权经登记生效或未经登记不得对抗善意第三人的押品,应按登记部门要求办理抵质押登记,取得他项权利证书或其他抵质押登记证明,确保抵质押登记真实有效。

对于法律规定以移交占有为质权生效要件的押品和应移交商业银行保管的权属证书,商业银行应办理转移占有的交付或止付手续,并采取必要措施,确保押品真实有效。

(四)押品的存续期管理

1. 押品价值重估

商业银行应按规定频率对押品进行价值重估。出现下列情形之一的,即使未到重估时点,也应重新估值:

(1)押品市场价格发生较大波动。

(2)发生合同约定的违约事件。

(3)押品担保的债权形成不良。

(4)其他需要重估的情形。

2. 押品价值监测与压力测试

商业银行应建立动态监测机制，跟踪押品相关政策及行业、地区环境变化，分析其对押品价值的影响，及时发布预警信息，必要时采取相应措施。

商业银行应加强押品集中度管理，采取必要措施，防范因单一押品或单一种类押品占比过高产生的风险。

抵质押合同明确约定警戒线或平仓线的押品，商业银行应加强押品价格监控，触及警戒线时要及时采取防控措施，触及强制平仓条件时应按合同约定平仓。

商业银行应根据押品重要程度和风险状况，定期对押品开展压力测试，原则上每年至少进行一次，并根据测试结果采取应对措施。

3. 押品返还与处置

出现下列情形之一的，商业银行应办理抵质押注销登记手续，返还押品或权属证书：

(1)抵质押担保合同履行完毕，押品所担保的债务已经全部清偿。

(2)人民法院解除抵质押担保裁判生效。

(3)其他法定或约定情形。

债务人未能按期清偿押品担保的债务或发生其他风险状况的，商业银行应根据合同约定，按照损失最小化原则，合理选择行使抵质押权的时机和方式，通过变卖、拍卖、折价等合法方式及时行使抵质押权，或通过其他方式保障合同约定的权利。

本节速览

押品分类管理	抵质押率	实物管理	存续期管理

同步自测

一、单项选择题（在以下各小题所给出的四个选项中，只有一个选项符合题目要求，请将正确选项的代码填入括号内）

1. 借款人如不能按期偿还贷款本息，银行将处理抵押物以收回贷款的贷款方式为(　　)。

A. 信用贷款　　B. 担保贷款

C. 质押贷款　　D. 抵押贷款

2. 抵押物的估价是评估抵押物的现值。银行对抵押物的价值都要进行评估。对于机器设备的估价，不需要考虑的因素是(　　)。

A. 无形损耗　　B. 折旧

C. 原值　　D. 市场价格

3. 以票据申请质押贷款的，须对(　　)进行连续性审查。

A. 票据　　B. 出票人

C. 所有人　　D. 背书

4. (　　)是指保证人和债权人约定，当债务人不履行债务时，保证人按照约定履行债务或者承担责任的行为。

A. 保证　　B. 抵押

C. 质押　　D. 定金

5. 贷款抵押是指借款人或第三人在(　　)的情况下,将财产作为债权的担保,银行持有抵押财产的担保权益,当借款人不履行借款合同时,银行有权以该财产折价或者以拍卖、变卖该财产的价款优先受偿。

A. 不转移财产占有权　　B. 转移财产占有权

C. 不转移财产使用权　　D. 转移财产使用权

6. 下列各项中,不得抵押的财产是(　　)。

A. 土地所有权

B. 建筑物和其他土地附着物

C. 以招标、拍卖、公开协商等方式取得的荒地等土地承包经营权

D. 生产设备、原材料、半成品、产品

7. 为避免抵押合同无效造成贷款风险,银行抵押贷款首先要做好(　　)工作,才能真正保证贷款抵押的安全性。

A. 风险监测　　B. 风险处置

C. 风险分析　　D. 风险控制

8. 下列关于质押和抵押的区别的说法中,不正确的是(　　)。

A. 质权的标的物为动产和财产权利,动产质押形成的质权为典型质权

B. 抵押权的设立不转移抵押标的物的占有权,而质权的设立必须转移质押标的物的占有权

C. 质权的设立不交付质物的占有,因而质权人没有保管标的物的义务;而抵押权人对抵押物则负有善良管理人的注意义务

D. 在抵押担保中,抵押物价值大于所担保债权的余额部分,可以再次抵押

9. (　　)是质押与抵押最重要的区别。

A. 质权的标的物与抵押权的标的物的范围不同

B. 标的物的占有权是否发生转移不同

C. 对标的物的保管义务不同

D. 受偿顺序不同

10. 担保活动应遵循自愿原则,自愿原则主要体现在四个方面,不包括(　　)。

A. 当事人有权依法从事担保活动或不从事担保活动

B. 当事人有权随时终止已从事的担保活动

C. 担保主体有权选择订立担保合同的方式

D. 当事人有选择担保相对人的自由

11. 当事人有权选择的担保方式不包括(　　)。

A. 抵押　　B. 质押

C. 定金　　D. 信用

二、多项选择题(在以下各小题所给出的选项中,至少有两个选项符合题目要求,请将正确选项的代码填入括号内)

1. 担保活动应当遵循的原则有(　　)。

A. 平等　　B. 安全

C. 自愿　　D. 公平

E. 诚实信用

2. 抵押担保的管理要点包括（　　）。

A. 对抵押物进行严格审查　　B. 对抵押物的价值进行准确评估

C. 做好抵押物登记，确保抵押效力　　D. 抵押合同期限应覆盖贷款合同期限

E. 根据评估价值打折后确定贷款额

3. 下列关于出质人对质物、质押权利占有的合法性的说法中，正确的有（　　）。

A. 用动产出质的，应通过审查动产购置发票、财务账簿，确认其是否为出质人所有

B. 若质押财产为共有财产，出质应经全体共有人同意

C. 审查质押的设定是否已由出质人有权决议的机关作出决议

D. 认真查验抵押物的权属，确保抵押物的有效性

E. 用权利出质的，应核对权利凭证上的所有人与出质人是否为同一人

4. 下列关于保证人资格的理解，正确的有（　　）。

A. 保证人必须是具有民事行为能力和具有代为履行主债务资力的人

B. 机关法人不得作保证人

C. 医院、学校等以公益为目的的非营利法人、非法人组织不得作保证人

D. 企业法人的分支机构以自己的名义从事民事活动，产生的民事责任由法人承担

E. 企业法人的分支机构以自己的名义从事民事活动，可以先以该分支机构管理的财产承担，不足以承担的，由法人承担

5. 下列关于保证合同的签订的说法中，正确的有（　　）。

A. 保证合同可以以口头形式订立

B. 保证人与商业银行可以就单个主合同分别订立保证合同，但是不可以就一定期间连续发生的贷款订立一个保证合同

C. 书面保证合同可以单独订立，也可以是主合同中的担保条款

D. 最高贷款限额包括贷款余额和最高贷款累计额，在签订保证合同时需加以明确

E. 从合同之间的当事人名称、借款与保证金额、有效日期等，一定要衔接一致

三、判断题（请判断以下各小题的正误，正确的选A，错误的选B）

1. 银行与借款人直接签订担保协议后，当借款人财务状况恶化、违反借款合同或无法偿还本息时，银行可以通过执行担保来收回贷款本息。（　　）

A. 正确　　B. 错误

2. 定金较少用于银行信贷业务中。（　　）

A. 正确　　B. 错误

3. 担保范围分为法定范围和约定范围。（　　）

A. 正确　　B. 错误

4. 为了保护债权人的利益，当主合同无效时，抵押权仍然有效。（　　）

A. 正确　　B. 错误

5. 对于有明确市场价格的质押品，如国债、上市公司流通股票、存款单、银行承兑汇票等，其公允价值即为该质押品的市场价格。（　　）

A. 正确　　B. 错误

6. 根据《融资担保公司监督管理条例》，融资担保公司的担保责任余额不得超过其净资产的20倍。（　　）

A. 正确　　B. 错误

答案详解

一、单项选择题

1. D。【解析】抵押贷款是指以借款人或第三方财产作为抵押发放贷款，借款人如不能按期偿还本息，银行将会行使抵押权，处理抵押物收回贷款。

2. D。【解析】由于我国的法律还未就抵押物估价问题作出具体规定，一般的做法是由抵押人与银行双方协商确定抵押物的价值，委托具有评估资格的中介机构给予评估或银行自行评估。对于机器设备的估价，主要考虑的因素是无形损耗和折旧，估价时应扣除折旧。

3. D。【解析】根据相关法律规定，用于质押的质物、质押权利必须合法，对于用票据设定质押的，必须对背书进行连续性审查。审查的内容有：(1)每一次背书记载事项、各类签章完整齐全并不得附有条件，各项背书都相互衔接。(2)票据质押应办理质押权背书手续，办理了质押权背书手续的票据应记明“质押”“设质”等字样。

4. A。【解析】保证是指保证人和债权人约定，当债务人不履行债务时，保证人按照约定履行债务或者承担责任的行为。

5. A。【解析】贷款抵押是指借款人或第三人在不转移财产占有权的情况下，将财产作为债权的担保，银行持有抵押财产的担保权益，当借款人不履行借款合同时，银行有权以该财产折价或者以拍卖、变卖该财产的价款优先受偿。

6. A。【解析】不得抵押的财产有：(1)土地所有权。(2)耕地、宅基地、自留地、自留山等集体所有的土地使用权，但法律规定可以抵押的除外。(3)学校、幼儿园、医院等以公益为目的的事业单位、社会团体的教育设施、医疗卫生设施和其他社会公益设施。(4)所有权、使用权不明或者有争议的财产。(5)依法被查封、扣押、监管的财产。(6)法律、行政法规规定不得抵押的其他财产。

7. C。【解析】为避免抵押合同无效造成贷款风险，银行抵押贷款首先要做好风险分析工作，只有详备的风险分析加上完备的风险防范才能真正保证贷款抵押的安全性。

8. C。【解析】抵押权的设立不交付抵押物的占有，因而抵押权人没有保管标的物的义务；而质权人对质物则负有善良管理人的注意义务。

9. B。【解析】抵押权的设立不转移抵押标的物的占有，而质权的设立必须转移质押标的物的占有，这是质押与抵押最重要的区别。

10. B。【解析】担保活动应遵循自愿原则，自愿原则主要体现在四个方面：(1)当事人有权依法从事担保活动或不从事担保活动。(2)当事人有权选择保证、抵押、质押或者定金的担保方式，有权约定排除留置的适用，也有权选择为谁提供担保。(3)担保主体有权选择订立担保合同的方式。(4)当事人有选择担保相对人的自由。

11. D。【解析】当事人有权选择保证、抵押、质押或者定金的担保方式，有权约定排除留置的适用，也有权选择为谁提供担保。

二、多项选择题

1. ACDE。【解析】担保活动应当遵循平等、自愿、公平、诚实信用的原则。

2. ABCD。【解析】抵押担保的管理要点包括：对抵押物进行严格审查；对抵押物的价值进行准确评估；做好抵押物登记，确保抵押效力；抵押合同期限应覆盖贷款合同期限；续期管理。

3. ABCE。【解析】出质人对质物、质押权利占有的合法性包括：用动产出质的，应通过审查动产购置发票、财务账簿，确认其是否为出质人所有；用权利出质的，应核对权利凭证上的所有人与出质人是否为同一人，如果不是，则要求出示取得权利凭证的合法证明，如判决书或他人同意授权质押的书面证明；审查质押的设定是否已由出质人有权决议的机关作出决议；若质押财产为共有财产，出质是否经全体共有人同意。

4. ABCDE。【解析】作为保证人必须是具有民事行为能力的人，只有具有行为能力的人所从事的法律行为才有效。保证人必须具有代为履行主债务的资力。作为保证人不仅要满足上述两个要件，还要受以下条件的限制：(1)机关法人不得作保证人，但经国务院批准为使用外国政府或国际经济组织贷款进行转贷的除外。(2)以公益为目的的非营利法人、非法人组织不得作保证人。企业法人的分支机构以自己的名义从事民事活动，产生的民事责任的法人承担；也可以先以该分支机构管理的财产承担，不足以承担的，由法人承担。

5. CDE。【解析】保证合同要以书面形式订立，以明确双方当事人的权利和义务。保证人与商业银行可以就单个主合同分别订立保证合同，也可以协商在最高贷款限额内就一定期间连续发生的贷款订立一个保证合同，后者大大简化了保证手续。

三、判断题

1. B。【解析】银行签订担保协议，涉及银行、借款人及其他第三人，当借款人财务状况恶化、违反借款合同或无法偿还本息时，银行可以通过执行担保来收回贷款本息。

2. A。【解析】定金较少用于银行信贷业务中。

3. A。【解析】担保范围分为法定范围和约定范围。

4. B。【解析】抵押权的发生与存在须以一定债权关系的发生与存在为前提和基础。故抵押权是一种从权利。主合同无效，从合同也无效。

5. A。【解析】对于有明确市场价格的质押品，如国债、上市公司流通股票、存款单、银行承兑汇票等，其公允价值即为该质押品的市场价格。

6. B。【解析】根据《融资担保公司监督管理条例》，融资担保公司的担保责任余额不得超过其净资产的10倍。

第八章 信贷审批

要点导图

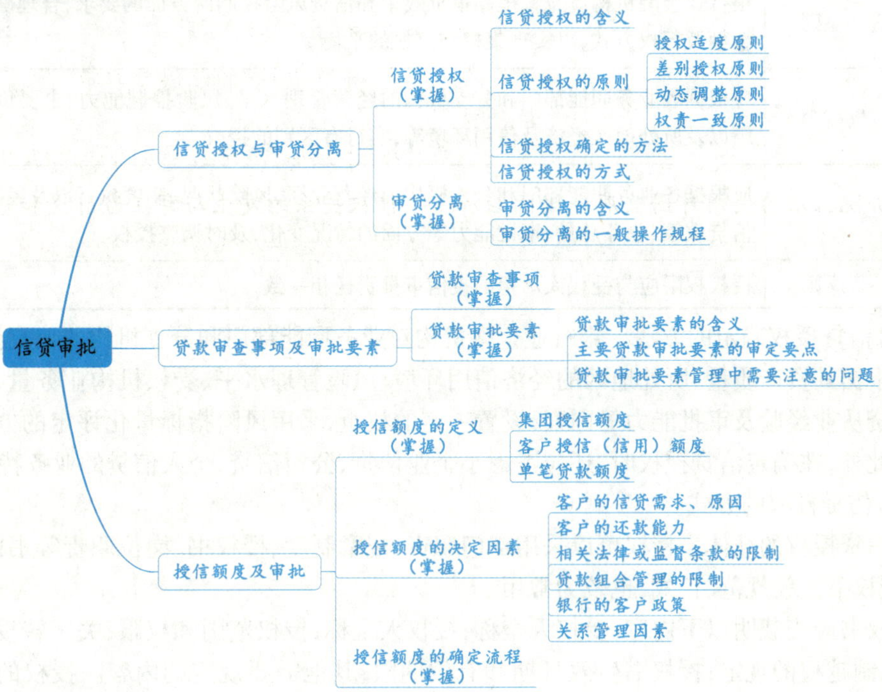

知识解读

一、信贷授权与审贷分离

（一）信贷授权

1. 信贷授权的含义

（1）信贷授权的定义。信贷授权是指银行业金融机构对其分支机构、所属业务职能部门和关键业务岗位开展信贷业务权限的具体规定。

（2）信贷授权的分类。

①转授权，是指受权的经营单位在总部直接授权的权限内，对本级行各有权审批人、相关信贷业务职能部门和所辖分支机构转授一定的信贷审批权限。

②直接授权，是指银行业金融机构总部对总部相关授信业务职能部门或直接管理的经营单位授予全部或部分信贷产品一定期限、一定金额内的信贷审批权限。

（3）信贷授权管理的意义。信贷授权是银行业金融机构信贷管理和内部控制的基本要求，旨在健全内部控制体系，增强防范和控制风险的能力，并有利于提高效率、优化流程，以实现风险收益的最优化。

对内授权与对外授信密切相关。对内合理授权是银行业金融机构对外优质高效授信的前提和基础。

2. 信贷授权的原则和方法

(1)信贷授权的基本原则。

原则	考虑因素
授权适度原则	银行业金融机构应兼顾提高审批效率和信贷风险控制两方面的要求，合理确定授权金额及行权方式，以实现集权与分权的平衡
差别授权原则	应根据各业务职能部门和分支机构的经营管理水平、风险控制能力、主要负责人业绩以及所处地区经济及信用环境等，实行有区别的授权
动态调整原则	应根据各业务职能部门和分支机构的经营业绩、风险状况、制度执行以及经济形势、信贷政策、业务总量、审批能力等方面的情况变化，及时调整授权
权责一致原则	授权权限应与受权人承担的授信审批责任相一致

(2)信贷授权确定的方法。银行业金融机构对业务职能部门和分支机构的信贷授权，原则上应根据其资产质量、所处地区的经济信用环境、风险管理水平、受权机构业务量、审批人员的信贷从业经验及审批能力等因素，设置一定的权重，采用风险指标量化评定的方法合理确定。此外，在确定信贷授权时，还应考虑小企业信贷、公司信贷、个人信贷的业务特点。

(3)信贷授权的方式。

①信贷授权的载体。授权可以采用部门职责、规章制度、授权书、岗位职责等书面形式。其中，授权书比较规范、正式，也较为常用。

授权书应当载明以下内容：受权人全称；授权人全称；授权范围和权限；关于转授权的规定；对限制越权的规定；授权书生效日期和有效期限；其他需要规定的内容。授权的有效期限一般为 1 年。

②信贷授权的形式。

要点	内容
按受权人划分	信贷授权可授予总部授信业务审批部门及其派出机构、分支机构负责人或独立授信审批人等
按授信品种划分	可按风险高低进行授权，如对固定资产贷款、并购贷款、流动资金贷款等品种给予不同的权限
按行业进行授权	根据银行信贷行业投向政策，对不同的行业分别授予不同的权限。如对产能过剩行业、高耗能、高污染行业应适当上收审批权限
按客户风险评级授权	根据银行信用评级政策，对不同信用等级的客户分别授予不同的权限
按担保方式授权	根据担保对风险的缓释作用，对采用不同担保方式的信贷业务分别授予不同的权限，如对全额保证金业务、存单(国债)质押业务等分别给予不同的审批权限

典题精练

【例 1 · 单项选择题】下列属于信贷授权的类型是(　　)。

A. 直接授权　　B. 间接授权

C. 临时授权　　D. 协议授权

A。【解析】信贷授权的类型为:直接授权和转授权。

(二)审贷分离

1. 审贷分离的含义

(1)审贷分离的定义。审贷分离是指为实现相互制约并充分发挥信贷审查审批人员专业优势,将信贷业务办理过程中的调查和审查环节进行分离,分别由不同层次机构和不同部门(岗位)承担的信贷管理制度。

(2)审贷分离的意义。

①信贷审查审批人员相对固定,有利于提高专业化水平,实现专家审贷,弥补客户经理在信贷专业分析技能方面的不足,减少信贷决策失误。

②信贷审查审批人员独立判断风险,保证信贷审查审批的独立性和科学性。

③从全局角度来讲,审贷分离对促进银行业金融机构的信贷管理机制改革、提高信贷管理水平以及提高信贷资产质量具有重要的现实意义。

2. 审贷分离的一般操作规程

(1)审贷分离的形式。

要点	内容
岗位分离	在基层经营单位,一般设置信贷业务岗和信贷审查岗,由信贷审查岗履行信贷审查的职能
部门分离	在分行乃至总行等较高层级的单位,应分别设置信贷业务经营部门和授信审批部门,前者履行贷前调查和贷款管理职能,后者履行信贷审查审批职能
地区分离	有的商业银行设立地区信贷审批中心,负责某个地区辖内机构超权限的贷款审批,旨在通过地区分离、异地操作来保证贷款审批的独立性

(2)信贷业务岗与信贷审查岗的职责划分。

要点	内容
信贷业务岗职责	①积极拓展信贷业务,搞好市场调查,优选客户,受理借款人申请。 ②对借款人申请信贷业务的合法性、安全性、盈利性进行调查并确保授信材料的真实性。 ③对客户进行信用等级评价,撰写调查报告,提出信贷业务的期限、金额、利率(费率)和支付方式等明确意见。 ④办理核保、抵(质)押登记,落实信贷审批条件。 ⑤贷款业务办理后对借款人执行借款合同的情况和经营状况进行检查和管理。 ⑥督促借款人按合同约定使用贷款,按时足额归还贷款本息,并负责配合催收违约贷款

（续表）

要点	内容
信贷审查岗职责	①表面真实性审查。 ②完整性审查。 ③合规性审查。 ④合理性审查。 ⑤可行性审查

(3)审贷分离实施要点。

①审查审批人员与借款人原则上不单独直接接触。

②审查人员无最终决策权。应由信贷审批会议或审批委员会或最终有权审批人行使信贷决策权。

③审查审批人员应真正成为信贷专家。审查审批人员必须了解大量的国民经济和行业信息，因为信贷判断的基础不仅是客户经理提供的资料，还包括大量日常积累的信息。

④实行集体审议机制。我国商业银行一般采取贷款集体审议决策机制，多数银行采取设立各级贷款审批会议或审批委员会的方式行使集体审议职能。

审批委员会作为授信业务决策的集体议事机构，评价和审议信贷决策事项。审批委员会投票未通过的信贷事项，有权审批人不得审批同意，对审批委员会审批同意的信贷业务，有权审批人可以否决。这里的有权审批人主要指行长或其授权的副行长等。

⑤按程序审批。

典题精练

【例2·单项选择题】审贷分离的意义不包括(　　)。

A. 信贷审查审批人员独立判断风险，保证信贷审查审批的独立性和科学性

B. 信贷审查审批人员相对固定，有利于提高专业化水平

C. 防止授信风险的高度集中

D. 从全局角度来讲，审贷分离对促进银行业金融机构的信贷管理机制改革、提高信贷管理水平以及提高信贷资产质量具有重要的现实意义

C。【解析】审贷分离的意义包括：信贷审查审批人员独立判断风险，保证信贷审查审批的独立性和科学性；信贷审查审批人员相对固定，有利于提高专业化水平；从全局角度来讲，审贷分离对促进银行业金融机构的信贷管理机制改革、提高信贷管理水平以及提高信贷资产质量具有重要的现实意义。

本节速览

信贷授权	授权适度	差别授权	审贷分离

二、贷款审查事项及审批要素

(一)贷款审查事项

1. 贷款审查事项的含义

贷款审查事项是指为保证审查结果的合理性、贷款审查的有效性,在贷款审查过程中应特别关注的事项。

2. 贷款审查事项的基本内容

根据"了解你的客户""了解你客户的业务""了解你客户的风险"原则,在审查审批过程中一般应要求把握的内容如下表所示。

要点	内容
信贷资料完整性及调查工作与申报流程的合规性审查	(1)借款人、担保人(物)及具体贷款业务有关资料是否齐备,申报资料及其内容应合法、真实、有效。 (2)贷款业务内部运作资料是否齐全,是否按规定程序操作,调查程序和方法是否合规,调查内容是否全面、有效,调查结论及意见是否合理。 (3)业务是否在本级机构信贷审批授权内
借款人主体资格及基本情况审查	(1)借款人主体资格及经营资格的合法性,贷款用途是否在其营业执照规定的经营范围内。 (2)借款人股东的实力及注册资金的到位情况,产权关系是否明晰,法人治理结构是否健全。 (3)借款人申请贷款是否履行了法律法规或公司章程规定的授权程序。 (4)借款人的银行及商业信用记录以及法定代表人和核心管理人员的背景、主要履历、品行和个人信用记录
信贷业务政策符合性审查	(1)借款用途是否合法合规,是否符合国家宏观经济政策、产业行业政策、土地、环保和节能政策以及国家货币信贷政策等。 (2)客户准入及借款用途是否符合银行区域、客户、行业、产品等信贷政策。 (3)借款人的信用等级评定、授信额度核定、定价、期限、支付方式等是否符合银行信贷政策制度
财务因素审查	主要审查借款人基本会计政策的合理性,财务报告的完整性、真实性和合理性及审计结论,审查客户提供的财务信息的真实性、合理性
非财务因素审查	主要审查借款人的企业性质、发展沿革、组织架构及公司治理、经营环境、所处的行业市场分析、行业地位分析、产品定价分析、生产及其技术分析、客户核心竞争能力分析等
担保审查	对保证、抵押、质押等担保方式的合法、足值、有效性进行审查
充分揭示信贷风险	(1)分析、揭示借款人的财务风险、经营管理风险、市场风险及担保风险等。 (2)提出相应的风险防范措施
提出审查结论	在全面论证、平衡风险收益的基础上,提出审查结论

典题精练

【例 3 · 单项选择题】下列属于借款人财务因素审查内容的是（　　）。

A. 产品定价分析　　B. 财务报告的完整性

C. 行业地位分析　　D. 客户核心竞争能力分析

B。【解析】财务因素审查主要审查借款人基本会计政策的合理性，财务报告的完整性、真实性和合理性及审计结论，审查客户提供的财务信息的真实性、合理性。非财务因素审查主要包括借款人的企业性质、发展沿革、组织架构及公司治理、经营环境、所处的行业市场分析、行业地位分析、产品定价分析、生产及其技术分析、客户核心竞争能力分析等。

【例 4 · 多项选择题】贷款审查的事项包括（　　）。

A. 信贷资料完整性及调查工作与申报流程的合规性审查

B. 借款人主体资格及基本情况审查

C. 信贷业务政策符合性审查

D. 财务因素审查

E. 担保审查

ABCDE。【解析】信贷审查事项的内容包括信贷资料完整性及调查工作与申报流程的合规性审查、借款人主体资格及基本情况审查、信贷业务政策符合性审查、非财务因素审查、财务因素审查、担保审查、充分揭示信贷风险、提出审查结论。

（二）贷款审批要素

1. 贷款审批要素的含义

贷款审批要素是指贷款审批方案中应包含的各项内容，具体包括贷款用途、贷款金额、贷款品种、贷款期限、贷款利率、贷款币种、担保方式、授信对象、发放条件与支付方式、还款计划安排及贷后管理要求等。

2. 主要贷款审批要素的审定要点

要点	内容
授信对象	固定资产贷款和流动资金贷款的授信对象是企事业法人或国家规定可以作为借款人的其他组织。项目融资的授信对象是建设、经营该项目或为该项目融资而专门组建的企事业法人
贷款用途	贷款审批人员应该分析授信申报方案所提出的贷款用途是否明确、具体，除了在允许范围内用于债务置换等特定用途的贷款，对于直接用于生产经营的贷款，贷款项下所经营业务应在法规允许的借款人的经营范围内，相关交易协议或合同要落实
信贷品种	（1）信贷品种应与业务用途相匹配。 （2）应与客户结算方式相匹配。 （3）应与客户风险状况相匹配。 （4）信贷品种还应与银行信贷政策相匹配，符合所在银行的信贷政策及管理要求

（续表）

要点	内容
贷款金额	贷款金额应依据借款人合理资金需求量和承贷能力来确定。流动资金贷款需求量可参考《流动资金贷款管理暂行办法》提供的方法进行测算；固定资产贷款需求量可根据项目经审核确定的总投资、拟定且符合法规要求的资本金比例及其他资金来源构成等加以确定；贷款金额除考虑借款人的合理需求，还应控制在借款人的承贷能力范围内
贷款期限	(1)贷款期限应符合相应信贷品种有关期限的规定。 (2)贷款期限一般应控制在借款人相应经营的有效期限内。 (3)贷款期限应与借款人资产转换周期及其他特定还款来源的到账时间相匹配。 (4)贷款期限还应与借款人的风险状况及风险控制要求相匹配
贷款币种	贷款币种应尽可能与贷款项下交易所使用的结算币种及借款人还款来源币种相匹配，并充分考虑贷款币种与还款来源币种错配情况下所面临的相关风险及风险控制
贷款利率	(1)贷款利率应符合中国人民银行关于贷款利率的有关规定以及银行内部信贷业务利率的相关规定。 (2)贷款利率水平应与借款人及信贷业务的风险状况相匹配，体现收益覆盖风险的原则。 (3)贷款利率的确定还应考虑所在地同类信贷业务的市场价格水平
担保方式	(1)所采用的担保方式应满足合法合规性要求。 (2)担保应具备足值性。 (3)担保应具备可控性。 (4)担保须具备可执行性及易变现性，并考虑可能的执行与变现成本
发放条件	固定资产贷款和项目融资的发放条件应包括不少于与贷款同比例的资本金已足额到位、项目实际进度与已投资额相匹配等要求。固定资产贷款在发放和支付过程中，借款人出现以下情形的，贷款人应与借款人协商补充贷款发放和支付条件，或根据合同约定停止贷款资金的发放和支付： (1)信用状况下降。 (2)不按合同约定支付贷款资金。 (3)项目进度落后于资金使用进度。 (4)违反合同约定，以化整为零的方式规避贷款人受托支付
支付要求	应按照按需放款的要求，视情况不同采取受托支付或是自主支付，采取受托支付的，还要明确规定起点金额和支付管理要求
贷后管理要求	应就贷后走访客户的频率、需重点监控的情况及指标、获取信息的报告反馈等事项提出具体要求。还可对贷款存续期间借款人的资产负债率、流动比率、速动比率、销售收入增减幅度、利润率、分红比率等相关财务指标及主要股东、核心人员变化等提出控制要求

3. 贷款审批要素管理中需要注意的问题

审批要素的规范管理目前尚未引起所有银行业金融机构的重视，个别银行业金融机构尚未对审批要素制定统一的格式要求，审批要素散落于各个信贷业务管理办法的条文之中。随着贷款精细化管理水平的提高，银行业金融机构应对审批要素进行规范，对各信贷品种必须审批的要素、审批结论的规范表达方式等进行统一规定。

本节速览

贷款审查	担保审查	贷款审批	授信对象
贷款用途	信贷品种	贷款期限	贷后管理要求

三、授信额度及审批

（一）授信额度的定义

授信额度是指银行在客户授信限额以内，根据客户的授信需求、还款能力和银行的客户政策最终决定给予客户的授信总额，包括贷款额度、贸易融资额度、保函额度、承兑汇票额度、透支额度等各类信贷业务额度。商业银行不同的信贷管理体制及模式，导致授信额度的授予对象、适用范围、核定流程、管理及使用方式等存在差异，大致可分为集团授信额度、客户授信（信用）额度及单笔贷款额度。

1. 集团授信额度

集团授信额度是指授信银行授予集团客户包括分配各个集团成员的授信额度的总和，企业集团的结构和组成通常较为复杂不易识别，由于集团内成员企业受同一实际控制人控制，更容易产生潜在的信用风险：

（1）贷款资金有可能被转移到集团的其他公司。

（2）易发生不公允的关联交易。

（3）无论借款企业的条件和业绩有多优秀，发生在集团的其他公司的问题都有可能影响到借款企业。

2. 客户授信（信用）额度

客户信用额度是指银行授予某个借款企业的信用额度（包括分配各类信贷业务额度）的总和，额度可在有效期内使用。

3. 单笔贷款额度

单笔贷款额度主要指用于每个单独批准在一定贷款条件（收入的使用、最终到期日、还款时间安排、定价、担保等）下的贷款额度。

（二）授信额度的决定因素

（1）了解并测算客户的信贷需求，通过与客户进行讨论，对借款原因进行分析，确定客户合理信贷需求。

（2）客户的还款能力。这主要取决于客户的现金流，只有当客户在一定期限内的现金流入大于或等于现金流出时，其才具有还款能力。

（3）银行或借款企业的相关法律或监督条款的限制。

（4）贷款组合管理的限制。

(5)银行的客户政策。

(6)关系管理因素。

(三)授信额度的确定流程

(1)通过与借款需求企业的讨论,了解分析借款原因和借款需求。

(2)通过评估借款原因,明晰短期和长期借款的理由。

(3)讨论具体需求额度和借款原因及其合理性。

(4)辨别、评估关键的宏观、行业和商业风险,以及影响借款企业的资产转换周期和债务清偿能力的因素。

(5)进行偿债能力分析,评估客户未来可获得现金流量能否满足债务清偿所需。

(6)初步核定集团(客户)授信总量,并根据集团(客户)需求及风险特征在集团成员企业(或各类信贷业务品种)间分配授信额度(包括现存所有的有效授信额度以及新的正在申请批准的信贷额度),设定授信持续条件与风险控制措施、有效期等要素,完成最后授信评审并提交审核,经审批后实施。

本节速览

授信额度	单笔贷款额度	决定因素	确定流程

同步自测

一、单项选择题(在以下各小题所给出的四个选项中,只有一个选项符合题目要求,请将正确选项的代码填入括号内)

1. 下列关于授权适度原则的说法中,正确的是(　　)。

A. 确定授权金额及行权方式,只需考虑信贷风险因素

B. 执行转授权时,在金额上不得大于原授权

C. 合理确定授权金额及行权方式,只需考虑提高审批效率因素

D. 执行转授权时,在金额上可以适当大于原授权

2. 下列关于信贷授权的说法中,错误的是(　　)。

A. 银行业金融机构的信贷授权应综合考虑风险管理水平、资产质量、所处地区经济环境等多项因素

B. 银行可设置一定权重,对是否授信进行量化评定

C. 银行在确定信贷授权时,应适当考虑公司信贷、小企业信贷、个人信贷的业务特点

D. 根据量化评定的方法足以充分决策信贷授权

3. 下列关于转授权的说法中,正确的是(　　)。

A. 受权经营单位在总部直接授权的权限内,对本级行各有权审批人、相关信贷业务职能部门和所辖分支机构转授全部的授信审批权限

B. 受权经营单位在总部相关授信业务职能部门直接授权的权限内,对本级行各有权审批人、相关授信业务职能部门和所辖分支机构转授一定的授信审批权限

C. 审批人员应在授权范围内按规定流程审批贷款,不得越权审批

D. 根据贷款新规,审批人员在特殊情况下可以适当越权审批,再向上级请示追加授权

4. 下列关于审贷分离的说法中，错误的是（　　）。
A. 审查审批人员与借款人原则上不单独直接接触
B. 审查审批人员不接触贷款人是为了杜绝人为因素的干扰
C. 确需审查审批人员接触借款人的，应经过一定程序的批准
D. 在完成合规的审查手续后，审查人员即可行使最终决策权
5. 银行业金融机构经过多年经营，积累了丰富的信贷业务经验，贷款审查已嵌入各种贷款业务的管理流程之中，体现为三大原则，下列不属于这三个原则的是（　　）。
A. 了解客户　　B. 了解客户的业务
C. 了解客户的风险　　D. 了解宏观经济的风险
6. 下列关于贷款用途审查的说法中，错误的是（　　）。
A. 贷款应有明确、合理的用途
B. 贷款审批人员应该分析授信申报方案所提出的贷款用途是否明确、具体
C. 贷款审批人员在必要时可结合分析借款人财务结构
D. 仅凭借款人财务状况就足以判断是否违规使用贷款
7. 下列关于贷款金额的说法中，正确的是（　　）。
A. 贷款金额应依据借款人的合理资金需求量和承贷能力来确定
B. 固定资金贷款需求量的计算可参考《流动资金贷款管理暂行办法》
C. 流动资金贷款需求量可根据项目总投资、资本金比例等加以计算
D. 贷款金额应尽量满足借款人的一切需求
8. 反映还款能力的最重要财务因素是（　　）。
A. 资产负债率　　B. 流动比率
C. 净营运资本　　D. 客户的现金流

二、多项选择题（在以下各小题所给出的选项中，至少有两个选项符合题目要求，请将正确选项的代码填入括号内）

1. 信贷授权应遵循的基本原则有（　　）。
A. 授权适度原则　　B. 差别授权原则
C. 动态调整原则　　D. 权责一致原则
E. 内外兼顾原则
2. 下列关于常用的授权形式的说法中，正确的有（　　）。
A. 信贷授权只可授予总部授信业务审批部门及其派出机构
B. 银行可对不同的行业分别授予不同的权限
C. 银行可按贷款种类风险高低进行授权
D. 对产能过剩行业、高耗能、高污染行业应适当上收审批权限
E. 对固定资产贷款、并购贷款、流动资金贷款等品种的审批权限实行“一刀切”
3. 下列关于审贷分离的说法中，正确的有（　　）。
A. 审贷分离能保证信贷审查审批的独立性和科学性
B. 审贷分离将信贷业务办理过程中的调查和审查环节进行分离
C. 审贷分离的业务办理过程分别由不同层次机构和不同部门（岗位）承担
D. 审贷分离的目的是实现相互制约
E. 一定能消除所有的操作风险和道德风险

4. 下列关于贷款期限的说法中,正确的有(　　)。

A. 应符合相应信贷品种的具体规定　　B. 应控制在借款人相应经营有效期限内

C. 应与借款人还款来源的到账时间相匹配　　D. 应与借款人的风险状况相匹配

E. 一旦确定就不再变动

5. 下列关于支付要求和贷后管理要求的说法中,正确的有(　　)。

A. 视情况不同采取受托支付或是自主支付

B. 对于流动资金贷款,应合理约定贷款资金支付方式及贷款人受托支付的金额标准

C. 可根据风险特征提出相应的贷后管理要求

D. 贷后管理应提出相关财务指标控制要求

E. 就需重点监控的情况和事项提出具体要求

6. 信贷品种的要求有(　　)。

A. 应与业务用途相匹配　　B. 应与客户结算方式相匹配

C. 应与客户风险状况相匹配　　D. 应与银行信贷政策相匹配

E. 应与客户意愿相匹配

三、判断题(请判断以下各小题的正误,正确的选 A,错误的选 B)

1. 单笔贷款额度是指银行授予某个借款企业的信用额度(包括分配各类信贷业务额度)的总和,额度可在有效期内使用。(　　)

A. 正确　　B. 错误

2. 审批委员会投票未通过的信贷事项,有权审批人不得审批同意,对审批委员会审批同意的信贷业务,有权审批人可以否决。(　　)

A. 正确　　B. 错误

答案详解

一、单项选择题

1. B。【解析】银行要综合考虑风险因素和审批效率,A、C 项不正确;在金额、种类和范围上转授权不得大于原授权,D 项不正确。

2. D。【解析】除量化因素外,还要综合考虑其他非数量因素。

3. C。【解析】审批人员应在授权范围内按规定流程审批贷款,不得越权审批。

4. D。【解析】贷款审查人员没有最终决策权。

5. D。【解析】D 项也是必要的,但不属于题干提到的三大原则。

6. D。【解析】只凭财务状况不足以做出充分的判断,应综合考虑各方面的因素。

7. A。【解析】B、C 项说法恰好相反,都不能选;银行应将贷款金额控制在借款人承受能力范围内,确保需求合理,并非满足一切需求,不能选 D 项。

8. D。【解析】客户的还款能力主要取决于客户的现金流。客户的债务承受能力再高,并不表示其有还款能力,一旦现金流断裂,客户即使有还款意愿也不可能还款。

二、多项选择题

1. ABCD。【解析】信贷授权的四个原则是:授权适度原则、差别授权原则、动态调整原则、权责一致原则。

2. BCD。【解析】信贷授权可授予总部授信业务审批部门及其派出机构、分支机构负责人或独立授信审批人等,A 项不正确。按授信品种划分,可按风险高低进行授权,如

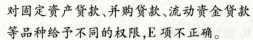

对固定资产贷款、并购贷款、流动资金贷款等品种给予不同的权限，E项不正确。

3. ABCD。【解析】信贷审查措施即使再严密也不可能消除所有风险，故E项错误。

4. ABCD。【解析】贷款期限的要求：(1)应符合相应信贷品种有关期限的规定。(2)一般应控制在借款人相应经营的有效期限内。(3)应与借款人资产转换周期及其他特定还款来源的到账时间相匹配。(4)还应与借款人的风险状况及风险控制要求相匹配。

5. ABCDE。【解析】支付要求：应按照按需放款的要求，视情况不同采取受托支付或是自主支付，采取受托支付的，还要明确规定起点金额和支付管理要求。贷后管理要求：应就贷后走访客户的频率、需重点监控的情况及指标、获取信息的报告反馈等事项提出具体要求。还可对贷款存续期间借款人的资产负债率、流动比率、速动比率、销售收入增减幅度、利润率、分红比率等相关财务指标及主要股东、核心人员变化等提出控制要求。

6. ABCD。【解析】A、B、C、D项均属于信贷品种的相关要求。

三、判断题

1. B。【解析】客户信用额度是指银行授予某个借款企业的信用额度(包括分配各类信贷业务额度)的总和，额度可在有效期内使用。

2. A。【解析】审批委员会投票未通过的信贷事项，有权审批人不得审批同意，对审批委员会审批同意的信贷业务，有权审批人可以否决。

第九章 贷款合同与发放支付

要点导图

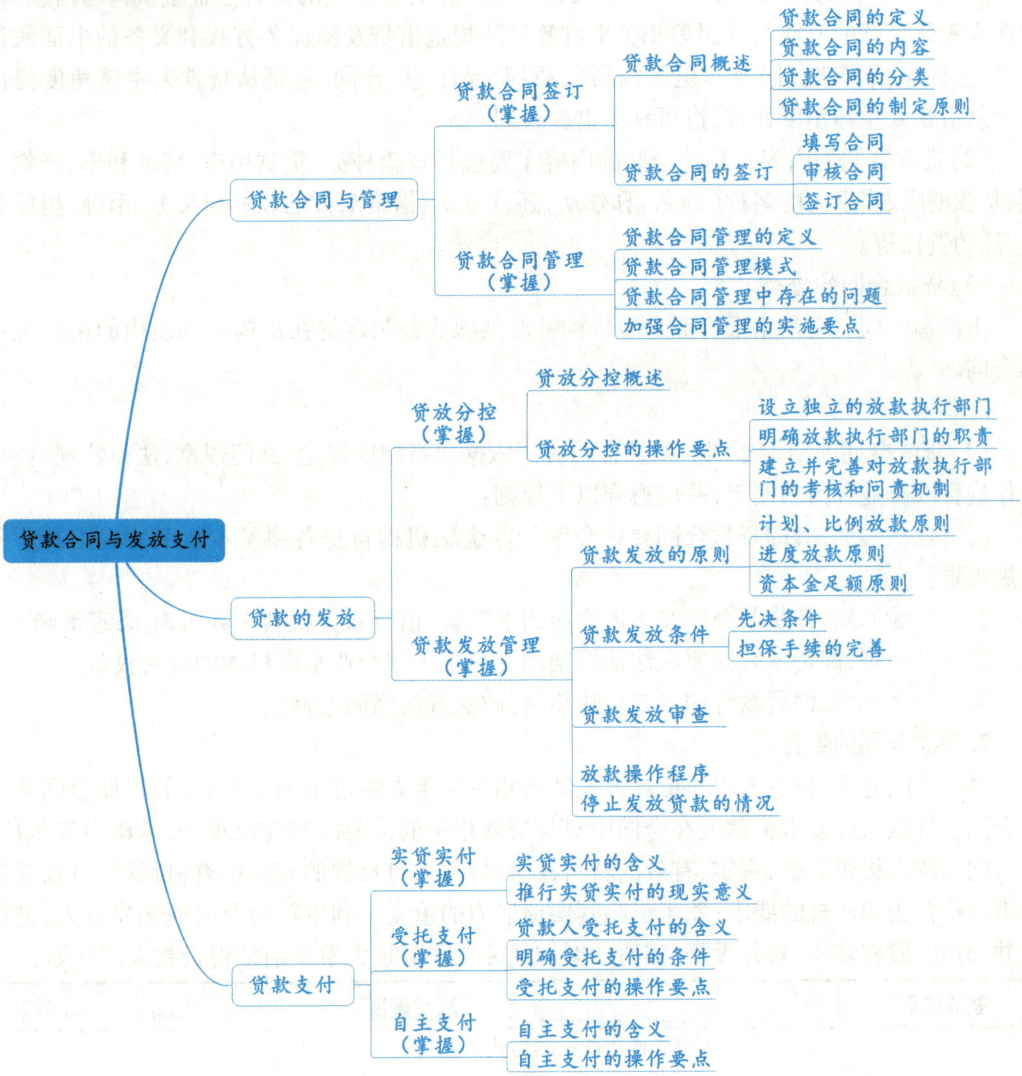

知识解读

一、贷款合同与管理

（一）贷款合同签订

1. 贷款合同概述

（1）贷款合同的定义。贷款合同一般是指可以作为贷款人的银行业金融机构与借款人、担保人等就贷款的发放与收回等相关事宜签订的规范借贷及担保各方权利义务的书面法律文件，主要包括贷款合同及其担保（抵押、质押、保证等）合同，它是从贷款人主体角度提出的。从借款人主体角度而言，也可称为借款合同。

（2）贷款合同的内容。贷款合同的内容主要包括贷款种类、贷款用途、贷款利率、贷款金额、贷款期限、当事人的名称（姓名）和住所、还款方式、借贷双方的权利与义务、币种、担保方式、违约责任等。

（3）贷款合同的分类。

①格式合同。它是指银行业金融机构针对某项业务制定的在机构内部使用的格式统一的合同。

②非格式合同。

（4）贷款合同的制定原则。贷款合同应当依据现行制度规定、部门规章、法律法规、业务操作规程以及业务需求制定，并应遵守以下原则：

①适宜相容原则，即贷款合同要符合银行业金融机构自身各项基本制度的规定和业务发展需求。

②完善性原则，即贷款合同文本内容应力求完善，借贷双方权利义务明确，条理清晰。

③维权原则，即贷款合同要在法律框架内充分维护银行业金融机构的合法权益。

④不冲突原则，即贷款合同不违反法律、行政法规的强制性规定。

2. 贷款合同的签订

经审批同意后，贷款人应与借款人及其他相关当事人签订书面贷款合同、担保合同等相关合同。贷款人应要求借款人在合同中对与贷款相关的重要内容作出承诺，承诺内容包括：及时向贷款人提供完整、真实、有效的材料；配合贷款人对贷款的相关检查；贷款项目及其借款事项符合法律法规的要求；发生影响其偿债能力的重大不利事项时及时通知贷款人；进行合并、分立、股权转让、对外投资、实质性增加债务融资等重大事项前征得贷款人同意等。

签订流程	注意事项
填写合同	（1）合同文本应该使用统一的格式。 （2）合同填写必须做到标准、规范、要素齐全、数字正确、字迹清晰、不错漏、不潦草，防止涂改。 （3）需要填写空白栏且空白栏后有备选项的，在横线上填好选定的内容后，对未选的内容应加横线表示删除；合同条款有空白栏，但根据实际情况不准备填写内容的，应加盖“此栏空白”字样的印章。 （4）贷款金额、贷款期限、贷款利率、担保方式、还款方式、划款方式等条款要与贷款最终审批意见一致

（续表）

签订流程	注意事项
审核合同	(1)合同复核人员负责根据审批意见复核合同文本及附件填写的完整性、准确性、合规性，主要包括：文本书写是否规范；内容是否与审批意见一致；合同条款填写是否齐全、准确；文字表达是否清晰；主从合同及附件是否齐全等。 (2)合同文本复核人员应就复核中发现的问题及时与合同填写人员沟通，并建立复核记录，交由合同填写人员签字确认
签订合同	(1)在签订（预签）有关合同文本前，应履行充分告知义务。 (2)担保人为自然人的，应在当面核实签约人身份证明后由签约人当场签字，如委托他人代理的，须提交委托人委托其代理并经公证的委托授权书。对借款人、担保人为法人的，应加盖法人公章，并由其法定代表人或其授权代理人（提供有效的书面授权文件）签字。 (3)采取抵押担保方式的，抵押物共有人也要在相关合同文本上签字。 (4)借款人、担保人等签字后，合同办理人员应将合同文本、有效贷款审批批复和合同文本复核记录等材料送交银行有权签字人审查。 (5)银行酌情决定是否办理合同公证

（二）贷款合同管理

1. 贷款合同管理的定义及模式

(1)贷款合同管理的定义。贷款合同管理是指按照银行业金融机构风险管理与内部控制的要求，对贷款合同的制定、修订、废止、选用、填写、审查、签订、履行、变更、解除、归档、检查等一系列行为进行管理的活动。

(2)贷款合同管理模式。贷款合同管理一般采取银行业金融机构法律工作部门统一归口管理和各业务部门、各分支机构分级划块管理相结合的管理模式。银行业金融机构为实现一定的经济目的，明确相互权利义务关系而签订的贷款合同是民事合同，通过合同所确立的民事关系是一种受法律保护的民事法律关系，所以通过签订合同建立法律关系的行为是一种民事法律行为。

对于贷款合同的制定、签订和履行，法律工作部门负有监督、检查和指导的职责。各业务部门和各分支机构作为合同具体管理单位，负责本部门、本机构的合同签订和履行。

2. 贷款合同管理中存在的问题

(1)贷款合同存在不合规、不完备等缺陷。当前我国银行业金融机构使用的主要是格式合同，部分合同条款设置较为粗放简单，对需要约定的情形和可能出现的各类情况考虑得不够充分，操作中易因合同本身的问题而产生法律纠纷。具体表现为：

①未明确约定银行提前收回贷款以及解除合同的条件。

②未明确约定罚息的计算方法。

③对借款人未按照约定用途使用贷款资金约束不力。银行在发放贷款之前，必须对贷款项目进行考察，明确贷款用途，同时还要对借款人的信用情况进行考察，以判断贷款风险的大小。

④担保方式的约定不明确、不具体。担保是保护银行利益的重要手段之一。

(2)合同签署前审查不严。合同签署前审查不严往往会隐藏法律风险。这类法律风险表现为对借款人主体资格和履约能力审查不严。

(3)签约过程违规操作。在贷款合同签订过程中,有些银行违规操作,对下列情形疏于管理,应引起关注:

①抵押手续不完善或抵押物不合格。

②对有权签约人主体资格审查不严。

③对借款人基本信息重视程度不够。

(4)履行合同监管不力。

①贷款合同的变更不符合法律规定。合同的变更包括当事人变更、担保合同的变更、贷款展期、贷款合同提款计划和还款计划的调整及其他合同内容的变更。按照规定,变更借款合同须经当事人协商一致,签订变更协议,并将变更协议作为原借款合同的附件。

②扣款侵权,引发诉讼。贷款人在催收贷款过程中不按法律程序办事,在未明确约定的情况下,单方面扣划借款人、担保人资金,或私自扣押借款人的财产及物品,或利用借款人、担保人在本机构开户的条件扣收款项,造成侵权纠纷。

(5)合同救济超时。根据规定,债权适用3年诉讼时效规定,即自知道或应当知道权利被侵害之日起3年内,权利人不向法院请求保护其民事权利,便丧失请求人民法院依诉讼程序强制义务人履行义务的胜诉权。诉讼时效还需要注意抵押权的行使期间。《中华人民共和国民法典》第四百一十九条规定:"抵押权人应当在主债权诉讼时效期间行使抵押权;未行使的,人民法院不予保护。"

3. 加强合同管理的实施要点

(1)修订和完善贷款合同等协议文件。银行业金融机构应全面梳理过去制定或执行的贷款合同的内部流程、框架和内容,着重强化贷款支付环节的约定和要求借款人和担保人履行承诺的条款,提高贷款合同中承诺条款的执行力,并按照约定检查、监督贷款的使用情况,防止贷款被挪用,真正维护银行业金融机构的权利。

(2)建立完善有效的贷款合同管理制度。为规范贷款合同管理,应制定切实可行的、涵盖合同管理全部内容的管理制度,使贷款合同管理工作有章可循,做到管理层次清楚、职责明确、程序规范。

(3)加强贷款合同规范性审查管理。规范性审查应确保以下几点:

①主从合同及凭证等附件齐全且相互衔接。

②合同的填写符合规范要求。

③格式合同文本的补充条款合规。

④在合同中落实的审批文件所规定限制性条件准确、完备。

⑤一式多份合同的形式内容一致。

⑥合同文本选用正确。

⑦其他应当审查的规范性内容。

(4)实施履行监督、归档、检查等管理措施。

①为保障合同的及时、有效履行,防止违约行为的发生,银行业金融机构应对贷款合同的履行进行监督。

②银行业金融机构应建立完善的档案管理制度,定期对合同的使用、管理等情况进行检查。

(5)做好有关配套和支持工作。

①要做好内部管理部门和岗位的设置与分工。

②要做好教育培训工作。

典题精练

【例1·单项选择题】在市场经济条件下，银行业金融机构为实现一定的经济目的，明确相互权利义务关系而签订的贷款合同是（　　）。

A.民事法律关系　　B.民事合同

C.民事法律行为　　D.刑事合同

B。【解析】银行业金融机构为实现一定的经济目的，明确相互权利义务关系而签订的贷款合同是民事合同。通过合同所确立的民事关系是一种受法律保护的民事法律关系，所以通过签订合同建立法律关系的行为是一种民事法律行为。

【例2·多项选择题】贷款合同规范性审查的要点包括（　　）。

A.合同文本选用正确

B.在合同中落实的审批文件所规定限制性条件准确、完备

C.格式合同文本的补充条款合规

D.合同的填写符合规范要求

E.一式多份合同的形式内容可不一致

ABCD。【解析】贷款合同规范性审查应确保以下几点：（1）合同文本选用正确。（2）在合同中落实的审批文件所规定限制性条件准确、完备。（3）格式合同文本的补充条款合规。（4）主从合同及凭证等附件齐全且相互衔接。（5）合同的填写符合规范要求。（6）一式多份合同的形式内容一致。（7）其他应当审查的规范性内容。

本节速览

贷款合同	制定原则	审核合同	归口管理
合同签署前审查	合同监管	合同救济超时	规范性审查

二、贷款的发放

（一）贷放分控

1.贷放分控概述

贷放分控是指银行业金融机构将贷款审批与贷款发放作为两个独立的业务环节，分别进行控制和管理，以达到降低信贷业务操作风险的目的。

要点	内容
贷放分控中的“贷”	贷放分控中的“贷”是指信贷业务流程中贷款调查、贷款审查和贷款审批等环节，尤其是指贷款审批环节，以区别贷款发放与支付环节
贷放分控中的“放”	贷放分控中的“放”是指放款，特指贷款审批通过后，由银行通过审核，将符合放款条件的贷款发放或支付出去的业务环节

2.贷放分控的操作要点

（1）设立独立的放款执行部门。贷款人应设立独立的责任部门或岗位，负责贷款发放和

支付审核。上述责任部门是指放款执行部门，其应独立于前台营销部门及中台授信审批部门。

设立独立的放款执行部门或岗位，可实现对放款环节的专业化和有效控制。

(2)明确放款执行部门的职责。放款执行部门的核心职责是贷款发放和支付的审核，集中统一办理授信业务发放，专门负责对已获批准的授信业务在实际发放过程中操作风险的监控和管理工作。

职责	内容
审核银行内部授信流程的合法性、合规性、完整性和有效性	银行内部授信业务流程是否合规，批准手续是否合法、齐备；银行授信业务审批文书是否在有效期内；银行授信文件及其内容是否完善；银行授信档案中各类文件要素是否一致；是否经有权签批人签署意见等
控制客户的授信额度	控制客户的授信额度，审核提款是否在批准的授信额度内，是否在授信约定的提款期限内
核准放款前提条件	主要审核贷款审批书中提出的前提条件是否逐项得到落实。 放款执行部门要进行把关，提出审核意见并对审核意见负责。主要审核内容包括： ①审核合规性要求的落实情况。合规性要求主要包括：是否已提供项目的审批、核准或备案文件，项目用地批复，项目环评批复等。 ②审核限制性条款的落实情况。对贷款客户的限制性条款主要包括以下类型：办理具体贷款业务品种、额度、期限及保证金比例的要求；贷款担保方面的要求；对资产负债率等核心偿债能力、流动性、盈利性等财务指标的要求；贷款支付金额、支付对象的要求；对外担保的限制；资本出售的限制；资本性支出的限制；股东分红的限制；兼并收购的限制；交叉违约的限制；偿债优先权的要求；配合贷后管理的要求；确定借款人的交易对手名单、交易商品，必要时限定交易商品价格波动区间和应收账款账龄；锁定借款人贷款对应的特定还款来源，提出明确还款来源、监督客户物流与现金流的具体措施，并落实贷款的贷后管理责任人；其他限制性条件。 ③核实担保的落实情况。担保落实情况主要包括：担保人的担保行为是否合规，担保资料是否完整、合规、有效；抵（质）押率是否符合规定；是否已按要求进行核保，核保书内容是否完整、准确；是否已按规定办理抵（质）押登记；抵（质）押登记内容与审批意见、抵（质）押合同、抵（质）押物清单、抵（质）押物权属资料是否一致；是否已办理抵（质）押物保险，保险金额是否覆盖信贷业务金额等。 ④审核审批日至放款核准日期间借款人重大风险变化情况。对于审批日至放款核准日间隔超过一定期限的，放款执行部门审核在此期间借款人是否发生重大风险变化情况。 ⑤审核资本金按计划到位的落实情况。确认资本金到位的方式主要包括：查验注册资本证明、核对存放资本金账户的资金进出情况，对于已经用于项目的资本金，还可以核对发票或者交易合同与付款凭证等。贷款人可根据项目特点、是否约定了专门的贷款发放账户等因素灵活运用。 ⑥审核申请提款金额是否与项目进度相匹配。固定资产贷款应根据项目的实际进度和资金需求发放。在放款前审核：项目是否具有有关部门批准的初步设计文件及批复文件；建筑工程开工前，是否已取得施工许可证或新开工报告。 ⑦审核提款申请是否与贷款约定用途一致

（续表）

职责	内容
其他职责	放款执行部门还可以参与以下贷后管理工作：参与授信业务的监测、检查与管理工作；做好贷款存续期内各项贷款限制性条件的监督落实；配合做好贷款到期及提前收回的本息管理工作；对授信额度的使用进行监控，统一监控集团客户关联公司的授信额度使用情况；按照授信部门的审批要求，实时办理授信额度的调用等

（3）建立并完善对放款执行部门的考核和问责机制。银行业金融机构要充分认识到贷款发放与支付环节对于信贷业务风险控制的重要意义，维护放款执行部门的独立性，建立并完善放款执行部门的考核和问责机制，通过建立正向激励考核机制和问责机制，督促放款执行部门有效认真履职。

典题精练

【例3·单项选择题】下列选项中，不属于贷款分控操作要点的是（　　）。

A. 设立独立的放款执行部门

B. 放款流程监督

C. 明确放款执行部门的职责

D. 建立并完善对放款执行部门的考核和问责机制

B。【解析】贷放分控的操作要点：设立独立的放款执行部门；明确放款执行部门的职责；建立并完善对放款执行部门的考核和问责机制。

（二）贷款发放管理

1. 贷款发放的原则

（1）进度放款原则。在固定资产贷款发放过程中，银行应按照完成工程量的多少进行付款。借款人若需变更提款计划，应在计划提款日前合理时间内向银行提出申请，并征得银行同意。

（2）计划、比例放款原则。银行应按照已批准的贷款项目年度投资计划所规定的建设内容、费用，及时、准确地提供贷款。

（3）资本金足额原则。银行需审查建设项目的资本金是否已足额到位。

2. 贷款发放条件

（1）先决条件。重要先决条件应在借款合同内加以规定。贷款实务操作中，先决条件文件会因贷款而异。

文件类型	具体内容
贷款类文件	①借贷双方已正式签署的借款合同。 ②银行之间已正式签署的贷款协议（多用于银团贷款）
借款人及保证人（如有）文件	①企业法人营业执照、批准证书、成立批复。 ②公司章程。 ③全体董事的名单及全体董事的签字样本。 ④就同意签署并履行相关协议而出具的董事会决议。

(续表)

职责	内容
借款人及保证人文件	⑤就授权有关人士签署相关协议而出具的授权委托书以及有关人士的签字样本(包括保证人)。 ⑥其他必要文件的真实副本或复印件
与项目有关的合同(协议)	包括已正式签署的以下文件: ①合营合同。 ②建设合同或建造合同。 ③技术许可合同。 ④商标和商业名称许可合同。 ⑤培训和实施支持合同。 ⑥土地使用权出让合同。 ⑦其他必要文件合同
担保类文件	①已正式签署的抵(质)押协议。 ②已正式签署的保证协议。 ③保险权益转让相关协议或文件。 ④其他必要性文件
与登记、批准、备案、印花税有关的文件	①借款人所属国家主管部门就担保文件出具的同意借款人提供该担保的文件。 ②海关部门就同意抵押协议项下进口设备抵押出具的批复文件。 ③房地产登记部门就抵押协议项下房地产抵押颁发的房地产权利及其他权利证明。 ④中国人民银行征信中心动产融资统一登记公示系统就抵押协议项下机器设备抵押显示的动产抵押登记证明。 ⑤车辆管理部门就抵押协议项下车辆抵押颁发的车辆抵押登记证明文件。 ⑥已缴纳印花税的缴付凭证。 ⑦贷款备案证明
其他类文件	①政府主管部门出具的同意项目开工批复。 ②项目土地使用、规划、工程设计方案的批复文件。 ③贷款项目(概)预算资金(包括自筹资金)已全部落实的证明。 ④对建设项目的投保证明。 ⑤股东或政府部门出具的支持函。 ⑥会计师事务所出具的验资报告和注册资本占用情况证明。 ⑦法律意见书。 ⑧财务报表。 ⑨其他的批文、许可或授权、委托、费用函件等
以后的每次放款需提交的文件	①提款申请书。 ②借款凭证。 ③银行认可的工程进度报告和成本未超支的证明。 ④贷款用途证明文件。 ⑤其他贷款协议规定的文件

(2)担保手续的完善。在向借款人发放贷款前,银行必须按照批复的要求,落实担保条件,完善担保合同和其他担保文件及有关法律手续。

在向借款人发放贷款前,银行必须落实的担保条件:

①提供抵(质)押担保的:可以办理登记或备案手续的,应先完善有关登记、备案手续;根

据情况决定是否公证;注意抵(质)押合同的生效前提条件。

②以金融机构出具的不可撤销保函或备用信用证作担保的,应先收妥银行认可的不可撤销保函或备用信用证正本。

③有权出具不可撤销保函或备用信用证的境外金融机构以外的其他境外法人、组织或个人担保的保证,必须就保证的可行性、保证合同等文件征询银行指定律师的法律意见,完善有关法律手续。

3. 贷款发放审查

(1)贷款合同审查。银行应对借款人提款所对应的合同进行认真核查。

信贷业务中涉及的合同主要有贷款合同、保证合同、抵押合同、质押合同等。

合同类型	具体检查条款
贷款合同	贷款合同条款的审查应着重于合同核心部分即合同必备条款的审查,贷款合同中的必备条款有: ①贷款种类。 ②贷款用途。 ③贷款金额。 ④贷款利率。 ⑤还款方式。 ⑥还款期限。 ⑦违约责任和双方认为需要约定的其他事项
保证合同	保证合同的条款审查主要应注意以下条款: ①被保证的贷款数额。 ②借款人履行债务的期限。 ③保证的方式。 ④保证担保的范围。 ⑤保证期间。 ⑥双方认为需要约定的其他事项
抵押合同	抵押合同的条款审查主要应注意以下条款: ①抵押贷款的种类和数额。 ②借款人履行贷款债务的期限。 ③抵押物的名称、数量、质量、状况、所在地、所有权权属或使用权权属及抵押的范围;当事人认为需要约定的其他事项
质押合同	质押合同的条款审查应注意以下条款: ①质押担保的贷款数额。 ②借款人履行债务的期限。 ③质物的名称、数量、质量。 ④质押担保的范围。 ⑤质物移交的时间。 ⑥质物生效的时间。 ⑦当事人认为需要约定的其他事项

(2)提款金额及期限审查。首先应审查确认拟提款金额是否在合同可提款金额内。其次在长期贷款项目中,通常会包括提款期、宽限期和还款期。银行应审查借款人是否在规定的提款期内提款。除非借贷双方同意延长,否则提款期过期后无效,未提足的贷款不能再提。

（3）用款申请材料检查。

①审核借款凭证。业务人员要根据借款合同认真审核，确认贷款用途、日期、账号、金额、预留印鉴等正确、真实无误后，在借款人填妥借款凭证的相应栏目签字，交由有关主管签字后进行放款的转账处理。银行不能代客户填写借款凭证，除非借款合同另有规定，一般情况下，应要求借款人填妥借款凭证送银行审核后办理放款转账。

②审查和监督借款人的提款进度和借款用途。要注意审查借款人的借款用途与合同约定贷款用途的符合性，监督提款进度。借款人提款用途通常包括土建费用、工程设备款、在建项目进度款、购买商品费用、支付劳务费用、其他与项目工程有关的费用、用于临时周转的款项。

③变更提款计划及收取承担费。根据国际惯例，在借款合同中规定，变更提款应收取承担费。借款人在提款有效期内如部分或全额未提款，应提未提部分的贷款可根据借款合同的规定收取承担费。

（4）账户审查。银行应审查有关的提款账户、还本付息账户或其他专用账户是否已经开立，账户性质是否已经明确，避免出现贷款使用混乱或被挪作他用。

（5）提款申请书审查。银行应当对提款申请书中写明的划款途径、提款金额、提款日期等要素进行核查，确保提款手续正确无误。

4．放款操作程序

要点	内容
操作程序	（1）借款人按合同要求提交提款申请和其他有关资料。 （2）银行受理借款人提款申请书。 （3）贷款发放审查。 （4）有关用款审批资料按内部审批流程经有权签字人签字同意。 （5）按账务处理部门的要求提交审批及相关用款凭证办理提款手续。 （6）所提贷款款项入账后，向账务处理部门索取有关凭证，入档案卷保存。 （7）建立台账并在提款当日记录
注意事项	银行在办理放款手续时，应注意： （1）借款人是否已办理开户手续。 （2）提款日期、金额及贷款用途是否与合同一致。 （3）是否按中国人民银行企业征信系统的要求及时更新数据信息并发送。 （4）是否按国家外汇管理局的要求报送数据

5．停止发放贷款的情况

（1）挪用贷款的情况。

①挪用贷款在有价证券、期货等方面从事投机经营。

②套取贷款相互借贷牟取非法收入。

③未依法取得经营房地产资格的借款人挪用贷款经营房地产业务。

④借款企业挪用流动资金搞基本建设或用于其他不符合合同约定的用途。

⑤挪用贷款进行股本权益性投资（并购贷款除外）。

（2）其他违约情况。

①违反国家政策法规，使用贷款进行非法经营。

②未按合同规定清偿贷款本息。

(3)违约后的相关处理。如果出现上述任何违约事件,银行有权分别或同时采取下列措施:

①停止借款人提款或取消借款人尚未提用的借款额度。

②宣布贷款合同项下的借款本息全部立即到期,根据合同约定立即从借款人在银行开立的存款账户中扣款用于偿还被银行宣布提前到期的所欠全部债务。

③要求借款人限期纠正违约事件。

④宣布借款人在与银行签订的其他贷款合同项下的借款本息立即到期,要求借款人立即偿还贷款本息及费用。

典题精练

【例4·单项选择题】首次放款的先决条件中,贷款类文件包括(　　)。

A.借贷双方已正式签署的借款合同

B.企业法人营业执照、批准证书、成立批复

C.公司章程

D.全体董事的名单及全体董事的签字样本

A。【解析】A项属于贷款类文件,B、C、D三项均属于公司类文件。

【例5·单项选择题】如果出现挪用贷款等违约事件,银行有权采取的措施不包括(　　)。

A.要求借款人限期纠正违约事件

B.宣布贷款合同项下的借款本息全部立即到期

C.冻结借款人所有账户

D.停止借款人提款或取消借款人尚未提用的借款额度

C。【解析】如果挪用贷款等任何违约事件,银行有权采取的措施有:(1)要求借款人限期纠正违约事件。(2)停止借款人提款或取消借款人尚未提用的借款额度。(3)宣布贷款合同项下的借款本息全部立即到期,根据合同约定立即从借款人在银行开立的存款账户中扣款用于偿还被银行宣布提前到期的所欠全部债务。(4)宣布借款人在与银行签订的其他贷款合同项下的借款本息立即到期,要求借款人立即偿还贷款本息及费用。

本节速览

贷放分控	放款执行部门	担保落实情况	贷款发放
进度放款	资本金足额	先决条件	发放审查
保证合同	抵押合同	账户审查	违约情况

三、贷款的支付

(一)实贷实付

1.实贷实付的含义

实贷实付是指银行业金融机构在借款人需要对外支付贷款资金时,根据贷款项目进度和有效贷款需求,按照借款人的提款申请以及支付委托,将贷款资金主要通过贷款人受托支付的方式,支付给符合合同约定的借款人交易对象的过程。其核心要点有以下几个方面:

(1)实贷实付的根本目的是满足有效信贷需求。满足有效信贷需求也是信贷风险管理的最起码要求。

(2)实贷实付的基本要求是按进度发放贷款。这样要求的理由是信贷融资从本质上属于风险融资。

(3)实贷实付的重要手段是受托支付。通过受托支付，银行业金融机构将信贷资金支付给借款人的交易对象，确保了贷款实际用途与约定用途相一致，有效地降低了信贷风险。而且，由于贷款基本不在借款人账户上停留，借款人的财务成本大大降低。

(4)实贷实付的外部执行依据是协议承诺。协议承诺是廓清借款人与贷款人权利义务边界和法律纠纷的重要依据，也是督促贷款人配合实施实贷实付的法律保证。

2. 推行实贷实付的现实意义

(1)有利于加强贷款使用的精细化管理。

(2)有利于银行业金融机构管控信用风险和法律风险。

(3)有利于将信贷资金引入实体经济。

典题精练

【例6·单项选择题】下列关于实贷实付的现实意义的说法中，错误的是(　　)。

A. 有利于将信贷资金引入实体经济

B. 有利于加强贷款使用的精细化管理

C. 有利于银行业金融机构管控信用风险和法律风险

D. 有利于密切银企关系，彻底消除风险

D。【解析】实贷实付的意义有：(1)有利于将信贷资金引入实体经济。(2)有利于加强贷款使用的精细化管理。(3)有利于银行业金融机构管控信用风险和法律风险。

(二)受托支付

1. 贷款人受托支付的含义

贷款人受托支付是指贷款人在确认借款人满足贷款合同约定的提款条件后，根据借款人的提款申请和支付委托，将贷款资金通过借款人账户支付给符合合同约定用途的借款人交易对象。

贷款人受托支付是实贷实付原则的主要体现方式，也是有效控制贷款用途、保障贷款资金安全的有效手段，最能体现实贷实付的核心要求。

2. 明确受托支付的条件

《流动资金贷款管理暂行办法》要求贷款人应根据借款人的经营规模、行业特征、管理水平、信用状况等因素和贷款业务品种，合理约定贷款资金支付方式及贷款人受托支付的金额标准。具有以下情形之一的流动资金贷款，原则上应采用贷款人受托支付方式：

(1)与借款人新建立信贷业务关系且借款人信用状况一般。

(2)支付对象明确且单笔支付金额较大。

(3)贷款人认定的其他情形。

《固定资产贷款管理暂行办法》规定：对单笔金额超过项目总投资5%或超过500万元人民币的贷款资金支付，应采用贷款人受托支付方式。在实际操作中，银行业金融机构应依据这些监管的法规要求审慎行使自主权。

3. 受托支付的操作要点

(1)明确借款人应提交的资料要求。在受托支付方式下,银行业金融机构除须要求借款人提供借据、提款通知书外,还应要求借款人提交贷款用途证明材料。

(2)明确支付审核要求。

①资金用途。审查提款通知书、借据中所列金额、支付对象是否与贷款用途证明材料相符;审查借款人提交的贷款用途证明材料是否与借款合同约定的用途、金额等要素相符合。

②借款人所填列账户基本信息是否完整、准确。

③放款核准情况。确认本笔业务或本次提款是否通过放款核准。

④其他需要审核的内容。

(3)完善操作流程。银行业金融机构应制定完善的贷款人受托支付的操作制度,明确放款执行部门内部的资料流转要求和审核规则。贷款人应制定细化的操作指南,明确贷款发放和支付流程中可能遇到的各种情形。

(4)合规使用放款专户。银行业金融机构可与借款人约定专门的贷款资金发放账户,并通过该账户向符合合同约定用途的交易对象支付。

典题精练

【例 7 · 多项选择题】受托支付的操作要点包括(　　)。

A. 明确借款人应提交的资料要求　　B. 明确支付审核要求

C. 完善操作流程　　D. 合规使用放款专户

E. 明确贷款发放前的审核要求

ABCD。【解析】受托支付的操作要点包括明确借款人应提交的资料要求、明确支付审核要求、完善操作流程和合规使用放款专户。

(三)自主支付

1. 自主支付的含义

自主支付是指贷款人在确认借款人满足合同约定的提款条件后,根据借款人的提款申请将贷款资金发放至借款人账户后,由借款人自主支付给符合合同约定用途的借款人交易对象。

在实际操作中,需要注意两个问题:

(1)受托支付是监管部门倡导和符合国际通行做法的支付方式,是贷款支付的主要方式;自主支付是受托支付的补充。

(2)借款人自主支付不同于传统意义上的实贷实存,自主支付对于借款人使用贷款设定了相关的措施限制,以确保贷款用于约定用途。

2. 自主支付的操作要点

要点	内容
明确贷款发放前的审核要求	在自主支付方式下,借款人提出提款申请后,贷款人应审核借款人提交的用款计划或用款清单所列用款事项是否符合约定的贷款用途,计划或用款清单中的贷款资金支付是否超过贷款人受托支付起付标准或条件

（续表）

要点	内容
加强贷款资金发放和支付后的核查	贷款人可要求借款人提交实际支付清单,必要时还应要求借款人提供与实际支付事项相关的交易资料,通过账户分析、凭证查验、现场调查等方式核查贷款支付情况,具体包括: (1)分析借款人是否按约定的金额和用途实施了支付。 (2)判断借款人实际支付清单的可信性。 (3)借款人实际支付清单与计划支付清单的一致性,不一致的应分析原因。 (4)借款人实际支付是否超过约定的借款人自主支付的金额标准。 (5)借款人实际支付是否符合约定的贷款用途。 (6)借款人是否存在化整为零规避贷款人受托支付的情形。 (7)其他需要审核的内容
审慎合规地确定贷款资金在借款人账户的停留时间和金额	允许借款人自主支付小额贷款资金,是出于兼顾风险控制与工作效率的考虑。在借款人自主支付方式下: (1)仍应遵从实贷实付原则,既要方便借款人资金支付,又要控制贷款用途。 (2)仍应遵守贷款与资本金同比例到位的基本要求,不得提前放贷

本节速览

贷款支付	实贷实付	受托支付	自主支付

同步自测

一、单项选择题（在以下各小题所给出的四个选项中，只有一个选项符合题目要求，请将正确选项的代码填入括号内）

1. 下列不属于贷款合同的制定原则的是(　　)。

A. 不冲突原则　　B. 适宜相容原则

C. 维权原则　　D. 非歧视原则

2. 填写贷款合同的时候,下列做法中不正确的是(　　)。

A. 对单笔贷款有特殊要求的,可以在合同中的其他约定事项中约定

B. 合同填写必须做到标准、规范、要素齐全,不能有涂改

C. 合同空白栏不准备填写内容的,应加盖“此栏空白”字样的印章或者手写“无”并由经办人员签字

D. 贷款金额、贷款期限、贷款利率等条款要与贷款最终审批意见一致

3. 贷款合同的复核发生在(　　)环节。

A. 填写合同　　B. 审核合同

C. 审核合同与签订合同之间　　D. 签订合同

4. 下列不属于贷款合同签订过程中违规操作行为的是(　　)。

A. 对借款人基本信息重视程度不够　　B. 对有权签约人主体资格审查不严

C. 抵押手续不完善或抵押物不合格　　D. 未在转授权的合规范围内放贷

5. 下列关于贷放分控的说法中，正确的是(　　)。
A. 贷放分控并没有将贷款审批与贷款发放作为两个独立的业务环节，小地区的分支行可以合并进行
B. 贷放分控中的“贷”，是指信贷业务流程中贷款调查、贷款审查和贷款审批等环节，尤其指贷款审查环节
C. “放”是指放款，不仅指银行通过审核，将符合放款条件的贷款发放出去的环节，还包括上级放权到下级进行贷款授权的环节
D. 贷放分控是为了降低信贷业务操作风险
6. 贷款人应设立独立的责任部门或岗位，负责贷款发放和支付审核，下列说法中正确的是(　　)。
A. 责任部门即放款审核部门
B. 责任部门应独立于前台营销部门，以避免利益冲突
C. 不强制要求独立于中台授信审批部门
D. 中台授信审批部门可以协助完成放款审核工作
7. 对于审批日至放款核准日间隔超过一定期限，且出现下列(　　)情况的，放款执行部门应该特别注意。
A. 借款人存在轻微的贷款违规行为
B. 借款人财务部门负责人出现变动
C. 借款人高管因心脏病发作而死亡
D. 国家最新制度变化对客户生产经营产生重大不利影响
8. 下列不属于贷款发放的三个原则的是(　　)。
A. 计划、比例放款原则　　B. 进度放款原则
C. 资本金足额原则　　D. 最低保证资本金原则
9. 根据贷款发放的原则，下列做法中不合规的是(　　)。
A. 银行应按照已批准的贷款项目年度投资计划所规定的建设内容、费用，准确、及时地提供贷款
B. 在固定资产贷款发放过程中，银行应按照完成工程量的多少进行付款
C. 如果因特殊原因资本金不能按时足额到位，贷款支取的比例可以相应高于借款人资本金到位的比例
D. 贷款原则上不能用于借款人的资本金、股本金和企业其他需自筹资金的融资
10. 下列不属于用款申请材料检查项目的是(　　)。
A. 审核借款凭证
B. 变更提款计划及承担费的收取
C. 审查和监督借款人的借款用途和提款进度
D. 审查提款申请书、借款凭证
11. 下列对发放贷款的操作程序的排序中，正确的是(　　)。
(1)按账务处理部门的要求提交审批及相关用款凭证办理提款手续。
(2)有关用款审批资料按内部审批流程经有权签字人签字同意。
(3)银行受理借款人提款申请书。
(4)借款人按合同要求提交提款申请和其他有关资料。
(5)贷款发放审查。
A. (4)(5)(3)(2)(1)　　B. (4)(3)(5)(1)(2)
C. (4)(3)(5)(2)(1)　　D. (5)(3)(4)(2)(1)

12. 下列关于受托支付的说法中，不正确的是（　　）。

A. 受托支付是加强贷款用途管理的有效措施

B. 国际银团贷款基本采用受托支付的贷款支付方式

C. 受托支付并不能确保贷款实际用途与约定用途相一致

D. 由于贷款基本不在借款人账户上停留，借款人的财务成本大大降低

二、多项选择题（在以下各小题所给出的选项中，至少有两个选项符合题目要求，请将正确选项的代码填入括号内）

1. 银行贷款合同包括（　　）。

A. 格式合同　　B. 非格式合同

C. 标准条款合同　　D. 协议条款合同

E. 自由条款合同

2. 贷款合同管理是指按照银行业金融机构内部控制与风险管理的要求，对贷款合同的（　　）等一系列行为进行管理的活动。

A. 制定、修订　　B. 废止、选用

C. 填写、审查　　D. 签订、履行

E. 归档、检查

3. 信贷业务中涉及的合同主要有贷款合同、保证合同、抵押合同、质押合同等，下列属于贷款合同必备条款的有（　　）。

A. 贷款种类、贷款用途、贷款金额、贷款利率

B. 还款方式、还款期限、违约责任和双方认为需要约定的其他事项

C. 被保证的贷款数额、借款人履行债务的期限

D. 抵押贷款的种类和数额

E. 借款人履行贷款债务的期限

4. 下列行为中，属于对贷款的挪用的有（　　）。

A. 挪用贷款进行股本权益性投资（并购贷款除外）

B. 挪用贷款对有价证券进行投机经营

C. 挪用贷款在期货方面从事投机经营

D. 依法取得经营房地产资格的借款人用贷款经营房地产业务

E. 套取贷款相互借贷牟取非法收入

三、判断题（请判断以下各小题的正误，正确的选 A，错误的选 B）

1. 借款企业不得使用流动资金搞基本建设或用于其他不符合合同约定的用途。（　　）

A. 正确　　B. 错误

2. 实贷实付原则通过创新贷款支付管理方式等各种措施，督促银行有效提升信贷风险管理的能力，尤其是有效管控贷款收回环节风险的能力。（　　）

A. 正确　　B. 错误

3. 贷款人受托支付是指贷款人根据借款人的提款申请和支付委托，将贷款资金通过约定的第三方账户支付给符合合同约定用途的借款人交易对象。（　　）

A. 正确　　B. 错误

答案详解

一、单项选择题

1. D。【解析】贷款合同的制定原则有:(1)适宜相容原则。(2)完善性原则。(3)维权原则。(4)不冲突原则。
2. C。【解析】合同条款空白栏不准备填写内容的,应加盖“此栏空白”印章,不能手写“无”。
3. B。【解析】在填写、审核、签订三个环节中,贷款合同的复核发生在审核环节。
4. D。【解析】D项也属于违规行为,但并不是合同签订过程中的违规操作,与题意不符。
5. D。【解析】贷放分控是指银行业金融机构将贷款审批与发放作为独立的业务环节,分别进行控制和管理,以达到降低信贷业务操作风险的目的。“贷”是指信贷业务中的贷款调查、审查和审批等环节,尤其是指审批环节。“放”特指审批通过后,由银行通过审核,将符合条件的贷款发放或支付出去的业务环节。
6. B。【解析】责任部门并不是放款审核部门,而是放款执行部门,它应独立于前台营销部门,还应独立于中台授信审批部门。因为中台授信审批部门承担的业务审查工作繁重,难以完成好放款审核工作。
7. D。【解析】对于审批日至放款核准日间隔超过一定期限的,放款执行部门审核在此期间借款人是否发生重大风险变化情况:借款人是否存在贷款严重违规行为;是否涉嫌提供虚假会计信息或因其他违法违规行为被监管部门查处;高管是否存在非正常死亡、失踪或涉嫌违反法律法规案件被查处情况;国家最新制度变化是否对客户生产经营产生重大影响等。
8. D。【解析】计划、比例放款原则,进度放款原则,资本金足额原则是贷款发放的三大原则,D项不属于该过程的原则。
9. C。【解析】资本金因特殊原因不能按时足额到位,贷款支取的比例也应同步低于借款人资本金到位的比例。
10. D。【解析】用款申请材料的检查项目包括:(1)审核借款凭证。(2)变更提款计划及承担费的收取。(3)审查和监督借款人的借款用途和提款进度。
11. C。【解析】发放贷款的操作程序包括:(1)借款人按合同要求提交提款申请和其他有关资料。(2)银行受理借款人提款申请书。(3)贷款发放审查。(4)有关用款审批资料按内部审批流程经有权签字人签字同意。(5)按账务处理部门的要求提交审批及相关用款凭证办理提款手续。(6)所提贷款款项入账后,向账务处理部门索取有关凭证,入档案卷保存。(7)建立台账并在提款当日记录。
12. C。【解析】受托支付最大的特点就是能够保证贷款实际用途与约定用途一致。

二、多项选择题

1. AB。【解析】银行贷款合同分为格式合同和非格式合同两种。
2. ABCDE。【解析】贷款合同管理是指按照银行业金融机构内部控制与风险管理的要求,对贷款合同的制定、修订、废止、选用、填写、审查、签订、履行、变更、解除、归档、检查等一系列行为进行管理的活动。
3. AB。【解析】C项属于保证合同审查应关注的内容,D、E项均属于抵押合同审查应关注的内容。
4. ABCE。【解析】A、B、C、E项均属于对贷款挪用的情况。D项应为“未依法取得经营房地产资格的借款人挪用贷款经营房地产业务”。

三、判断题

1. A。【解析】借款企业不得挪用流动资金搞基本建设或用于其他不符合合同约定的用途。
2. B。【解析】实贷实付原则通过创新贷款支付管理方式等各种措施,督促银行业金融机构有效提升信贷风险管理的能力,尤其是有效管控支付环节风险的能力。
3. B。【解析】不能通过第三方账户,要通过借款人账户。

第十章 贷后管理

要点导图

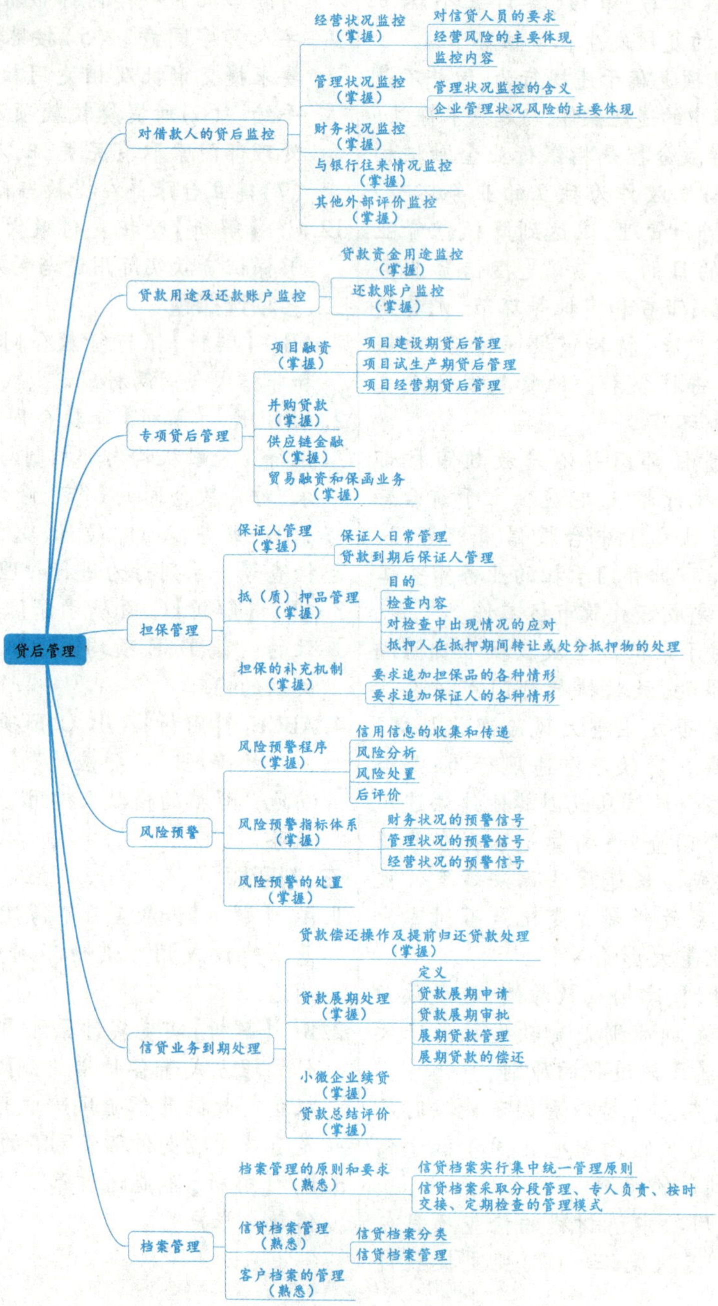

知识解读

一、对借款人的贷后监控

(一)经营状况监控

1. 对信贷人员的要求

信贷人员应培养良好的观察能力,力求对企业进行全面、广泛的了解。

(1)注意企业中是否出现缺乏诚信的行为、隐瞒经营情况的现象及其他异常情况。

(2)对出现的异常经营情况和财务变动进行调查和分析,找出问题根源。

2. 经营风险的主要体现

(1)主要数据在行业统计中呈现出不利的变化或趋势。

(2)产品结构单一。

(3)对一些客户或供应商过分依赖,可能引起巨大的损失。

(4)收购其他企业或者开设新销售网点,对销售和经营有明显影响,如收购只是基于财务动机,而不是与核心业务有密切关系。

(5)建设项目的可行性存在偏差,或计划执行出现较大的调整,如基建项目的工期延长,或处于停缓状态,或预算调整。

(6)流失一大批财力雄厚的客户。

(7)企业未实现预定的盈利目标。

(8)出售、变卖主要的生产性、经营性固定资产。

(9)遇到台风、火灾、战争等严重自然灾害或社会灾难。

(10)购货商减少采购。

(11)厂房和设备未得到很好的维护,设备更新缓慢,缺乏关键产品生产线。

(12)借款人的产品质量或服务水平出现明显下降。

(13)不能适应市场变化或客户需求的变化。

(14)持有一笔大额订单,不能较好地履行合约。

(15)业务性质、经营目标或习惯做法改变。

(16)兼营不熟悉的业务、新的业务或在不熟悉的地区开展业务。

(17)对存货、生产和销售的控制力下降。

(18)在供应链中的地位关系变化,如供应商不再供货或减少信用额度。

(19)企业的地点发生不利的变化或分支机构分布趋于不合理。

(20)经营活动发生显著变化,出现停产、半停产或经营停止状态。

(21)关联交易频繁,关联企业之间资金流动不透明或不能明确解释。

3. 监控内容

业务类型	监控内容
固定资产贷款	借款人和项目发起人的履约及信用状况、担保的变动情况、宏观经济变化和市场波动情况

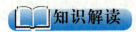

（续表）

业务类型	监控内容
项目融资业务	(1)项目的建设和经营情况。 (2)根据市场环境、宏观经济变动等因素，定期对项目风险进行评价
流动资金贷款	借款人经营、财务、信用、支付、担保及融资数量和渠道变化等状况
集团客户	(1)集团客户的整体经营和财务变化情况。 (2)借款人关联方及关联交易等情况及变化趋势。 (3)客户或其主要股东向其他企业或个人提供抵(质)押物担保或保证情况

典题精练

【例1·多项选择题】下列属于经营风险的有（　　）。

A. 产品结构单一

B. 对存货、生产和销售的控制力下降

C. 对一些客户或供应商过分依赖，可能引起巨大的损失

D. 在供应链中的地位关系变化，如供应商不再供货或减少信用额度

E. 购货商减少采购

ABCDE。【解析】企业经营风险主要体现在：(1)经营活动发生显著变化，出现停产、半停产或经营停止状态。(2)业务性质、经营目标或习惯做法改变。(3)主要数据在行业统计中呈现出不利的变化或趋势。(4)兼营不熟悉的业务、新的业务或在不熟悉的地区开展业务。(5)不能适应市场变化或客户需求的变化。(6)持有一笔大额订单，不能较好地履行合约。(7)产品结构单一。(8)对存货、生产和销售的控制力下降。(9)对一些客户或供应商过分依赖，可能引起巨大的损失。(10)在供应链中的地位关系变化，如供应商不再供货或减少信用额度。(11)购货商减少采购。(12)企业的地点发生不利的变化或分支机构分布趋于不合理。(13)收购其他企业或者开设新销售网点，对销售和经营有明显影响，如收购只是出于财务动机，而不是与核心业务有密切关系。(14)出售、变卖主要的生产性、经营性固定资产。(15)厂房和设备未得到很好的维护，设备更新缓慢，缺乏关键产品生产线。(16)建设项目的可行性存在偏差，或计划执行出现较大的调整，如基建项目的工期延长，或处于停缓状态，或预算调整。(17)借款人的产品质量或服务水平出现明显下降。(18)流失一大批财力雄厚的客户。(19)遇到台风、火灾、战争等严重自然灾害或社会灾难。(20)企业未实现预定的盈利目标。(21)关联交易频繁，关联企业之间资金流动不透明或不能明确解释。

(二)管理状况监控

1. 管理状况监控的含义

管理状况监控是对企业整体运营管理的情况调查，尤其是对不利变化情况的调查。此部分调查的特点是对“人及其行为”的调查。

2. 企业管理状况风险的主要体现

(1)管理层对环境和行业中的变化反应迟缓或管理层经营思想变化，表现为极端的冒进或保守。

（2）董事会和高级管理人员以短期利润为中心，不顾长期利益而使财务发生混乱、收益质量受到影响。

（3）管理层对企业的发展缺乏战略性的计划，缺乏足够的行业经验和管理能力，导致经营计划没有实施及无法实施。

（4）最高管理者独裁，领导层不团结，高级管理层之间出现严重的争论和分歧；职能部门矛盾尖锐，互相不配合，管理层素质偏低。

（5）客户的主要股东、关联企业或母子公司等是否发生重大的不利变化；股东是否有抽逃资金的现象；客户是否出现兼并、收购、分立、重组等重大体制改革，股东结构发生实质性不利变化，可能影响到贷款安全。

（6）企业发生重要人事变动，如高级管理人员或董事会成员变动，最主要领导者的行为发生变化，患病或死亡，或陷入诉讼纠纷，无法正常履行职责。

（7）股东间发生重大纠纷且不能在短期内妥善解决；股东或主要管理人员是否涉嫌重大贪污、受贿、舞弊、违法经营案件或其他重大负面信息。

（8）中层管理者是否短期内多人离职，特别是财务、市场等要害部门的中层管理者离职；中层管理人员是否较为薄弱，企业人员是否更新过快或员工不足；是否出现重大劳资纠纷且不能在短期内妥善解决。

（9）主要控制人或高级管理者出现个人征信问题、涉及民间借贷或涉及赌博等行为。

典题精练

【例2·多项选择题】下列属于企业管理状况风险的有（　　）。

A. 产品结构单一

B. 客户的主要股东、关联企业或母子公司等发生重大的不利变化

C. 不能适应市场变化或客户需求的变化

D. 中层管理人员较为薄弱，企业人员更新过快或员工不足

E. 出售、变卖主要的生产性、经营性固定资产

BD。【解析】B、D项属于企业管理状况风险的体现，其他选项属于企业经营风险的体现。

（三）财务状况监控

财务状况变化是企业还款能力变化的直接反映。银行应定期收集符合会计制度要求的企业财务报表，关注并分析异常的财务变动和不合理的财务数据，还可对贷款存续期间借款人的销售收入增减幅度、利润率、资产负债率、流动比率、速动比率、分红比率等财务指标提出控制要求，加强企业财务数据的纵横向比较和数据之间的勾稽关系，防止企业篡改财务信息的现象。

企业的财务风险主要体现在：

（1）流动资产占总资产比重大幅下降。

（2）应收账款异常增加。

（3）短期负债增加失当，长期负债大量增加。

（4）企业销售额下降，成本提高，收益减少，经营亏损。

（5）经营性净现金流量持续为负值。

（6）不能及时报送会计报表，或会计报表有造假现象。

(7)产品积压、存货周转率大幅下降。

(8)财务记录和经营控制混乱。

(9)银行账户混乱,到期票据无力支付。

(10)企业关键财务指标是否发生重大不利变化,包括盈利能力、资产质量、债务风险、经营增长状况等指标恶化。

(11)对外担保率过高、对单一客户担保额过大、有同质企业互保、担保链或对外担保已出现垫款的现象。

(12)客户存在过度交易或盲目扩张行为,表现在长期投资与投资收益相比增长过快,营运资金与 EBITDA 相比金额较大等。

(13)财务成本不合理上升、高成本融资不合理增加,显示企业流动性出现问题。

除上述监控内容外,银行应核实企业提供的财务报表。

典题精练

【例 3 · 多项选择题】企业的财务风险主要体现在(　　)。

A. 企业不能按期支付银行贷款本息　　B. 经营性净现金流量持续为负值

C. 产品积压、存货周转率大幅下降　　D. 应收账款异常增加

E. 流动资产占总资产比重大幅下降

ABCDE。【解析】企业的财务风险主要体现在:(1)企业关键财务指标是否发生重大不利变化,包括盈利能力、资产质量、债务风险、经营增长状况等指标恶化。(2)经营性净现金流量持续为负值。(3)产品积压、存货周转率大幅下降。(4)应收账款异常增加。(5)流动资产占总资产比重大幅下降。(6)短期负债增加失当,长期负债大量增加。(7)银行账户混乱,到期票据无力支付。(8)企业销售额下降,成本提高,收益减少,经营亏损。(9)不能及时报送会计报表,或会计报表有造假现象。(10)财务记录和经营控制混乱。(11)对外担保率超过 100%、对单一客户担保额过大、有同质企业互保、担保链、或对外担保已出现垫款的现象。(12)客户存在过度交易或盲目扩张行为,表现在长期投资与投资收益相比增长过快,营运资金与 EBITDA 相比金额较大等。(13)财务成本不合理上升、高成本融资不合理增加,显示企业流动性出现问题。

(四)与银行往来情况监控

企业与银行等金融机构的往来、履约情况是公司交易和信用情况最直接的反映。银行应通过观察借款人与银行的资金往来情况,分析公司最近的经营情况,核查企业的银行对账单,并对异常的划款行为进行调查分析。

与银行往来异常现象包括:

(1)贷款超过了借款人的合理支付能力。

(2)借款人有抽逃资金的现象,同时仍在申请新增贷款。

(3)还款来源没有落实或还款资金主要为非销售回款。

(4)在多家银行开户(公司开户数明显超过其经营需要)。

(5)借款人在资金回笼后,在还款期限未到的情况下挪作他用,增加贷款风险。

(6)对短期贷款依赖较多,要求贷款展期。

(7)借款人在银行的存款有较大幅度下降。

(8)客户授信出现贷款逾期、不能按时偿还利息等情况。

(9)客户在金融机构贷款余额大幅变动或授信政策调整。

(10)以本行贷款偿还其他银行债务。

(11)存在套取贷款资金、关联方占款或民间借贷等嫌疑。

(12)存在长期借新还旧或短贷长用严重问题,要求贷款展期。

典题精练

【例 4 · 单项选择题】下列属于与银行往来的异常现象是(　　)。

A. 经营性净现金流量持续为负值

B. 借款人在资金回笼后,在还款期限未到的情况下挪作他用,增加贷款风险

C. 不能及时报送会计报表,或会计报表有造假现象

D. 银行账户混乱,到期票据无力支付

B。【解析】B 项属于与银行往来的异常现象,其余选项属于企业的财务风险。

(五)其他外部评价监控

除上述通过了解企业本身情况分析外,银行信贷业务人员还应通过内外部信息渠道(如合作单位、监管部门、咨询机构、政府管理部门、新闻媒介等)及时了解客户信息,并注意信息来源的广泛性、全面性、权威性和可靠性,以便全面掌握客户情况。具体内容包括:了解借款人是否涉及偷、逃、骗税等违法经营行为;是否涉及重大金额违约等诉讼和仲裁案件,是否涉及司法执行;是否涉及主要资产、结算账户被有权机关查询、扣划、冻结;是否被列入环保、质监、海关等系统负面清单中;是否被外部评级机构下调评级或涉及负面舆论报道,存在声誉风险;借款人及其主要股东、高管、重要交易对手等是否被列入反洗钱名单及制裁合规名单中等。

本节速览

经营状况监控	经营风险	管理状况监控	管理风险
财务状况监控	财务风险	与银行往来情况监控	其他外部评价监控

二、贷款用途及还款账户监控

(一)贷款资金用途监控

银行信贷从业人员应严格按照贷款新规对借款人的提用款项进行受托支付,对于实施自主支付的提款,在日常贷后管理中,必须密切监控资金流向,落实相关商务、劳务合同,增值税发票等材料的收集与核对,做好交易背景真实性的验证,通过对资金交易行为的分析,判断该笔资金用途是否符合贷款约定用途。对于自主支付资金,应重点关注以下情况:

(1)自主支付的交易对手是否属于借款人正常经营业务的供货商、服务商等机构。

(2)自主支付的用途是否合理,是否违反约定用途,如违规进入股市、房地产等。

(3)自主支付的交易对手是否为关联企业,若为关联企业应进一步了解交易的合理性。

(4)自主支付资金是否进入集团资金池进行统筹使用。

(5)单笔自主支付的金额是否存在超过约定受托支付最低限额的情况。

(6)借款人是否存在与同一交易对手在一天或者连续几天内发生多笔累计超过约定受托支付最低限额的交易,涉嫌以“化整为零”方式规避受托支付管理的情况。

在借款人自主支付情况下,银行应定期汇总资金支付情况,对借款人账户资金支付情况进行事后分析,通过账户分析、凭证查验、现场调查等方式核查贷款支付是否符合约定用途。对于认定贷款资金违反合同约定的,银行应按合同约定对该客户采取降低受托支付起点金额、要求划回违约支付的贷款资金或停止贷款资金发放等限制措施。

(二)还款账户监控

通过对日常生产经营资金进出账户、大额异常资金流动的全面监控和分析,银行业金融机构可以真实、全面、立体地了解借款人经营的全貌,有效确保贷款足额、及时归还。

要点	内容
固定资产贷款	若借款人信用状况较好、贷款安全系数较高,可不要求借款人开立专门的还款准备金账户;若借款人信用状况较差、贷款安全受到威胁,出于有效防范和化解信贷风险的考虑,银行应要求其开立专门的还款准备金账户,并与借款人约定对账户资金进出、余额或平均存量等的最低要求
项目融资	对于项目融资业务,贷款人应要求借款人指定专门的项目收入账户,并约定所有项目的资金收入均须进入此账户
流动资金贷款	贷款人应通过借款合同的约定,要求借款人指定专门的资金回笼账户并及时提供该账户的资金进出情况。贷款人可根据借款人信用状况、融资情况等,与借款人协商签订账户管理协议,明确约定对指定账户回笼资金进出的管理

在对借款人实行动态监测的过程中,要特别关注大额资金、与借款人现有的交易习惯、交易对象等存在明显差异的资金,以及关联企业间资金的流入流出情况,及时发现风险隐患。当贷款已经形成不良时,银行更要积极开展有效的贷后管理工作,通过专门还款账户监控、押品价值监测与重评估等手段控制第一还款来源和第二还款来源,最大限度地保护银行债权。

典题精练

【例5·单项选择题】下列不属于自主支付资金应关注的情况是(　　)。

A. 用途是否合理

B. 交易对手是否为关联企业

C. 单笔自主支付的金额是否存在超过约定受托支付最低限额的情况

D. 关键财务指标是否发生重大不利变化

D。【解析】对于自主支付资金,应重点关注以下情况:(1)自主支付的交易对手是否属于借款人正常经营业务的供货商、服务商等机构。(2)自主支付的用途是否合理,是否违反约定用途,如违规进入股市、房地产等。(3)自主支付的交易对手是否为关联企业,若为关联企业应进一步了解交易的合理性。(4)自主支付资金是否进入集团资金池进行统筹使用。(5)单笔自主支付的金额是否存在超过约定受托支付最低限额的情况。(6)借款人是否存在与同一交易对手在一天或者连续几天内发生多笔累计超过约定受托支付最低限额的交易,涉嫌以“化整为零”方式规避受托支付管理的情况。

本节速览

贷款用途	贷款资金用途监控	还款账户监控	流动资金贷款

三、专项贷后管理(中级考试内容)

(一)项目融资

在实践中,项目贷款的贷后管理主要包括以下三个方面:

1. 项目建设期贷后管理

该阶段以工程建设进度管理为主,银行信贷从业人员采取资料审核和现场调查相结合的方式落实项目建设进度的管理。

要点	内容
审核的资料	建设工程用款计划;施工工程月进度计划;经施工单位和监理单位签字的已完工程月进度报表;已完工程实际投资表等,或能够证实工程进度情况的其他材料
项目建设期应重点关注的内容	项目的建设进度是否按计划进行,有无延长情况及延长原因;项目总投资中各类资金是否到位及使用情况;项目建设过程中总投资是否突破,突破原因及金额;项目的建设、技术、市场条件是否发生变化,承担项目建设的能力和项目建设质量实际情况如何,是否出现较大事故,环保设施是否同步建设等;贷款的投放与项目进度、资本金到位进度、其他融资到位进度是否保持匹配

2. 项目试生产期贷后管理

银行信贷从业人员应及时取得项目的竣工验收报告。根据报告了解项目的实际总投资及投资结构,并与贷前评估报告相比较,了解实际投资与预期投资是否存在较大差异。

在试生产期,银行信贷从业人员应关注项目建成的设施和设备运转是否正常,项目生产数据和技术指标是否达到预定标准,环保设施是否与主体工程同时建成,并经环保部门验收通过;了解客户的技术人员和操作人员掌握、运用先进技术的能力,据此初步判断客户是否能按时进入经营期。

3. 项目经营期贷后管理

项目贷款进入经营期后,银行信贷从业人员应加强客户生产经营、内部管理、市场拓展等情况的监控。对生产规模、销售状况等因素与预期的敏感性分析相比较,判断借款人的收益与预期评估值是否存在较大差异;关注借款人销售网络和销售客户群的建立,判断是否能取得预期收入和现金流。

典题精练

【例6·单项选择题】下列不属于项目贷款贷后管理的是(　　)。

A. 项目建设期贷后管理　　B. 项目试生产期贷后管理

C. 项目规划期贷后管理　　D. 项目经营期贷后管理

C。【解析】在实践中,项目贷款的贷后管理主要包括以下三个方面:(1)项目建设期贷后管理。(2)项目试生产期贷后管理。(3)项目经营期贷后管理。

（二）并购贷款

（1）关注目标方及收购方各维度的风险信息，包括信贷、法规、流动资金、市场及利率、信誉等风险信息。

（2）跨境并购中国别风险是重要的风险因素，需关注目标企业所在地政治稳定性、整体国家经济情况、主权评级变化、产业、税收政策、法律环境、反垄断或安全审核情况、反洗钱、反恐融资相关风险的变化；并且需关注针对该国家或地区的整体国别风险敞口。

（3）关注并购完成后并购双方的整合进度，包括组织层面、战略层面、资产层面和业务层面以及人力资源和企业文化的整合情况，评估与预期目标一致，其差异对并购双方和目标企业经营管理的影响，以及对授信还款的影响。

（4）针对海外并购贷款结构复杂性高、部分贷款规模较大、涉及多行业多地区等特点，须关注并购过程中的合规风险，确保项目满足我国及当地监管相关制度及管理要求。

（5）对于非私募股权投资类机构并购贷款，须全面分析和跟进实际实施并购的核心企业，私募股权投资类机构的财务投资并购，因机构一般不承担担保责任，除查验私募股权投资机构经营管理及行业地位外，应重点查验标的公司整体情况。

（6）应监控并购方持股情况，持股要求根据批复要求及协议约定落实。原则上，并购方不得早于银行贷款退出，并购方退出和变动持股须通知银行并获得银行豁免或提前还款。

（三）供应链金融

供应链金融是指在对供应链内部的交易结构进行分析的基础上，运用商品贸易融资的自偿性信贷模型，并引入核心企业、物流监管公司、资金流导引工具等新的风险控制变量，对供应链的不同节点提供封闭的授信支持及其他结算、理财等综合金融服务。

存货质押模式下，中小企业将银行认可的存货以一定的条件质押给银行，并交付给银行认定的第三方物流企业进行监管，同时不转移物权以维持企业正常的生产经营。银行等金融机构主要考察企业存货的稳定性、供应链的综合运作状况以及是否有长期合作的交易对手。

应收账款融资模式，一般是指以中小企业对供应链上核心大企业的应收账款单据凭证作为担保，向商业银行申请短期贷款，由银行向处于供应链上游的中小企业提供融资的方式。

对供应链金融模式下的存货和应收账款，贷后管理应关注以下几个方面：

要点	内容
存货	（1）对存货质押融资，要充分考虑当实际销售已经小于或将小于所预期的销售量时的风险和对策。 （2）存货本身的风险。 （3）存货的周期风险。 （4）对于动态质押方式，还应严格审核质物进出库和库存变动信息，确保新入库的商品符合协议约定要求，且商品权属清晰
应收账款	（1）应收账款的质量与坏账准备情况。 （2）应收账款催收。 （3）应收账款管理

（四）贸易融资和保函业务

1. 贸易背景真实性

（1）客户贸易融资规模是否与其近年的经营规模或交易量相匹配，融资需求是否与当前市场环境、行业状况、客户履约能力等有较大出入。

(2)客户主要销售渠道、主要交易对手、主营商品、与主要交易对手的交易量等是否发生重大变化;交易模式是否过于复杂,导致贸易背景真实性的审查难度较大、物流与资金流轨迹不清晰或违背了真实性、自偿性、匹配性原则。

(3)与授信发起时相比,客户的结算方式、账期、回款路径等是否发生重大变化,与批复条件是否有出入等;交易价格是否偏离了市场价格,结算方式、账期等是否与行业内同类企业不同。

2. 关联交易

(1)近几年内,关联公司间是否有贸易往来记录,是否改变交易模式与交易商品等,其实质控制关系和利益格局情况。

(2)关联公司间交易是否符合商业逻辑,是否具有交易的必要性,融资期限是否符合行业惯例,交易价格是否为公允价格,是否涉及大额贸易融资(如大宗商品交易)。

(3)产供销各环节的货物、资金流向是否清晰和可监控;购销合同、发票等相关结算单据是否完整、真实等。

3. 融资期限

(1)产品融资期限与客户经营模式、生产与销售周期、应收应付款项期限、营运资金流转周期等情况是否匹配;客户销售资金回笼后,是否未及时归还融资而是挪作他用。

(2)融资期限内,是否因融资对应的交易取消或变更、与交易对手发生纠纷等,存在销售回款无法收回,导致融资自偿性灭失的情况。

本节速览

项目融资	试生产期	并购贷款	融资期限
供应链金融	关联交易	存货	应收账款

四、担保管理

贷款发放后,对于保证人与抵(质)押物的管理主要是对保证人担保能力的变化和抵(质)押物状态和价值变化的跟踪和分析,并判断上述变化对贷款安全性的影响。

(一)保证人管理

要点	内容
保证人日常管理	(1)分析保证人保证实力的变化。如监控保证人的财务状况,现金流量,或有负债、信用评级等情况的变化会直接影响其担保能力。银行应同样以对待借款人的管理措施对待保证人。集团客户母公司提供担保应综合分析企业本部报表和合并报表判断保证人的保证实力。 (2)了解保证人保证意愿的变化。良好的保证意愿是保证人提供保证和准备履行保证义务的基础。应密切注意保证人的保证意愿是否出现改变的迹象
贷款到期后保证人管理	银行信贷业务人员在贷款本息偿还出现问题时必须及时向保证人主张权利,确保诉讼时效。应确保在保证期间内向保证人主张权利。未与保证人约定保证期间的,应在债务履行期届满之日起6个月内要求保证人承担保证责任。连带责任保证诉讼时效自保证期间届满前债权人要求保证人承担保证责任之日起计算,诉讼时效期间为3年。当借款人出现贷款逾期时,银行必须在贷款逾期后10个工作日内向保证人发送履行担保责任通知书进行书面确认

（二）抵（质）押品管理

1. 目的

对抵（质）押品要定期现场检查其完整性和价值变化情况，防止所有权人在未经银行同意的情况下擅自处理抵（质）押品。

2. 检查内容

（1）抵（质）押品价值的变化情况。

（2）抵（质）押品是否被妥善保管。

（3）抵（质）押品是否全部或部分被变卖出售。

（4）抵（质）押品保险到期后有没有及时续投保险。

（5）抵（质）押品有否被转移到不利于银行监控的地方。

（6）抵押品有无未经贷款人同意的出租情况。

（7）抵（质）押品的权属证明是否妥善保管、真实有效。

3. 对检查中出现情况的应对

（1）抵押物价值非正常减少：及时查明原因，采取有效措施。

（2）抵押人的行为将造成抵押物价值的减少：要求抵押人立即停止其行为。

（3）抵押人的行为已经造成抵押物价值的减少：要求抵押人恢复抵押物的价值。

（4）抵押人无法完全恢复抵押物的价值：要求抵押人提供与减少的价值相当的担保，包括另行提供抵押物、权利质押或保证。

4. 抵押人在抵押期间转让或处分抵押物的处理

抵押人在抵押期间转让或处分抵押物的，商业银行必须要求其提出书面申请，并经银行同意后予以办理。

（1）经商业银行同意，抵押人可以全部转让并以不低于商业银行认可的最低转让价款转让抵押物的，抵押人转让抵押物所得的价款应当优先用于向商业银行提前清偿所担保的债权或存入商业银行账户。

（2）经商业银行同意，抵押人可以部分转让抵押物的，所得的收入应存入商业银行的专户或偿还商业银行债权，并保持剩余贷款抵押物价值不低于规定的抵押率。

（3）抵押期间，抵押物因出险所得赔偿金（包括保险金和损害赔偿金）应存入商业银行指定的账户，并按抵押合同中约定的处理方法进行相应处理。

（4）对于抵押物出险后所得赔偿数额不足清偿部分，商业银行可以要求借款人提供新的担保。

典题精练

【例7·单项选择题】若抵押品价值发生变化，银行的下列做法中不正确的是（　　）。

A. 抵押人的行为将造成抵押物价值的减少，应要求抵押人立即停止其行为

B. 抵押人的行为已经造成抵押物价值的减少，应要求抵押人恢复抵押物的价值

C. 抵押人无法完全恢复抵押物价值的，应要求抵押人提供高于所减少价值的担保

D. 抵押人无法完全恢复抵押物价值的，可以另行提供抵押物、权利质押或保证

C。【解析】抵押人无法完全恢复抵押物价值的，应要求抵押人提供与减少的价值相当的担保，包括另行提供抵押物、权利质押或保证。

(三)担保的补充机制

1. 要求追加担保品的各种情形

(1)借款人提供的抵押品或质押物的抵(质)押权益尚未落实。

(2)担保品的价值发生不利于银行的重大变化(如滞销、市价明显下跌)。

(3)保证人保证资格或能力发生不利变化。

(4)抵押人的行为使抵押物价值降低。

(5)借款人财务状况恶化。

(6)发生贷款风险增大的情况(如贷款展期、追加新贷款)。

2. 要求追加保证人的各种情形

(1)保证人的保证资格或保证能力发生不利变化,其自身的财务状况恶化。

(2)发生贷款风险增大的情况(如贷款展期、贷款逾期银行加收罚息)。

(3)抵(质)押物价值出现不利变化。

典题精练

【例8·多项选择题】下列情况必须要追加保证人的有(　　)。

A. 保证人的企业法人资格消失

B. 借款人要求贷款展期造成贷款风险增大

C. 借款人因贷款逾期而被银行加收罚息且原保证人拒绝增加保证额度

D. 抵押物因市场价格降低贬值

E. 抵押物出险,但已足额获得赔偿

ABCD。【解析】对于由第三方提供担保的保证贷款,倘若保证人的保证资格或保证能力发生不利变化,其自身的财务状况恶化;或由于借款人要求贷款展期造成贷款风险增大或由于贷款逾期,银行加收罚息而导致借款人债务负担加重,而原保证人又不同意增加保证额度;或抵(质)押物出现不利变化。以上情况发生时,银行应要求借款人追加新的保证人。

本节速览

担保管理	保证人资格	保证实力	保证意愿
抵(质)押品管理	补充机制	追加担保品	追加保证人

五、风险预警

(一)风险预警程序

1. 信用信息的收集和传递

收集与商业银行有关的内外部信息,并通过商业银行信用风险信息系统进行储存。商业银行应注意建立并维持不同的信息搜集渠道,包括信贷人员的调查、专业机构、公开信息以及产业链信息等,以保证信息的完整性和可验证。

2. 风险分析

对信息进行分层处理、甄别和判断,进入预测系统或预警指标体系中,判定是否发出警报，以及发出何种程度警报。

3. 风险处置

风险处置是指在风险警报的基础上，为控制和最大限度地消除商业银行风险而采取的一系列措施。按照阶段划分，可以把风险处置划分为预控性处置与全面性处置。

要点	内容
预控性处置	预控性处置是在风险预警报告已经作出，而决策部门尚未采取相应措施之前，由风险预警部门或决策部门对尚未爆发的潜在风险提前采取控制措施，避免风险继续扩大对商业银行造成不利影响
全面性处置	全面性处置是商业银行对风险的类型、性质和程度进行系统详细的分析后，从内部组织管理、业务经营活动等方面采取措施来控制、转移或化解风险，使风险预警信号回到正常范围

4. 后评价

风险预警的后评价是指经过风险预警及风险处置过程后，对风险预警的结果进行科学的评价，对预警信号的命中率、查全率、触警率等进行全面评价，对指标较差的预警信号，深入分析原因，并对预警系统和风险管理进行修正或调整，因此后评价对预警系统的完善十分重要。

（二）风险预警指标体系

预警指标的研究是实现信贷预警的首要环节。对信贷运行过程的监测预警是通过建立科学的监测预警指标体系，并对其发展变化过程进行观察来实现的。预警体系科学性高低的首要标志是所选择的预警指标能否科学地反映经济运行过程的变化特征。因此，建立预警体系的关键是合理地选择预警指标。

在贷款存续期间，贷款人应当持续监测贷款企业的经营情况，根据企业财务状况、贷款担保、市场环境、宏观经济变动等因素，定期对风险进行评价，并建立贷款质量监控制度和风险预警体系。出现可能影响贷款安全情形的，应当及时采取相应措施。贷款风险的预警信号系统根据各家银行的实际经验总结而来，通常包含财务状况的预警信号、管理状况的预警信号和经营状况的预警信号。

典题精练

【例9·多项选择题】下列属于贷款风险预警信号系统的有（　　）。

A. 财务状况的预警信号

B. 与银行往来状况的预警信号

C. 经营状况的预警信号

D. 管理状况的预警信号

E. 其他状况的预警信号

ACD。【解析】贷款风险的预警信号系统根据各家银行的实际经验总结而来，通常包含财务状况的预警信号、管理状况的预警信号和经营状况的预警信号。

（三）风险预警的处置

预警处置是借助预警操作工具对银行经营运作全过程进行全方位实时监控考核，在接收风险信号、评估、衡量风险基础上提出有无风险、风险大小、风险危害程度及风险处置、化解方案的过程。

要根据风险的程度和性质，采取相应的风险处置措施：

(1)要求完善担保条件、增加担保措施。

(2)要求客户限期纠正违约行为。

(3)降低整体授信额度，暂停发放新贷款或收回已发放的授信额度等。

(4)列入重点观察名单。

(5)动态调整资产风险分类。

典题精练

【例10·单项选择题】预警处置是借助预警操作工具对(　　)全过程进行全方位实时监控考核，在接收风险信号、评估、衡量风险基础上提出有无风险、风险大小、风险危害程度及风险处置、化解的过程。

A. 银行贷款　　B. 经营行为

C. 企业运作　　D. 银行经营运作

D。【解析】预警处置是借助预警操作工具对银行经营运作全过程进行全方位实时监控考核，在接收风险信号、评估、衡量风险基础上提出有无风险、风险大小、风险危害程度及风险处置、化解方案的过程。

本节速览

风险预警	风险分析	风险处置	后评价
财务状况	经营状况	管理状况	预警处置

六、信贷业务到期处理

(一)贷款偿还操作及提前归还贷款处理

1. 贷款偿还的一般操作过程

(1)业务操作部门向借款人发送还本付息通知单。除在贷款合同中确定还款计划和违约责任条款外，业务操作部门还应在规定时间内提前向借款人发送还本付息通知单，督促借款人按时足额还本付息。还本付息通知单应载明的事项有：贷款项目名称或其他标志、还本付息的日期、本次还本金额、当前贷款余额、付息金额以及利息计算过程中涉及的利率、计息基础、计息天数等。

(2)业务操作部门对逾期的贷款要及时发出催收通知单。对于逾期的贷款，业务操作部门要向借款人、保证人及时发出催收通知单，并保留好相关法律文件。做好逾期贷款的催收工作，以保证信贷资产的质量。贷款逾期后，银行不仅对贷款的本金计收利息，而且对应收未收的利息也要计收利息，即计复利。

2. 提前归还贷款及操作过程

提前归还贷款是指借款人希望改变贷款协议规定的还款计划，提前偿还全部或部分贷款，由借款人提出申请，经贷款行同意，缩短还款期限的行为。

借款人有义务按照贷款协议规定的还款计划按时还本付息。因提前归还贷款而产生的费用应由借款人负担。

借款人与银行可以在贷款协议的“提前归还贷款”条款中，约定提前归还贷款的前提条件及必要手续。提前归还贷款条款可以包括以下内容：

（1）借款人应在提前归还贷款日前30天或60天以书面形式向银行递交提前归还贷款的申请，其中应列明借款人要求提前偿还的本金金额。

（2）由借款人发出的提前归还贷款申请应是不可撤销的，借款人有义务据此提前归还贷款。

（3）借款人可以在贷款协议规定的最后支款日后、贷款到期日前的时间内提前归还贷款。

（4）借款人可以提前偿还全部或部分本金，如果偿还部分本金，其金额应等于一期分期还款的金额或应为一期分期还款的整数倍，并同时偿付截至该提前归还贷款日前一天（含该日）所发生的相应利息，以及应付的其他相应费用。

（5）提前归还贷款应按贷款协议规定的还款计划以倒序进行。

（6）已提前偿还的部分不得要求再贷。

（7）未经银行的书面同意，借款人不得提前归还贷款。

（8）对于提前偿还的部分可以收取费用。

典题精练

【例11·单项选择题】提前归还贷款是指借款人希望改变贷款协议规定的还款计划，提前偿还（　　），由借款人提出申请，经贷款行同意，缩短还款期限的行为。

A. 本息　　B. 全部贷款

C. 全部或部分贷款　　D. 部分贷款

C。【解析】提前归还贷款是指借款人希望改变贷款协议规定的还款计划，提前偿还全部或部分贷款，由借款人提出申请，经贷款行同意，缩短还款期限的行为。

（二）贷款展期处理

1. 定义

贷款展期是指借款人不能或不希望按照贷款协议规定的还款计划按时偿付每期应偿付的贷款，由借款人提出申请，经贷款行审查同意，有限期地延长还款期限的行为。

2. 贷款展期申请

贷款展期由借款人提出申请，由银行审批。是否展期由银行决定。借款人申请贷款展期，应向银行提交展期申请。申请内容包括：展期理由；展期期限；展期后的还本、付息、付费计划及拟采取的补救措施。

3. 贷款展期审批

要点	内容
分级审批制度	银行根据业务量大小、管理水平和贷款风险度确定各级分支机构的审批权限，超过审批权限的，应当报上级机构审批

（续表）

要点	内容
贷款展期的担保问题	贷款经批准展期后，银行应当根据贷款种类、借款人的信用等级和抵押品、质押品、保证人等情况重新确定每一笔贷款的风险度。 对于保证贷款的展期，银行应重新确认保证人的保证资格和保证能力；借款人申请贷款展期前，必须征得保证人的同意。保证合同的期限因借款人还款期限的延长而延长至全部贷款本息、费用还清日止。 对于抵押贷款的展期，银行为减少贷款的风险应续签抵押合同，应该做到： （1）作为抵押权人核查抵押物的账面净值或委托具有相关资格和专业水平的资产评估机构评估有关抵押物的重置价值，并核查其抵押率是否控制在一定的标准内。 （2）如果借款人的贷款余额与抵押财产的账面净值或重置价值之比超过一定限度，即抵押价值不足的，则抵押人应根据银行的要求按现有贷款余额补充落实抵押物，重新签订抵押合同。 （3）抵押贷款展期后，银行应要求借款人及时到有关部门办理续期登记手续，使抵押合同保持合法性和有效性，否则抵押合同将失去法律效力。 （4）切实履行对抵押物跟踪检查制度，定期检查核对抵押物，监督企业对抵押物的占管，防止抵押物的变卖、转移和重复抵押

4. 展期贷款管理

（1）贷款展期的期限。贷款展期的期限根据《贷款通则》确定：现行短期贷款展期的期限累计不得超过原贷款期限；中期贷款展期的期限累计不得超过原贷款期限的一半；长期贷款展期的期限累计不得超过3年。国家另有规定的除外。

（2）贷款展期后的利率。经批准展期的贷款利率，银行可根据不同情况重新确定。贷款的展期期限加上原期限达到新的利率期限档次时，从展期之日起，贷款利息应按新的期限档次利率计收。

5. 展期贷款的偿还

贷款展期说明该笔贷款的偿还可能存在某些问题，因此银行应特别关注展期贷款的偿还。展期贷款到期不能按时偿还，为保证贷款的收回，信贷部门要加大催收力度。展期贷款逾期后，也应按规定加罚利息，并对应收未收利息计复利。

（三）小微企业续贷

2014 年 7 月 24 日，原中国银监会下发《关于完善和创新小微企业贷款服务提高小微企业金融服务水平的通知》。《关于完善和创新小微企业贷款服务提高小微企业金融服务水平的通知》提出，银行应积极创新服务模式，对流动资金周转贷款到期后仍有融资需求，又临时存在资金困难的小微企业，符合条件的，可以办理续贷，提前按新发贷款的要求开展贷款调查和评审。

根据《关于完善和创新小微企业贷款服务提高小微企业金融服务水平的通知》，符合以下四个主要条件的小微企业才可申请续贷：

（1）依法合规经营。

（2）生产经营正常，具有持续经营能力和良好的财务状况。

（3）信用状况良好，还款能力与还款意愿强，没有挪用贷款资金、欠贷欠息等不良行为。

（4）原流动资金周转贷款为正常类，且符合新发放流动资金周转贷款条件和标准。

典题精练

【例 12 · 单项选择题】借款人不能按期归还贷款时，应当在贷款到期日之前，向银行申请（   ）。

A. 贷款展期　　B. 贷款质押

C. 未及时还贷理由　　D. 贷款抵押

A。【解析】借款人不能按期归还贷款时，应当在贷款到期日之前，向银行申请贷款展期，是否展期由银行决定。

【例 13 · 单项选择题】《关于完善和创新小微企业贷款服务提高小微企业金融服务水平的通知》对小微企业申请续贷提出的准入门槛不包括（   ）。

A. 依法合规经营　　B. 生产经营正常

C. 信用状况良好　　D. 没有延期贷款

D。【解析】根据《关于完善和创新小微企业贷款服务提高小微企业金融服务水平的通知》，符合以下四个主要条件的小微企业才可申请续贷：(1)依法合规经营。(2)生产经营正常，具有持续经营能力和良好的财务状况。(3)信用状况良好，还款能力与还款意愿强，没有挪用贷款资金、欠贷欠息等不良行为。(4)原流动资金周转贷款为正常类，且符合新发放流动资金周转贷款条件和标准。

(四)贷款总结评价

贷款本息全部还清或形成损失后，相关部门应对贷款项目和信贷工作进行全面的总结。相关部门应在贷款本息收回后 10 日内形成书面总结报告，便于其他相关部门借鉴参考。贷款总结评价的内容主要包括以下几点：

(1)贷款基本评价。就贷款的基本情况进行分析和评价，重点从贷款综合效益分析、客户选择、贷款方式选择等方面进行总结。

(2)贷款管理中出现的问题及解决措施。分析出现问题的原因，说明针对问题采取的措施及最终结果，从中总结经验，防范同类问题重复发生，对发生后的妥善处理提出建议。

(3)其他有益经验。对管理过程中其他有助于提升贷后管理水平的心得、经验和处理方法进行总结。

典题精练

【例 14 · 单项选择题】贷款总结评价的内容不包括（   ）。

A. 贷款基本评价　　B. 贷款管理中出现的问题及解决措施

C. 其他有益经验　　D. 贷款分级制度

D。【解析】贷款总结评价的内容主要包括：(1)贷款基本评价。(2)贷款管理中出现的问题及解决措施。(3)其他有益经验。

本节速览

贷款偿还	提前归还贷款	贷款展期	分级审批制度
小微企业续贷	贷款基本评价	催收通知单	贷款总结评价

七、档案管理

信贷档案是贷款管理情况的重要记录,是确定借贷双方法律关系和权利义务的重要凭证。科学地记录、保管和使用信贷档案,是加强贷款管理、保护贷款安全的重要基础。

(一)档案管理的原则和要求

档案管理的原则主要有档案门类齐全、信息利用充分、管理制度健全、人员职责明确、提供有效服务。具体要求为:

1. 信贷档案采取分段管理、专人负责、按时交接、定期检查的管理模式

(1)分段管理。将文件分为"执行中"和"结清后"两个阶段分段管理。信贷文件由专门部门实行分段管理。

(2)专人负责。设立稳定的信贷档案员负责文件的管理及结清后的立卷归档等工作。

(3)按时交接。业务经办人员应按要求将文件及时交信贷档案员保存,信贷执行过程中续生的文件随时移交。

(4)定期检查。信贷档案管理工作由上级机构档案管理部门和本级机构管理层共同监督与指导。信贷档案的检查结果将列入档案工作综合管理考评中。

2. 信贷档案实行集中统一管理原则

信贷前后台各部门积累与借款人有关的资料。借阅人借阅档案时,应填写借阅单,经本部门管理员和负责人签字,到档案管理部门调阅档案。在调阅过程中,档案资料原则上不得带出档案管理部门。

(二)信贷档案管理

信贷档案管理对象是指正在执行中的、尚未结清信贷(贷款)的档案材料。

1. 信贷档案分类

按其重要程度及涵盖内容不同可划分为:

(1)一级信贷档案,是指信贷抵(质)押契证和有价证券及押品契证资料收据和信贷结清通知书。

(2)二级信贷档案,是指法律文件和贷前审批及贷后管理的有关文件。

2. 信贷档案管理

(1)一级信贷档案的管理。

①保管:采取双人管理制,分别管理钥匙和密码,形成存取制约机制。

②交接:押品契证资料收据一式三联,押品保管员、借款企业、业务经办人员三方各存一联。押品以客户为单位保管,并由押品保管员填写押品登录卡。

③借阅:一级信贷档案存档后,原则上不允许借阅。但在下列特殊情况中,确需借阅一级信贷档案的,必须提交申请书,经相关负责人签批同意后,方可办理借阅手续:提供给审计部门或相关单位查阅的;贷款展期办理抵押物续期登记的;提交法院进行法律诉讼、债权债务重组或呆账核销的;变更抵押物权证、变更质押物品的;须补办房产证、他项权益证书或备案登记的。

④结清、退还:借款企业、业务经办人员和押品保管员三方共同办理押品的退还手续。

(2)二级信贷档案的管理。

①保管:按规定整理成卷,交信贷档案员管理。

②交接:业务经办人员应在单笔信贷(贷款)合同签订后将前期文件整理入卷,形成信贷文件卷,经信贷档案员逐件核实后,移交管理。

③借阅:除审计部门确需查阅或进行法律诉讼的情况下,不办理借阅手续,如借阅已归档的二级信贷档案时,须经有关负责人签批同意后,填写借阅申请表,方可办理借阅手续。

④结清:已结清贷款的信贷档案的保管期限和保管部门由商业银行根据本行实际情况自行确定。

典题精练

【例 15 · 单项选择题】一级信贷档案中的押品不包括(　　)。

A. 银行开出的本外币存单、银行本票、银行承兑汇票

B. 保险批单、提货单、产权证或他项权益证书

C. 上市公司股票、政府和公司债券

D. 法律文件和贷前审批及贷后管理的有关文件

D。【解析】押品主要包括银行开出的本、外币存单,银行本票,银行承兑汇票,上市公司股票、政府和公司债券、保险批单、提货单、产权证或他项权益证书及抵(质)押物的物权凭证、抵债物资的物权凭证等。法律文件和贷前审批及贷后管理的有关文件属于二级信贷档案。

(三)客户档案的管理

业务经办部门应按客户分别建立客户档案卷,移交本部门贷款档案员集中保管。

客户档案通常包括:

(1)借款企业及担保企业的开户情况。

(2)借款企业及担保企业近三年的主要财务报表,包括资产负债表、利润表、现金流量表等,上市公司需提供经审计的年报。

(3)借款企业及担保企业的验资报告。

(4)借款企业及担保企业的信用评级资料。

(5)企业法定代表人、财务负责人的身份证或护照复印件。

(6)反映该企业经营、资信及历次贷款情况的其他材料。

(7)借款企业及担保企业的"证照"(即年检营业执照、税务登记证等)复印件。

典题精练

【例16·多项选择题】客户档案主要包括(　　)。

A. 借款及担保企业的营业执照、法人代码本、公司章程

B. 借款及担保企业的信用评级资料

C. 借款及担保企业的验资报告

D. 借款及担保企业近三年主要的财务报表

E. 财务负责人的身份证或护照复印件

BCDE。【解析】客户档案主要包括:(1)借款企业及担保企业的"证照"(即年检营业执照、税务登记证等)复印件。(2)借款企业及担保企业的信用评级资料。(3)借款企业及担保企业的开户情况。(4)借款企业及担保企业的验资报告。(5)借款企业及担保企业近三年的主要财务报表,包括资产负债表、利润表、现金流量表等,上市公司需提供经审计的年报。(6)企业法人、财务负责人的身份证或护照复印件。(7)反映该企业经营、资信及历次贷款情况的其他资料。

本节速览

信贷档案	集中统一管理	专人负责	一级信贷档案
二级信贷档案	借阅	保管	客户档案

同步自测

一、单项选择题(在以下各小题所给出的四个选项中,只有一个选项符合题目要求,请将正确选项的代码填入括号内)

1. 下列(　　)情况意味着企业面临较高的管理状况风险。

A. 主要领导者突然死亡,管理团队陷入诉讼纠纷,无法正常履行职责

B. 职能部门配合良好,管理层素质较高

C. 管理层积极适应环境和行业中的变化

D. 管理层对企业的发展具备战略性的计划,经营计划实施进展良好

2. 下列(　　)情况意味着企业可能出现较大的财务风险。

A. 流动资产占总资产比重大幅上升　　B. 短期负债增加失当,长期负债大量增加

C. 银行账户管理有序,到期票据支付及时　　D. 企业销售额下降,成本也下降

3. 下列选项中,(　　)是企业还款能力变化的直接反映。

A. 财务状况变化　　B. 高管素质变化

C. 市场份额变化　　D. 股东结构变化

4. 下列(　　)正确表述了担保的补充机制。

A. 只能追加担保品　　B. 只能追加保证人

C. 追加担保品、追加保证人　　D. 要求重新评定担保品价值、追加保证人

5. 根据相关规定,下列说法中不正确的是(　　)。

A. 抵押人的行为足以使抵押物价值降低的,抵押权人(银行)有权要求抵押人停止其行为,并要求其恢复抵押物的价值

B. 抵押人的行为足以使抵押物价值降低的，抵押权人（银行）有权要求抵押人提供与减少的价值相当的担保，以达到原借贷担保合同规定的价值

C. 借款人财务状况恶化，银行可要求借款人追加担保品，以保障贷款资金的安全

D. 对追加的担保品，无须再重新办理鉴定、公证和登记等手续

6. 关于风险预警的四大程序的顺序中，正确的是（　　）。

A. 信用信息的收集和传递、风险分析、风险处置、后评价

B. 信用信息的收集和传递、风险处置、风险分析、后评价

C. 风险分析、信用信息的收集和传递、风险处置、后评价

D. 风险分析、风险处置、信用信息的收集和传递、后评价

7. 对贷款展期的处理，下列做法中合规的是（　　）。

A. 借款人发现不能按期归还贷款，在到期日当天向银行申请贷款展期

B. 贷款经批准展期后，银行仍然保留展期前对每一笔贷款的风险度

C. 股份制企业应提供财务部门关于申请贷款展期的决议文件或其他有效的授权文件

D. 申请质押贷款展期的，应当由出质人出具同意的书面证明

8. 信贷档案对象是（　　）。

A. 正在执行中的、尚未结清信贷的文件材料

B. 已经结清信贷的文件材料

C. 贷前审批及贷后管理的有关文件

D. 贷款申请的有关文件

9. 下列关于一级信贷档案的说法中，错误的是（　　）。

A. 一级信贷档案采取双人管理制保管

B. 押品契证资料收据一式三联

C. 借款企业、业务经办人员和押品保管员三方共同办理押品的退还手续

D. 一级信贷档案存档后，可以任意借阅

二、多项选择题（在以下各小题所给出的选项中，至少有两个选项符合题目要求，请将正确选项的代码填入括号内）

1. 下列关于风险预警的说法中，正确的有（　　）。

A. 风险预警的后评价排在风险分析及风险处置过程之后

B. 后评价要对风险预警的结果进行科学的评价

C. 后评价的目的是发现风险预警中存在的问题（如虚警或漏警）

D. 只关注是否有风险，而不针对预警系统和风险管理进行修正或调整

E. 是各种工具和各种处理机制的组合结果

2. 在贷款存续期间，贷款人应当持续监测贷款企业的经营情况，根据（　　）等因素，定期对风险进行评价，并建立贷款质量监控制度和风险预警体系。

A. 技术进步　　　　B. 企业财务状况

C. 市场环境　　　　D. 宏观经济变动

E. 贷款担保

3. 下列（　　）情况需要引起贷款人的警惕。

A. 有关财务状况的预警信号　　　　B. 有关管理状况的预警信号

C. 有关经营状况的预警信号　　　　D. 有关个别消费者状况的预警信号

E. 有关行业个别竞争对手的预警信号

4. 小微企业申请续贷的主要条件有(   )。

A. 依法合规经营

B. 有第三方为其提供担保

C. 生产经营正常,具有持续经营能力和良好的财务状况

D. 信用状况良好,还款能力与还款意愿强,没有挪用贷款资金、欠款欠息等不良行为

E. 原流动资金周转贷款为正常类,且符合新发流动资金周转贷款条件和标准

三、判断题(请判断以下各小题的正误,正确的选A,错误的选B)

1. 若保证人和借款人的关系出现变化,保证人可能出现试图撤销和更改担保的情况,银行应该密切关注。(   )

A. 正确　　B. 错误

2. 长期贷款展期的期限累计不得超过2年。(   )

A. 正确　　B. 错误

3. 借款企业及担保企业近三年的主要财务报表,包括资产负债表、利润表、现金流量表等,属于客户档案。(   )

A. 正确　　B. 错误

4. 贷款展期的审批与贷款的审批一样,实行分级审批制度。(   )

A. 正确　　B. 错误

5. 对那些承认债务,确实由于客观原因,一时没有偿还能力的企业,银行也应果断采取诉讼方式。(   )

A. 正确　　B. 错误

6. 贷款本息全部还清后,相关部门应对贷款项目和信贷工作进行全面的总结。相关部门应在贷款本息收回后20日内形成书面总结报告,便于其他相关部门借鉴参考。(   )

A. 正确　　B. 错误

7. 存货质押模式下,中小企业将银行认可的存货以一定的条件质押给银行,并交付给银行认定的第三方物流企业进行监管,同时将物权转移给银行。(   )

A. 正确　　B. 错误

答案详解

一、单项选择题

1. A。【解析】本题中,职能部门配合良好,管理层素质较高、管理层积极适应环境和行业中的变化及管理层对企业的发展具备战略性的计划,经营计划实施进展良好都是属于管理状况的积极因素。而A项中主要领导者突然死亡,管理团队陷入诉讼纠纷,无法正常履行职责则可能导致企业面临较高的管理状况风险。

2. B。【解析】企业财务风险主要体现在:企业关键财务指标是否发生重大不利变化;经营性净现金流量持续为负值;产品积压、存货周转率大幅下降;短期负债增加失当,长期负债大量增加等。

3. A。【解析】财务状况变化是企业还款能力变化的直接反映。

4. C。【解析】担保的补充机制包括追加担保品和追加保证人。

5. D。【解析】根据相关规定,抵押人的行为足以使抵押物价值降低的,抵押权人(银行)有权要求抵押人停止其行为,并要求其恢复抵押物的价值,或提供与减少的价值相当的担保,即追加担保品,以达到原借贷担保合同规定的价值;借款人财务状况恶化,银行可要求借款人追加担保品,以保障贷款资金的安全;对追加的担保品,必须根据抵押贷款的有关规定,办妥鉴定、公证和登记等手续。

6. A。【解析】风险预警的程序包括：(1)信用信息的收集和传递。(2)风险分析。(3)风险处置。(4)后评价。

7. D。【解析】借款人发现不能按期归还贷款，应在贷款到期日之前，向银行申请贷款展期；贷款经批准展期后，银行应该重新评价风险；合伙企业或股份制企业，应提供董事会关于申请贷款展期的决议文件或其他有效的授权文件。

8. A。【解析】信贷档案管理对象是指正在执行中的、尚未结清信贷(贷款)的档案材料。

9. D。【解析】一级信贷档案存档后，原则上不允许借阅。

二、多项选择题

1. ABCE。【解析】风险预警的后评价排在风险预警及风险处置过程之后；后评价要对风险预警的结果进行科学的评价；目的是发现风险预警中存在的问题(如虚警或漏警)；风险预警是各种工具和各种处理机制的组合结果。

2. BCDE。【解析】在贷款存续期间，贷款人应当持续监测贷款企业的经营情况，根据企业财务状况、贷款担保、市场环境、宏观经济变动等因素，定期对风险进行评价，并建立贷款质量监控制度和风险预警体系。

3. ABC。【解析】有关财务状况的预警信号、有关管理状况的预警信号和有关经营状况的预警信号均需要引起贷款人的警惕。

4. ACDE。【解析】符合以下四个主要条件的小微企业才可申请续贷：(1)依法合规经营。(2)生产经营正常，具有持续经营能力和良好的财务状况。(3)信用状况良好，还款能力与还款意愿强，没有挪用贷款资金、欠款欠息等不良行为。(4)原流动资金周转贷款为正常类，且符合新发流动资金周转贷款条件和标准。

三、判断题

1. A。【解析】题干表述正确。

2. B。【解析】贷款展期的期限根据《贷款通则》确定：现行短期贷款展期的期限累计不得超过原贷款期限；中期贷款展期的期限累计不得超过原贷款期限的一半；长期贷款展期的期限累计不得超过3年。

3. A。【解析】客户档案通常包括：借款企业及担保企业的“证照”(即年检营业执照、税务登记证等)复印件；借款企业及担保企业的信用评级资料；借款企业及担保企业的开户情况；借款企业及担保企业的验资报告；借款企业及担保企业近三年的主要财务报表，包括资产负债表、利润表、现金流量表等，上市公司需提供经审计的年报；企业法定代表人、财务负责人的身份证或护照复印件；反映该企业经营、资信及历次贷款情况的其他材料。

4. A。【解析】贷款展期的审批与贷款的审批一样，实行分级审批制度。

5. B。【解析】对那些承认债务，确实由于客观原因，一时没有偿还能力的企业，银行一般不必采取诉讼方式，但应注意催收，避免超出诉讼时效。

6. B。【解析】贷款本息全部还清或形成损失后，相关部门应对贷款项目和信贷工作进行全面的总结。相关部门应在贷款本息收回后10日内形成书面总结报告，便于其他相关部门借鉴参考。

7. B。【解析】存货质押模式下，中小企业将银行认可的存货以一定的条件质押给银行，并交付给银行认定的第三方物流企业进行监管，同时不转移物权以维持企业正常的生产经营。

第十一章 贷款风险分类与贷款损失准备金的计提

要点导图

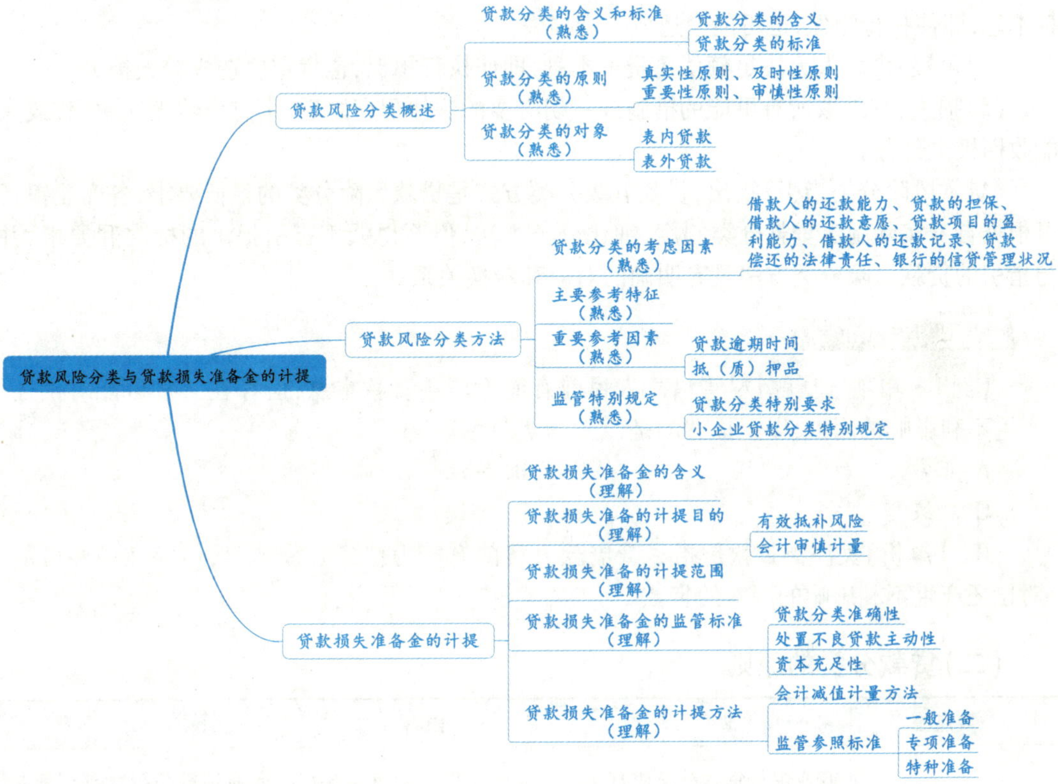

知识解读

一、贷款风险分类概述

（一）贷款分类的含义和标准

1. 贷款分类的含义

贷款分类是指商业银行按照风险程度将贷款划分为不同档次的过程，是银行信贷管理的重要组成部分，其实质是以贷款的内在风险程度和债务人还款能力为核心，判断债务人及时足额偿还贷款本息或及时足额履约的可能性。商业银行贷款分类的目的，不仅是揭示信贷资产的实际价值和风险程度，真实、全面、动态地反映贷款质量，及时发现信贷业务经营管理各环节存在的问题，采取相应措施，化解贷款风险。贷款分类结果还是商业银行计提贷款损失准备金、实施责任追究和绩效考核的重要依据。贷款分类也是监管当局对银行进行审慎监管的基本要求。

2. 贷款分类的标准

根据《贷款风险分类指引》，至少将贷款划分为五类（亦称“五级分类”），即正常、关注、次级、可疑、损失，后三类合称为不良贷款。各级次核心定义为：

(1)正常：借款人能够履行合同，没有足够理由怀疑贷款本息不能按时足额偿还。

(2)关注：尽管借款人目前有能力偿还贷款本息，但存在一些可能对偿还产生不利影响的因素。

(3)次级：借款人的还款能力出现明显问题，完全依靠其正常营业收入无法足额偿还贷款本息，即使执行担保，也可能会造成一定损失。

(4)可疑：借款人无法足额偿还贷款本息，即使执行担保，也肯定要造成较大损失。

(5)损失：在采取所有可能的措施或一切必要的法律程序之后，本息仍然无法收回，或只能收回极少部分。

《贷款风险分类指引》指出，贷款五级分类方式是贷款风险分类的最低要求，各商业银行可根据自身实际制定贷款分类制度，细化分类方法，但不得低于指引提出的标准和要求，并与指引的贷款风险分类方法具有明确的对应和转换关系。

典题精练

【例 1 · 单项选择题】尽管借款人目前有能力偿还贷款本息，但存在一些可能对偿还产生不利影响的因素，以上描述的是(　　)类贷款。

A. 正常　　B. 关注

C. 次级　　D. 可疑

B。【解析】关注类贷款是指尽管借款人目前有能力偿还贷款本息，但存在一些可能对偿还产生不利影响的因素的贷款。

(二)贷款分类的原则

要点	内容
真实性原则	商业银行贷款分类应真实客观地反映贷款的风险状况。商业银行高级管理层要对贷款分类制度的执行、贷款分类的结果承担责任。商业银行内部审计部门也应对贷款分类进行检查和评估，频率每年不得少于一次
及时性原则	商业银行应及时、动态地根据借款人经营管理等状况的变化调整分类结果，至少每季度对全部贷款进行一次分类。如果影响借款人财务状况或贷款偿还因素发生重大变化，应及时调整对贷款的分类
重要性原则	商业银行分类人员对影响贷款分类的诸多因素，要根据五级分类核心定义确定关键因素进行评估和分类。对贷款进行分类时，要以评估借款人的还款能力为核心，把借款人的正常营业收入作为贷款的主要还款来源，贷款的担保作为次要还款来源。同时，逾期天数也是商业银行贷款分类时应予以考虑的重要参考指标
审慎性原则	商业银行分类人员对难以准确判断借款人还款能力的贷款，应遵循审慎分类原则，适度下调其分类等级

典题精练

【例 2 · 单项选择题】(　　)要求对难以准确判断借款人还款能力的贷款,应适度下调其分类等级。

A. 审慎性原则　　B. 真实性原则

C. 重要性原则　　D. 及时性原则

A。【解析】审慎性原则要求对难以准确判断借款人还款能力的贷款,应适度下调其分类等级。

(三)贷款分类的对象

商业银行贷款分类对象,通常应涵盖其承担信用风险的全部信贷业务。具体包括:

(1)表内贷款。表内贷款包括流动资金贷款、固定资产贷款、项目融资、银团贷款、法人账户透支、票据贴现、保理、福费廷等各类表内信贷资产。

(2)表外信贷。表外信贷包括信用证、票据承兑、保证、保兑、保函、担保付款、贷款承诺、包销承诺等各类贷款担保和承诺。

典题精练

【例 3 · 判断题】流动资金贷款属于表外贷款。(　　)

A. 正确　　B. 错误

B。【解析】表内贷款包括流动资金贷款、固定资产贷款、项目融资、银团贷款、法人账户透支、票据贴现、保理、福费廷等各类表内信贷资产。

本节速览

贷款分类	还款能力	不良贷款	表内贷款

二、贷款风险分类方法

(一)贷款分类的考虑因素

贷款分类是在执行核心定义的前提下,参照主要参考特征,结合贷款的逾期时间,并以债务人正常的营业收入作为主要偿还来源,以担保作为第二偿还来源,判断债务人及时足额偿还债务的可能性。主要参照以下七方面因素:

(1)借款人的还款能力。

(2)贷款的担保。

(3)借款人的还款意愿。

(4)贷款项目的盈利能力。

(5)借款人的还款记录。

(6)贷款偿还的法律责任。

(7)银行的信贷管理状况。

典题精练

【例4·多项选择题】商业银行对贷款进行分类，应主要考虑的因素有（　　）。

A.借款人的还款能力　　B.贷款的担保

C.借款人的还款意愿　　D.借款人的还款记录

E.银行的信贷管理状况

ABCDE。【解析】商业银行对贷款进行分类，应主要考虑以下因素：(1)借款人的还款能力。(2)贷款的担保。(3)借款人的还款意愿。(4)贷款项目的盈利能力。(5)借款人的还款记录。(6)贷款偿还的法律责任。(7)银行的信贷管理状况。

（二）主要参考特征

贷款类别	主要参考特征
正常类贷款	债务人有能力履行还款承诺，能够全额归还债务本金和利息
关注类贷款	(1)借款人财务状况不佳。 (2)借款人经营管理存在较为严重的问题，如问题继续存在可能影响贷款的偿还。 (3)借款人的还款意愿较差，不愿与贷款银行合作。 (4)抵（质）押贷款所依赖的抵（质）押品价值下降。 (5)银行对贷款管理不善，如未能及时了解借款人经营及财务状况。 (6)借款人提供的财务资料存在一定问题，可能影响银行对借款人还款能力的评价。 (7)借款人从事固有风险很大的行业，其最终还款能力容易因市场波动或产品的成败出现负面大幅度变动。 (8)借款人管理层发生重大变化，且新任管理层的还款意愿较差，可能削弱借款人的经营能力和财务状况。 (9)难以获得充分的资料对中长期项目的进展情况及其现金流量状况做出定期更新评估，因此很难确定项目是否能够产生明确的现金流在到期时作为还款来源。 (10)项目长期被延迟或项目原有计划的重大更改对项目产生了负面影响以致削弱了借款人的还款能力。 (11)借款人经营所处的法律环境或经营环境发生重大不利变化以致削弱了借款人的还款能力。 (12)借款人股利分配行为与盈利状况不匹配，可能影响借款人最终的还款能力
次级类贷款	(1)借款人出现持续财务困难，影响到其业务的持续经营。 (2)借款人内部管理混乱，影响债务的及时足额清偿。 (3)借款人采取不正当手段套取贷款
可疑类贷款	(1)贷款会发生较大损失，但存在借款人重组、兼并、合并、抵（质）押物处理和未决诉讼（仲裁）等因素，损失金额尚不能确定。 (2)借款人陷入经营和财务危机，借款人处于停产、半停产状态；固定资产项目处于停建或缓建状态；借款人资不抵债，无力还款。 (3)贷款银行已采取法律手段，但预计即使执行法律程序仍将发生较大损失。 (4)借款人无力还款，虽经过重组、兼并、合并仍不能按还款计划偿还本金和利息。 (5)经多次谈判借款人明显没有还款的意愿。

（续表）

贷款类别	主要参考特征
可疑类贷款	(6)抵(质)押的贷款已取得法院判决,但借款人未履行法院判决或者银行难以执行法院判决
损失类贷款	(1)借款人的经营停滞,贷款绝大部分或全部将发生损失:借款人无力偿还;借款人完全停止经营活动;贷款偿还所依赖的抵(质)押品价值难以确定,变现困难;固定资产项目停工时间很长且无望复工。 (2)借款人破产或对借款人的诉讼(仲裁)程序已经完结,即使处置抵(质)押物或向担保人追偿也只能收回很少的部分,或因为各种原因决定不提起诉讼(仲裁)

典题精练

【例5·单项选择题】下列不属于可疑类贷款主要参考特征的是(　　)。

A. 经多次谈判借款人明显没有还款的意愿

B. 借款人采取不正当手段套取贷款

C. 固定资产项目处于停建或缓建状态

D. 借款人陷入经营和财务危机,借款人处于停产、半停产状态

B。【解析】B项属于次级类贷款的主要参考特征。

(三)重要参考因素

1. 贷款逾期时间

贷款逾期是反映客户风险的客观信号,贷款是否出现逾期和逾期时间长短,应作为商业银行贷款分类时的重要参考。商业银行可以在核心定义基础上,根据贷款逾期时间对贷款分类等级实施审慎控制,以反映贷款质量的恶化程度。

2. 抵(质)押品

是否考虑动用担保是区分正常与不良资产的重要分界线。对抵(质)押品进行评估,要充分考虑法律上的有效性、变现的可能性及价值的充足性。对于权属和实质管控没有瑕疵的高品质押品,例如全额保证金、本行存单、国债、金融债等提供质押,即便客户出现财务状况下滑等不利情况,也可以适当从宽进行分类等级认定。而对于权属存在瑕疵、流动性欠缺、变现能力差的押品,应审慎认定其对贷款分类的缓释效力。

(四)监管特别规定

1. 贷款分类特别要求

下列贷款应至少归为关注类:

(1)本金和利息虽尚未逾期,但借款人有利用兼并、重组、分立等形式恶意逃废银行债务的嫌疑。

(2)借新还旧,或者需通过其他融资方式偿还。

(3)改变贷款用途。

(4)本金或者利息逾期。

(5)同一借款人对本行或其他银行的部分债务已经不良。

(6)违反国家有关法律和法规发放的贷款。

下列贷款应至少归为次级类：

(1)逾期(含展期后)超过一定期限、其应收利息不再计入当期损益。

(2)借款人利用合并、分立等形式恶意逃废银行债务,本金或者利息已经逾期。

(3)重组贷款(重组贷款是指银行由于借款人财务状况恶化,或无力还款而对借款合同还款条款作出调整的贷款):

①需要重组的贷款应至少归为次级类。

②重组后的贷款(简称重组贷款)如果仍然逾期,或借款人仍然无力归还贷款,应至少归为可疑类。

③重组贷款的分类档次在至少6个月的观察期内不得调高,观察期结束后,应严格按照《贷款风险分类指引》规定进行分类。

2. 小企业贷款分类特别规定

根据《小企业贷款风险分类办法(试行)》,小企业贷款逾期天数风险分类矩阵如下表。

逾期时间 担保方式	未逾期	1~30天(含)	31~90天(含)	91~180天(含)	181~360天(含)	360天以上
信用	正常	关注	次级	可疑	可疑	损失
保证	正常	正常	关注	次级	可疑	损失
抵押	正常	正常	关注	关注	次级	可疑
质押	正常	正常	正常	关注	次级	可疑

对于发生《商业银行小企业授信工作尽职指引(试行)》第十八条所列举的影响小企业履约能力的重大事项以及出现该指引"附录"所列举的预警信号时,小企业贷款的分类应在逾期天数风险分类矩阵的基础上至少下调一级。贷款发生逾期后,借款人或担保人能够追加提供履约保证金、变现能力强的抵(质)押物等低风险担保,且贷款风险可控,资产安全有保障的,贷款风险分类级别可以上调。

典题精练

【例6·单项选择题】重组贷款的分类档次在至少(　　)个月的观察期内不得调高。

A. 6　　B. 3

C. 5　　D. 4

A。【解析】重组贷款的分类档次在至少6个月的观察期内不得调高,观察期结束后,应严格按照《贷款风险分类指引》规定进行分类。

本节速览

贷款风险分类	还款意愿	主要参考特征	贷款逾期时间
重组贷款	小企业贷款分类	担保方式	履约保证金

三、贷款损失准备金的计提(中级考试内容)

(一)贷款损失准备金的含义

贷款损失准备金(又称“拨备”)是指商业银行在成本中列支、用以抵御贷款风险的准备金,不包括在利润分配中计提的一般风险准备。

依据《金融企业准备金计提管理办法》,金融机构对于需要承担风险和损失的金融资产所计提的准备金,包括资产减值准备和一般准备。

(1)资产减值准备。资产减值准备是指金融企业对各类债权、股权等金融资产(不包括以公允价值计量并且其变动计入当期损益的金融资产)进行合理估计和判断,对其预计未来现金流量现值低于账面价值部分计提的,计入金融企业成本的,用于弥补资产损失的准备金。

(2)一般准备。一般准备是指金融企业运用动态拨备原理,采用内部模型法或标准法计算风险资产的潜在风险估计值后,扣减已计提的资产减值准备,从净利润中计提的、用于部分弥补尚未识别的可能性损失的准备金。贷款损失准备金是金融企业针对贷款所计提的一种资产减值准备。

(二)贷款损失准备的计提目的

1. 有效抵补风险

按照国际通行的巴塞尔资本监管框架体系,银行必须保有足够资本来抵御风险资产的非预期损失,而资产的预期损失,应充分考虑在其经营成本中,由相应的风险损失准备金抵补。如果风险损失准备金不足,就要直接冲减资本。因此,资本与拨备密切相关,拨备监管是整个资本监管体系的重要组成部分,只有严格计提拨备后计算的资本充足率才是真实可靠的。贷款损失准备金充足性是监管当局评估商业银行风险抵御能力的重要方面。

2. 会计审慎计量

企业会计准则要求,企业对交易或者事项进行会计确认、计量和报告应当保持应有的谨慎,不应高估资产或者收益、低估负债或者费用。对承担风险资产计提减值准备,是会计审慎性的要求。通过对贷款预计未来现金流量现值低于账面价值部分及时计提损失准备,可以准确反映贷款真实价值,提升利润报告的质量,起到预警风险和化解风险作用。

典题精练

【例7·单项选择题】(　　)是指金融企业对各类债权、股权等金融资产(不包括以公允价值计量并且其变动计入当期损益的金融资产)进行合理估计和判断,对其预计未来现金流量现值低于账面价值部分计提的,计入金融企业成本的,用于弥补资产损失的准备金。

A. 专项准备　　B. 一般准备

C. 资产减值准备　　D. 特种准备

C。【解析】资产减值准备是指金融企业对各类债权、股权等金融资产(不包括以公允价值计量并且其变动计入当期损益的金融资产)进行合理估计和判断,对其预计未来现金流量现值低于账面价值部分计提的,计入金融企业成本的,用于弥补资产损失的准备金。

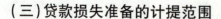

（三）贷款损失准备的计提范围

商业银行贷款损失准备的计提范围，除包括应承担风险和损失的表内信贷资产外，按照《国际财务报告准则第9号——金融工具》和《企业会计准则第22号——金融工具确认和计量》最新要求，还应包括表外未提用的贷款承诺和财务担保合同。具体范围包括表内贷款和表外信贷。

（四）贷款损失准备金的监管标准

基于拨备对于风险抵补的重要性，依据《商业银行贷款损失准备管理办法》，监管部门设置了贷款拨备率和拨备覆盖率两个指标，用以考核商业银行贷款损失准备计提的充足性：

贷款拨备率＝贷款损失准备÷各项贷款×100%，监管参考标准是1.5%～2.5%。

拨备覆盖率＝贷款损失准备÷不良贷款×100%，监管参考标准是120%～150%。

依据《关于调整商业银行贷款损失准备监管要求的通知》规定，各级监管部门应综合考虑商业银行贷款分类准确性、处置不良贷款主动性、资本充足性三方面因素，按照孰高原则，确定贷款损失准备最低监管要求。

1. 贷款分类准确性

按照逾期90天以上贷款纳入不良贷款的比例，确定拨备覆盖率和贷款拨备率最低监管要求。

逾期90天以上贷款纳入不良贷款的比例/%	拨备覆盖率最低监管要求	贷款拨备率最低监管要求
100%	120%	1.5%
[85%，100%)	130%	1.8%
[70%，85%)	140%	2.1%
70%以下	150%	2.5%

2. 处置不良贷款主动性

按照处置的不良贷款占新形成不良贷款的比例，确定拨备覆盖率和贷款拨备率最低监管要求。

处置的不良贷款占新形成不良贷款的比例	拨备覆盖率最低监管要求	贷款拨备率最低监管要求
90%及以上	120%	1.5%
[75%，90%)	130%	1.8%
[60%，75%)	140%	2.1%
60%以下	150%	2.5%

3. 资本充足性

按照不同类别商业银行的资本充足率情况，确定拨备覆盖率和贷款拨备率最低监管要求。

资本充足率（系统重要性银行）	资本充足率（非系统重要性银行）	拨备覆盖率最低监管要求	贷款拨备率最低监管要求
13.5%及以上	12.5%及以上	120%	1.5%
[12.5%，13.5%)	[11.5%，12.5%)	130%	1.8%

（续表）

资本充足率（系统重要性银行）	资本充足率（非系统重要性银行）	拨备覆盖率最低监管要求	贷款拨备率最低监管要求
[11.5%,12.5%)	[10.5%,11.5%)	140%	2.1%
11.5%以下	10.5%以下	150%	2.5%

按照财政部《金融企业准备金计提管理办法》要求，商业银行除在成本中列支贷款损失准备金之外，每年年终还应在其净利润中提取一般准备。一般准备余额原则上不得低于风险资产期末余额的1.5%。标准法潜在风险估计值计算公式为：

潜在风险估计值＝正常类风险资产×1.5%＋关注类风险资产×3%＋次级类风险资产×30%＋可疑类风险资产×60%＋损失类风险资产×100%

上述贷款损失准备金和一般准备两个方面，构成了商业银行所应遵循的监管逆周期管理的动态拨备要求。

典题精练

【例8·单项选择题】一般准备余额原则上不得低于风险资产期末余额的（　　）。

A.1.5%　　B.2%

C.2.5%　　D.3%

A。【解析】一般准备余额原则上不得低于风险资产期末余额的1.5%。

（五）贷款损失准备金的计提方法

贷款损失准备金如何计提、计提比例是多少，一般是由商业银行按照会计准则根据资产减值估计决定。实践操作上，商业银行一般会在遵循会计准则要求基础上，同时满足监管对贷款损失准备充足性的各项要求。

1.会计减值计量方法

根据《国际财务报告准则第9号——金融工具》和《企业会计准则第22号——金融工具确认和计量》最新要求，商业银行对贷款损失准备的估计，将从“已发生损失模型”改为“预期损失模型”。在新准则下，以摊余成本计量的表内贷款以及承兑、保函、信用证、贷款承诺等表外信贷，需要采用预期损失法，按照三个阶段计提减值准备。第一阶段为初次确认后金融资产信用风险未发生显著增加阶段；第二阶段为自初次确认后金融资产信用风险发生显著增加的阶段；第三阶段为金融资产已发生信用减值的证据阶段。第一阶段只需按照相当于该资产未来12个月内预期信用损失的金额计量其减值准备；第二和第三阶段应当按照该资产整个存续期内预期信用损失的金额计量其减值准备。

2.监管参照标准

2002年，人民银行印发了《银行贷款损失准备计提指引》，对贷款损失准备计提给出了一个早期参照标准：

（1）一般准备。此处一般准备，与《金融企业准备金计提管理办法》税后利润中提取“一般准备”含义不同，这里的一般准备，是指人民银行当时要求针对尚未识别的可能性损失，基于全部贷款余额一定比例，以组合方式计提、在成本中列支的一种贷款损失准备。指引要求，一般准备年末余额不得低于年末贷款余额的1%。

（2）专项准备。专项准备是指根据贷款风险分类，按每笔贷款损失的程度计提的用于弥补专项损失的准备。指引要求，对于关注类贷款，计提比例为2%；对于次级类贷款，计提比例为25%；对于可疑类贷款，计提比例为50%；对于损失类贷款，计提比例为100%。其中，次级类和可疑类贷款的损失准备，计提比例可以上下浮动20%。

（3）特种准备。特种准备是针对某一国家、地区、行业或某一类贷款风险计提的准备。指引要求银行根据不同类别（如国别、行业）贷款的特种风险情况、风险损失概率及历史经验，自行确定按季度计提比例。

本节速览

贷款损失准备金	会计审慎计量	计提范围	贷款拨备率
拨备覆盖率	资本充足性	会计减值计量方法	专项准备

同步自测

一、单项选择题（在以下各小题所给出的四个选项中，只有一个选项符合题目要求，请将正确选项的代码填入括号内）

1. 借款人无法足额偿还本息，即使执行担保，也肯定要造成较大损失，这是（　　）。

A. 正常类贷款　　B. 关注类贷款

C. 次级类贷款　　D. 可疑类贷款

2. 商业银行分类人员对影响贷款分类的诸多因素，要根据五级分类核心定义确定关键因素进行评估和分类，以上描述的是贷款分类的（　　）原则。

A. 重要性　　B. 审慎性

C. 真实性　　D. 及时性

3. 贷款银行已采取法律手段，但预计即使执行法律程序仍将发生较大损失，描述的是（　　）贷款的主要参考特征。

A. 关注类　　B. 损失类

C. 可疑类　　D. 次级类

4. 很多银行从内部审慎管理角度出发要求，逾期超过90天，至少应划分为（　　）贷款。

A. 可疑类　　B. 正常类

C. 关注类　　D. 次级类

5. 对于发生《商业银行小企业授信工作尽职指引（试行）》第十八条所列举的影响小企业履约能力的重大事项以及出现该指引“附录”所列举的预警信号时，小企业贷款的分类应在逾期天数风险分类矩阵的基础上至少下调（　　）级。

A. 2　　B. 3

C. 1　　D. 4

6. 按照国际通行的巴塞尔资本监管框架体系，银行必须保有足够资本来抵御风险资产的（　　）。

A. 非预期损失　　B. 经营成本

C. 预期损失　　D. 风险损失

7. 按照财政部《金融企业准备金计提管理办法》要求，商业银行除在成本中列支贷款损失准备金之外，每年年终还应在其净利润中提取(　　)。

A. 特种准备　　B. 专项准备

C. 一般准备　　D. 资产准备

8. 以摊余成本计量的表内贷款以及承兑、保函、信用证、贷款承诺等表外信贷，需要采用(　　)，按照三个阶段计提减值准备。

A. 预期损失法　　B. 摊余成本法

C. 减值法　　D. 非预期损失法

9. 专项准备是指根据贷款风险分类，按每笔贷款损失的程度计提的用于弥补专项损失的准备。《银行贷款损失准备计提指引》要求，对于关注类贷款，计提比例为(　　)。

A. 25%　　B. 50%

C. 2%　　D. 3%

二、多项选择题(在以下各小题所给出的选项中，至少有两个选项符合题目要求，请将正确选项的代码填入括号内)

1. 贷款分类的实质是以(　　)为核心，判断债务人及时足额偿还贷款本息或及时足额履约的可能性。

A. 债务人的还款意愿　　B. 贷款的内在风险程度

C. 贷款用途　　D. 债务人还款能力

E. 贷款期限

2. 下列应至少归为关注类贷款的有(　　)。

A. 本金或者利息逾期

B. 本金和利息虽尚未逾期，但借款人有利用兼并、重组、分立等形式恶意逃废银行债务的嫌疑

C. 同一借款人对本行或其他银行的部分债务已经不良

D. 借款人利用合并、分立等形式恶意逃废银行债务，本金或者利息已经逾期

E. 违反国家有关法律和法规发放的贷款

3. 下列属于表外信贷的有(　　)。

A. 保证　　B. 信用证

C. 担保付款　　D. 贷款承诺

E. 保函

4. 依据《商业银行贷款损失准备管理办法》，监管部门设置了(　　)指标，用以考核商业银行贷款损失准备计提的充足性。

A. 不良贷款率　　B. 贷款拨备率

C. 资产拨备率　　D. 贷款抵补率

E. 拨备覆盖率

5.《银行贷款损失准备计提指引》，对贷款损失准备计提给出了一个早期参照标准，包括(　　)。

A. 资产准备　　B. 一般准备

C. 专项准备　　D. 特种准备

E. 坏账准备

三、判断题(请判断以下各小题的正误,正确的选 A,错误的选 B)

1. 贷款逾期是反映客户风险的客观信号,贷款是否出现逾期和逾期时间长短,应作为商业银行贷款分类时的重要参考。 ( )

A. 正确 B. 错误

2. 贷款损失准备金包括在利润分配中计提的一般风险准备。 ( )

A. 正确 B. 错误

3. 贷款损失准备金如何计提、计提比例是多少,一般是由商业银行按照会计准则根据资产减值估计决定。 ( )

A. 正确 B. 错误

4. 如果把全部风险比作一座冰山,非预期损失就是已经能够看得到的“水上部分”,而看不见的“水下部分”就是预期损失。 ( )

A. 正确 B. 错误

答案详解

一、单项选择题

1. D。【解析】借款人无法足额偿还本息,即使执行担保,也肯定要造成较大损失,属于可疑类贷款。

2. A。【解析】商业银行分类人员对影响贷款分类的诸多因素,要根据五级分类核心定义确定关键因素进行评估和分类,体现了贷款分类的重要性原则。

3. C。【解析】可疑类贷款的主要参考特征主要包括:(1)贷款会发生较大损失,但存在借款人重组、兼并、合并、抵(质)押物处理和未决诉讼(仲裁)等因索,损失金额尚不能确定。(2)借款人陷入经营和财务危机,借款人处于停产、半停产状态;固定资产项目处于停建或缓建状态;借款人资不抵债,无力还款。(3)贷款银行已采取法律手段,但预计即使执行法律程序仍将发生较大损失。(4)借款人无力还款,虽经过重组、兼并、合并仍不能按还款计划偿还本金和利息。(5)经多次谈判借款人明显没有还款的意愿。(6)抵(质)押的贷款已取得法院判决,但借款人未履行法院判决或者银行难以执行法院判决。

4. D。【解析】很多银行从内部审慎管理角度出发要求,贷款一旦逾期至少应分为关注类;逾期超过一定期限(如 90 天以上),至少应划分为次级类;逾期严重(如 180 天或 360 天),直接划分为可疑类或损失类。

5. C。【解析】对于发生《商业银行小企业授信工作尽职指引(试行)》第十八条所列举的影响小企业履约能力的重大事项以及出现该指引“附录”所列举的预警信号时,小企业贷款的分类应在逾期天数风险分类矩阵的基础上至少下调一级。

6. A。【解析】按照国际通行的巴塞尔资本监管框架体系,银行必须保有足够资本来抵御风险资产的非预期损失,而资产的预期损失,应充分考虑在其经营成本中,由相应的风险损失准备金抵补。

7. C。【解析】按照财政部《金融企业准备金计提管理办法》要求,商业银行除在成本中列支贷款损失准备金之外,每年年终还应在其净利润中提取一般准备。

8. A。【解析】以摊余成本计量的表内贷款以及承兑、保函、信用证、贷款承诺等表外信贷,需要采用预期损失法,按照三个阶段计提减值准备。第一阶段为初次确认后金融资产信用风险未发生显著增加阶段;第二阶段为自初次确认后金融资产信用风险发生显著增加的阶段；第三阶段为金融资产已发生信用减值的证据阶段。

9. C。【解析】《银行贷款损失准备计提指引》要求，对于关注类贷款，计提比例为 2%；对于次级类贷款，计提比例为 25%；对于可疑类贷款，计提比例为 50%；对于损失类贷款，计提比例为 100%。其中，次级类和可疑类贷款的损失准备，计提比例可以上下浮动 20%。

二、多项选择题

1. BD。【解析】贷款分类是指商业银行按照风险程度将贷款划分为不同档次的过程，其实质是以贷款的内在风险程度和债务人还款能力为核心，判断债务人及时足额偿还贷款本息或及时足额履约的可能性。

2. ABCE。【解析】下列贷款应至少归为关注类：(1) 本金和利息虽尚未逾期，但借款人有利用兼并、重组、分立等形式恶意逃废银行债务的嫌疑。(2) 借新还旧，或者需通过其他融资方式偿还。(3) 改变贷款用途。(4) 本金或者利息逾期。(5) 同一借款人对本行或其他银行的部分债务已经不良。(6) 违反国家有关法律和法规发放的贷款。D 选项至少应归为次级类。

3. ABCDE。【解析】表外信贷包括信用证、票据承兑、保证、保兑、保函、担保付款、贷款承诺、包销承诺等各类贷款担保和承诺。

4. BE。【解析】基于拨备对于风险抵补的重要性，依据《商业银行贷款损失准备管理办法》，监管部门设置了贷款拨备率和拨备覆盖率两个指标，用以考核商业银行贷款损失准备计提的充足性。

5. BCD。【解析】2002 年，人民银行印发了《银行贷款损失准备计提指引》，对贷款损失准备计提给出了一个早期参照标准：(1) 一般准备。(2) 专项准备。(3) 特种准备。

三、判断题

1. A。【解析】贷款逾期是反映客户风险的客观信号，贷款是否出现逾期和逾期时间长短，应作为商业银行贷款分类时的重要参考。

2. B。【解析】贷款损失准备金（又称“拨备”）是指商业银行在成本中列支、用以抵御贷款风险的准备金，不包括在利润分配中计提的一般风险准备。

3. A。【解析】贷款损失准备金如何计提、计提比例是多少，一般是由商业银行按照会计准则根据资产减值估计决定。

4. B。【解析】如果把全部风险比作一座冰山，预期损失就是已经能够看得到的“水上部分”，而看不见的“水下部分”就是非预期损失。

第十二章 不良贷款管理

要点导图

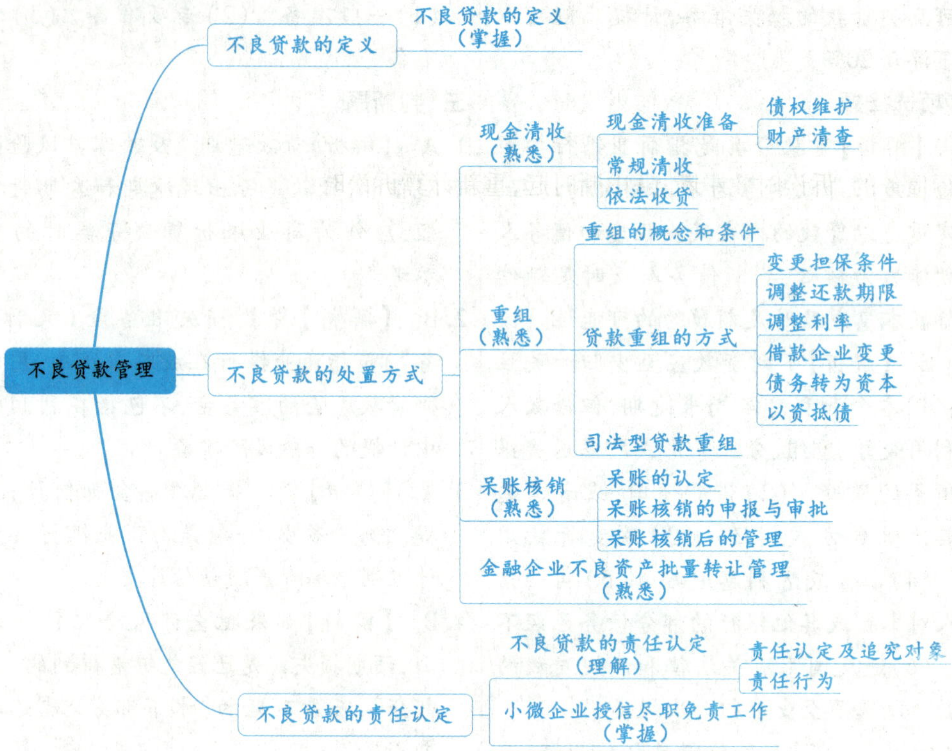

知识解读

一、不良贷款的定义

不良贷款是指借款人未能按原定的贷款协议按时偿还商业银行的贷款本息，或者已有迹象表明借款人不可能按原定的贷款协议按时偿还商业银行的贷款本息而形成的贷款。

按照四级分类的标准，我国曾经将不良贷款定义为呆账贷款、呆滞贷款和逾期贷款的总和。从 2002 年起，我国全面实行贷款五级分类制度，按照该制度，不良贷款主要是指次级、可疑和损失类贷款。

本节速览

不良贷款	次级	可疑	损失

二、不良贷款的处置方式

(一)现金清收

1. 现金清收准备

(1)债权维护。资产保全人员维护债权的要求有:

①妥善保管能够证明主债权和担保债权客观存在的档案材料。

②确保主债权和担保权利具有强制执行效力,主要是确保不超过诉讼时效、保证责任期间,确保不超过生效判决的申请执行期限。

③防止债务人逃废债务。

向人民法院申请保护债权的诉讼时效期间通常为3年。诉讼时效从债务人应当还款之日起算,但在3年期间届满之前,债权银行提起诉讼、向债务人提出清偿要求或者债务人同意履行债务的,诉讼时效中断;从中断时起,重新计算诉讼时效期间(仍然为3年)。

保证人和债权人应当在合同中约定保证责任期间,双方没有约定的,从借款企业偿还借款的期限届满之日起的6个月内,债权银行应当要求保证人履行债务,否则保证人可以拒绝承担保证责任。

(2)财产清查。清查债务人可供偿还债务的财产,对清收效果有很大影响。财产清查对于能够如实提供经过审计财务报表的企业相对容易一些。为了发现债务人的财产线索,需要查找债务人的工商登记和纳税记录。

2. 常规清收

根据是否诉诸法律,可将清收划分为常规清收和依法收贷两种。常规清收包括直接追偿、协商处置抵(质)押物、委托第三方清收等方式。

常规清收需要注意:

(1)要分析债务人拖欠贷款的真正原因,判断债务人短期和中长期的清偿能力。

(2)利用政府和主管机关向债务人施加压力。

(3)要从债务人今后发展需要银行支持的角度,引导债务人自愿还款。

(4)要将依法收贷作为常规清收的后盾。

3. 依法收贷

依法收贷的程序为:向人民法院提起诉讼(或者向仲裁机关申请冲裁),胜诉后向人民法院申请强制执行。

(1)提起诉讼。人民法院审理案件,一般应在立案之日起6个月内作出判决。银行如果不服地方人民法院第一审判决的,有权在判决书送达之日起15日内向上一级人民法院提起上诉。

(2)财产保全。

①类型:诉前财产保全和诉中财产保全。诉前财产保全是指债权银行因情况紧急,不立即申请财产保全将会使其合法权益受到难以弥补的损失,因而在起诉前向人民法院申请采取财产保全措施。诉中财产保全是指可能因债务人一方的行为或者其他原因,使判决不能执行或者难以执行的案件,人民法院根据债权银行的申请裁定或者在必要时不经申请自行裁定采取财产保全措施。

②作用:防止债务人的财产被隐匿、转移或者毁损灭失,保障日后执行顺利进行;对债务人财产采取保全措施,影响债务人的生产和经营活动,迫使债务人主动履行义务。

(3)申请支付令。根据《中华人民共和国民事诉讼法》的规定,债权人请求债务人给付金钱和有价证券,如果债权人和债务人没有其他债务纠纷的,可以向有管辖权的人民法院申请支付令。债务人应当自收到支付令之日起15日内向债权人清偿债务,或者向人民法院提出书面异议。债务人在收到支付令之日起15日内既不提出异议又不履行支付令的,债权人可以向人民法院申请执行。如果借款企业对于债务本身并无争议,而仅仅由于支付能力不足而未能及时归还的贷款,申请支付令可达到与起诉同样的效果,但申请支付令所需费用和时间远比起诉少。

(4)申请强制执行。对于下列法律文书,债务人必须履行;债务人拒绝履行的,银行可以向人民法院申请强制执行:

①人民法院发生法律效力的判决、裁定和调解书。

②依法设立的仲裁机构的裁决。

③公证机关依法赋予强制执行效力的债权文书。

此外,债务人接到支付令后既不履行债务又不提出异议的,银行也可以向人民法院申请强制执行。

《中华人民共和国民事诉讼法》规定,申请强制执行的法定期限为2年。申请强制执行期限,从法律文书规定履行期间的最后一日起计算;法律文书规定分期履行的,从规定的每次履行期间的最后一日起计算;法律未规定履行期间的,从法律文书生效之日起计算。

(5)申请债务人破产。当债务人不能偿还到期债务而且经营亏损的趋势无法逆转时,应当果断申请对债务人实施破产。

典题精练

【例1·单项选择题】根据是否诉诸法律,可以将财产清收划分为(　　)。

A. 委托第三方清收和直接追偿清收　　B. 常规清收和直接追偿清收

C. 常规清收和依法收贷　　D. 依法收贷和委托第三方清收

C。【解析】根据是否诉诸法律,可以将清收划分为常规清收和依法收贷两种。其中,常规清收包括直接追偿、协商处置抵(质)押物、委托第三方清收等方式。

【例2·多项选择题】采用常规清收无效后,可采取依法收贷的措施。下列属于依法收贷措施的有(　　)。

A. 提起诉讼　　B. 委托第三方清收

C. 申请强制执行　　D. 申请债务人破产

E. 重组

ACD。【解析】依法收贷的措施包括:(1)提起诉讼。(2)财产保全。(3)申请支付令。(4)申请强制执行。(5)申请债务人破产。

(二)重组

根据债权银行在重组中的地位和作用,可以将贷款重组划分为司法型和自主型贷款重组。司法型贷款重组,主要指在《中华人民共和国企业破产法》中规定的和解与整顿程序以及国外的破产重整程序中,在法院主导下债权人对债务进行适当的调整。自主型贷款重组完全由借款企业和债权银行协商决定。

1. 重组的概念和条件

(1)重组的概念。贷款重组是指借款企业由于财务状况恶化或其他原因而出现还款困难，银行在充分评估贷款风险并与借款企业协商的基础上，修改或重新制订贷款偿还方案，调整贷款合同条款，控制和化解贷款风险的行为。

（2）重组的条件。总的来说，办理贷款重组的条件是：有利于银行贷款资产风险的控制及促进现金回收，减少经济损失。

具备以下条件之一，同时其他贷款条件没有因此明显恶化的，可考虑办理债务重组：

①通过债务重组，借款企业能够改善财务状况，增强偿债能力。

②通过债务重组，能够弥补贷款法律手续方面的重大缺陷。

③通过债务重组，能够追加或者完善担保条件。

④通过债务重组，能够使银行债务先行得到部分偿还。

⑤通过债务重组，可以在其他方面减少银行风险。

2. 贷款重组的方式

要点	内容
变更担保条件	（1）将抵押或质押转换为保证。 （2）将保证转换为抵押或质押，或变更保证人。 （3）直接减轻或免除保证人的责任
调整还款期限	主要根据企业偿债能力制定合理的还款期限，从而有利于鼓励企业增强还款意愿
调整利率	主要将逾期利率调整为相应档次的正常利率或下浮，从而减轻企业的付息成本
借款企业变更	主要是借款企业发生合并、分立、股份制改造等情形时，银行同意将部分或全部债务转移到第三方
债务转为资本	债务转为资本是指债务人将债务转为资本，同时债权人将债权转为股权的债务重组方式
以资抵债	（1）以资抵债的条件及抵债资产的范围。 ①债务人以资抵债的条件：债务人因资不抵债或其他原因关停倒闭、宣告破产，经合法清算后，依照有权部门判决、裁定以其合法资产抵偿银行贷款本息的；债务人故意“悬空”贷款、逃避还贷责任，债务人改制，债务人关闭、停产，债务人挤占挪用信贷资金等其他情况出现时，银行不实施以资抵债信贷资产将遭受损失的；债务人贷款到期，确无货币资金或货币资金不足以偿还贷款本息，以事先抵押或质押给银行的财产抵偿贷款本息的。 ②抵债资产的范围：动产；不动产；无形资产；有价证券；其他有效资产。 ③不得用于抵偿债务的资产（但根据人民法院和仲裁机构生效法律文书办理的除外）：依法被查封、扣押、监管的资产；所有权、使用权不明确或有争议的；抵债资产本身发生的各种欠缴税费，接近、等于或超过该财产价值的；债务人公益性质的职工住宅等生活设施、教育设施和医疗卫生设施；资产已经先于银行抵押或质押给第三人的；其他无法变现或短期难以变现的资产。 （2）抵债资产的接收。确定抵债资产价值的原则：借、贷双方的协商议定价值；借、贷双方共同认可的权威评估部门评估确认的价值；法院裁决确定的价值。 在取得抵债资产过程中发生的有关费用，可以从按以上原则确定的抵押品、质押品的价值中优先扣除，并以扣除有关费用后的抵押品、质押品的净值作为计价价值，同时，将抵债资产按计价价值转入账内单独管理。 （3）抵债资产管理。 ①抵债资产的管理原则：严格控制、合理定价、妥善保管、及时处置的原则。

（续表）

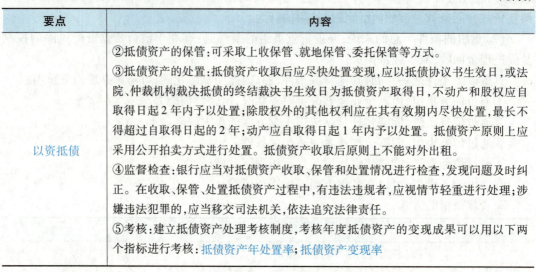

要点	内容
以资抵债	②抵债资产的保管：可采取上收保管、就地保管、委托保管等方式。 ③抵债资产的处置：抵债资产收取后应尽快处置变现，应以抵债协议书生效日，或法院、仲裁机构裁决抵债的终结裁决书生效日为抵债资产取得日，不动产和股权应自取得日起2年内予以处置；除股权外的其他权利应在其有效期内尽快处置，最长不得超过自取得日起的2年；动产应自取得日起1年内予以处置。抵债资产原则上应采用公开拍卖方式进行处置。抵债资产收取后原则上不能对外出租。 ④监督检查：银行应当对抵债资产收取、保管和处置情况进行检查，发现问题及时纠正。在收取、保管、处置抵债资产过程中，有违法违规者，应视情节轻重进行处理；涉嫌违法犯罪的，应当移交司法机关，依法追究法律责任。 ⑤考核：建立抵债资产处理考核制度，考核年度抵债资产的变现成果可以用以下两个指标进行考核：抵债资产年处置率；抵债资产变现率

3. 司法型贷款重组

破产重整是指债务人不能清偿到期债务时，债务人、债务人股东或债权人等向法院提出重组申请，在法院主导下，债权人与债务人进行协商，调整债务偿还安排，尽量挽救债务人，避免债务人破产以后对债权人、股东和雇员等人，尤其是对债务企业所在地的公共利益产生重大不利影响。

法院裁定债务人进入破产重整程序以后，其他强制执行程序，都应立即停止。

（三）呆账核销

呆账核销是指银行经过内部审核确认后，动用呆账准备金将无法收回或者长期难以收回的贷款或投资从账面上冲销，从而使账面反映的资产和收入更加真实。

1. 呆账的认定

银行经采取所有可能的措施和实施必要的程序之后，符合下列条件之一的债权或者股权可认定为呆账：

（1）破产、关闭、解散、撤销类。借款人依法宣告破产、关闭、解散或者撤销，相关程序已经终结，金融企业对借款人财产进行清偿，并对担保人进行追偿后，仍未能收回的剩余债权；法院依法宣告借款人破产后180天以上仍未终结破产程序的，金融企业对借款人和担保人进行追偿后，经法院或破产管理人出具证明或内部清收报告，仍未能收回的剩余债权。

（2）灾害事故类。借款人遭受重大自然灾害或者意外事故，损失巨大且不能获得保险补偿，或者以保险赔偿后，确实无力偿还部分或者全部债务，银行对其财产进行清偿和对担保人进行追偿后，仍未能收回的剩余债权。

（3）注销、吊销类。借款人已完全停止经营活动，被县级及县级以上市场监督管理部门依法注销、吊销营业执照，金融企业对借款人和担保人进行追偿后，仍未能收回的剩余债权。

（4）未登记年检类。借款人已完全停止经营活动或者下落不明，超过3年未履行企业年度报告公示义务的，金融企业对借款人和担保人进行追偿后，仍未能收回的剩余债权。

（5）触犯刑律类。借款人触犯刑法，依法被判处刑罚，导致其丧失还款能力，其财产不足归还所借债务，又无其他债务承担者，金融企业经追偿后，仍未能收回的剩余债权。

(6)诉讼中止、未结类。由于借款人和担保人不能偿还到期债务，金融企业诉诸法律，借款人和担保人虽有财产，但对借款人和担保人强制执行超过180天以上仍未能收回的剩余债权；或者借款人和担保人虽有财产，但进入强制执行程序后，由于执行困难等原因，经法院裁定终结（中止）执行或者终结本次执行程序的债权；或者借款人和担保人无财产可执行，法院裁定终结（中止）执行或者终结本次执行程序的债权。

(7)破产重整、和解类。金融企业对借款人和担保人诉诸法律后，借款人和担保人按照《企业破产法》相关规定进入重整或者和解程序后，破产重整协议或者破产和解协议经法院裁定通过，根据重整协议或和解协议，金融企业对剩余债权向担保人进行追偿后，仍未能收回的剩余债权。

(8)法院调解类。金融企业对借款人和担保人诉诸法律后，在法院主持下出具调解书或者达成执行和解协议并记入执行笔录，根据和解协议或调解书，金融企业对剩余债权向担保人进行追偿后，仍未能收回的剩余债权。

(9)丧失权利类。对借款人和担保人诉诸法律后，因借款人和担保人主体资格不符或者消亡等原因，被法院驳回或者判决借款人和担保人不承担（或者部分承担）责任；或者因借款合同、担保合同等权利凭证遗失或者超过诉讼时效，金融企业经追偿后，仍未能收回的剩余债权。

(10)抵债损失类。金融企业依法取得抵债资产，对抵债金额小于贷款本息的差额，符合上述(1)至(9)项原因，经追偿后仍未能收回的剩余债权。

(11)垫款损失类。开立信用证、办理承兑汇票、开具保函等发生垫款时，凡业务申请人和保证人由于上述(1)至(10)项原因，无法偿还垫款，金融企业经追偿后，仍无法收回的垫款。

(12)处置余额类。金融企业采取打包出售、公开拍卖、转让、债务减免、债转股、信贷资产证券化等市场手段处置债权或者股权后，根据转让协议或者债务减免协议，其处置回收资金与债权或股权余额的差额。

(13)小金额类。对于单户贷款余额在500万元及以下（农村信用社、村镇银行为50万元及以下）的对公贷款，经追索180天以上，仍未能收回的剩余债权。

(14)违法犯罪类。因借款人、担保人或者其法定代表人、实际控制人涉嫌违法犯罪，或者因金融企业内部案件，经公安机关或者检察机关正式立案侦查1年以上，金融企业对借款人、担保人或者其他还款义务人进行追偿后，仍未能收回的剩余债权。

(15)中小企业和涉农类。金融企业对单户贷款余额在6 000万元及以下的，经追索180天以上，仍无法收回的中小企业贷款和涉农贷款，可按照账销案存的原则自主核销；对于单户余额在5万元及以下的农户贷款，可以采用清单方式进行核销。其中，中小企业贷款是指金融企业对年销售额和资产总额均不超过2亿元的企业贷款，涉农贷款是按《中国人民银行中国银行业监督管理委员会关于建立〈涉农贷款专项统计制度〉的通知》规定的农户贷款和农村企业及各类组织贷款。

(16)投资损失类。具有投资权的金融企业对外投资，满足下列条件之一的可认定为呆账:被投资企业依法宣告破产、关闭、解散或者撤销,金融企业经清算和追偿后,仍无法收回的股权;被投资企业已完全停止经营活动,被县级及县级以上市场监督管理部门依法注销、吊销营业执照,金融企业经追偿后,仍无法收回的股权;被投资企业财务状况严重恶化,累计发生亏损,已连续停止经营3年以上,且无重新恢复经营改组计划的;或者被投资企业财务状况严重恶化,累计发生亏损,已完成破产清算或者清算期超过2年以上的,金融企业无法收回的股权;金融企业对被投资企业不具有控制权,投资期限届满或者投资期限超过10年,且被投资企业资不抵债的,金融企业无法收回的股权。

(17)长期未核类。形成不良资产超过8年,经尽职追索后仍未能收回的剩余债权和股权。

(18)国务院特批类。经国务院专案批准核销的债权。

2. 呆账核销的申报与审批

(1)呆账核销的申报。银行发生的呆账,提供确凿证据,经审查符合规定条件的,应随时上报,随时审核审批,及时从计提的呆账准备中核销。

申报材料包括:借款人或者被投资企业资料;经办行(公司)的调查报告;其他相关材料。

(2)呆账核销的审批。呆账核销审查要点有:呆账数额是否准确;贷款责任人是否已经认定、追究;银行债权是否充分受偿;呆账核销理由是否合规。

银行发生的呆账,经逐级上报,由银行总行(总公司)审批核销。对于小额呆账,可授权一级分行(分公司)审批,并上报总行(总公司)备案。一级分行不得再向分支机构转授权。

银行核销呆账,必须严格履行审核、审批手续,并填报呆账核销申报表。

不得作为呆账核销的情况:

①借款人或者担保人有经济偿还能力,银行未按《呆账核销管理办法》的规定,履行所有可能的措施和实施必要的程序追偿的债权。

②违反法律、法规的规定,以各种形式逃废或者悬空的银行债权。

③因行政干预造成逃废或悬空的银行债权。

④银行未向借款人和担保人追偿的债权。

⑤其他不应当核销的银行债权或者股权。

3. 呆账核销后的管理

(1)检查工作。呆账核销后进行的检查,应将重点放在检查呆账申请材料是否真实上。一旦发现弄虚作假现象,应立即采取补救措施,并且对直接责任人和负有领导责任的人进行处理和制裁。触犯法律的,应移交司法机关追究法律责任。

(2)抓好催收工作。呆账核销是银行内部的账务处理,并不视为银行放弃债权。对于核销呆账后债务人仍然存在的,应注意对呆账核销事实加以保密,一旦发现债务人恢复偿债能力,应积极催收。

(3)认真做好总结。做好呆账核销工作的总结,可以吸取经验教训,加强贷款管理,因而具有十分重要的意义。

典题精练

【例3·单项选择题】呆账核销后进行的检查,应将重点放在检查(　　)是否真实上。

A. 呆账金额　　B. 呆账申请资料

C. 呆账核销　　D. 呆账审批

B。【解析】呆账核销后进行的检查,应将重点放在检查呆账申请材料是否真实上。一旦发现弄虚作假现象,应立即采取补救措施,并且对直接责任人和负有领导责任的人进行处理和制裁。触犯法律的,应移交司法机关追究法律责任。

【例4·多项选择题】银行申报核销呆账,必须提供的材料有(　　)。

A. 呆账核销申报表(银行制作填报)　　B. 经办行(公司)的调查报告

C. 债权、股权发生明细材料　　D. 借款人、担保人和担保方式

E. 财产清算情况

ABCDE。【解析】银行申报核销呆账,必须提供借款人或者被投资企业资料和经办行(公司)的调查报告以及其他相关材料。其中,借款人或者被投资企业资料包括呆账核销申报表(银行制作填报)及审核审批资料,债权、股权发生明细材料,借款人(持卡人)、担保人和担保方式,被投资企业的基本情况和现状,财产清算情况等。

(四)金融企业不良资产批量转让管理

金融企业是指在中华人民共和国境内依法设立的国有及国有控股商业银行、信托投资公司、财务公司、政策性银行、农村信用社、城市信用社以及中国银保监会依法监督管理的其他国有及国有控股金融企业(金融资产管理公司除外)。资产管理公司是指具有健全公司治理、内部管理控制机制,并有5年以上不良资产管理和处置经验,公司注册资本金100亿元(含)以上,取得中国银保监会核发的金融许可证的公司,以及各省、自治区、直辖市人民政府依法设立或授权的资产管理或经营公司。

批量转让是指金融企业对一定规模的不良资产(3户/项以上)进行组包,定向转给资产管理公司的行为。

金融企业应在每批次不良资产转让工作结束后30个工作日内,向同级财政部门和中国银保监会或属地银监局报告转让方案及处置结果。

金融企业应于每年2月20日前向同级财政部门和中国银保监会或属地银监局报送上年度批量转让不良资产情况报告。省级财政部门和银监局于每年3月30日前分别将辖区内金融企业上年度批量转让不良资产汇总情况报财政部和中国银保监会。

典题精练

【例5·单项选择题】金融企业应在每批次不良资产转让工作结束后(　　)个工作日内,向同级财政部门和中国银保监会或属地银监局报告转让方案及处置结果。

A. 15　　B. 20

C. 30　　D. 40

C。【解析】金融企业应在每批次不良资产转让工作结束后30个工作日内,向同级财政部门和中国银保监会或属地银监局报告转让方案及处置结果。

本节速览

现金清收	债权维护	常规清收	财产保全
重组	以资抵债	破产重整	呆账核销

三、不良贷款的责任认定(中级考试内容)

(一)不良贷款的责任认定

责任认定及追究对象是指在贷款调查分析、决策审批、放款支付、贷后管理以及日常管理中存在责任行为且负有责任的各环节信贷人员。主要包括贷款调查分析及维护的信贷人员及其主管领导、各级拥有授权权限的审批人员。

责任行为是指信贷人员在贷款调查分析、决策审批、放款支付、贷后管理以及日常管理中存在的违反授信业务管理和操作流程的有关规定、或违反授信尽职有关规定、或发生职业道德风险并且与不良贷款的形成具有因果关系、或对不良贷款形成存在重大关联关系的行为。

按照“首问负责”原则,存量贷款客户由调查分析的信贷员进行维护和管理并承担相应责任,原则上不移交。

根据责任人的主观心态,责任行为界定包括:

(1)渎职,是指相关人员明知其行为会发生危害银行利益的结果并且放任这种结果发生的行为。渎职需承担重大责任。

(2)不尽职行为,是指相关人员行为虽不存在故意,但违背、偏离其基本职业规范和岗位职责要求,未能完整有效地履行其岗位职责,导致银行利益受到损害的行为。不尽职要承担一般责任。

(二)小微企业授信尽职免责工作

1. 小微企业授信尽职免责工作的含义

小微企业授信尽职免责工作是指商业银行在小微企业授信业务出现风险后,经过有关工作流程,有充分证据表明授信部门及工作人员按照有关法律法规、规章和规范性文件以及银行内部管理制度勤勉尽职地履行了职责的,应免除其全部或部分责任,包括内部考核扣减分、行政处分、经济处罚等责任。

2. 小微企业授信尽职免责工作的适用范围

小微尽职免责适用于商业银行小微企业授信业务营销、受理、审查审批、作业监督、放款操作、贷款后管理等环节中承担管理职责和直接办理业务的工作人员,包括但不限于分管小微企业授信业务的机构负责人、管理部门及经办分支机构负责人、小微企业授信业务管理人员、小微企业授信业务经办人员。

符合以下情况的负责人可以免责:商业银行小微企业授信业务风险状况未超过本行所设定不良容忍度目标的,在不违反有关法律法规、规章和规范性文件规定的前提下,原则上对相关小微企业授信业务管理部门或经办机构负责人不追究领导或管理责任。

3. 小微企业授信尽职免责工作的特殊规定

符合下列情形之一的,商业银行在责任认定中可对小微企业授信业务工作人员免除全部或部分责任：

(1)无确切证据证明工作人员未按照标准化操作流程完成相关操作或未勤勉尽职的。

(2)自然灾害等不可抗力因素直接导致不良资产形成，且相关工作人员在风险发生后及时揭示风险并第一时间采取措施的。

(3)信贷资产本金已还清、仅因少量欠息形成不良的，如相关工作人员无舞弊欺诈、违规违纪行为，并已按商业银行有关管理制度积极采取追索措施的。

(4)因工作调整等移交的小微企业存量授信业务，移交前已暴露风险的，后续接管的工作人员在风险化解及业务管理过程中无违规失职行为；移交前未暴露风险的，后续接管的工作人员及时发现风险并采取措施减少了损失的。

(5)参与集体决策的工作人员明确提出不同意见(有合法依据)，经事实证明该意见正确，且该项决策与授信业务风险存在直接关系的。

(6)在档案或流程中有书面记录、或有其他可采信的证据表明工作人员对不符合当时有关法律法规、规章、规范性文件和商业银行管理制度的业务曾明确提出反对意见，或对小微企业信贷资产风险有明确警示意见，但经上级决策后业务仍予办理且形成不良的。

(7)有关法律法规、规章、规范性文件规定的其他从轻处理情形。

小微企业授信业务工作人员存在以下失职或违规情节的，不得免责：

(1)借用小微企业业务流程、产品为大中型企业办理授信业务、出现风险的(存量小微企业自然成长为大中型企业的除外)。

(2)有证据证明管理人员或经办人员弄虚作假、与企业内外勾结、故意隐瞒真实情况骗取授信的。

(3)在授信业务中存在重大失误，未及时发现借款人经营、管理、财务、资金流向等各种影响还款能力的风险因素的。

(4)在授信过程中向企业索取或接受企业经济利益的。

(5)其他违反有关法律法规、规章和规范性文件规定的行为。

典题精练

【例6·多项选择题】小微企业授信尽职免责适用于商业银行小微企业授信业务(　　)等环节中承担管理职责和直接办理业务的工作人员。

A. 审查审批　　B. 营销

C. 放款操作　　D. 贷款后管理

E. 受理

ABCDE。【解析】小微尽职免责适用于商业银行小微企业授信业务营销、受理、审查审批、作业监督、放款操作、贷款后管理等环节中承担管理职责和直接办理业务的工作人员，包括但不限于分管小微企业授信业务的机构负责人、管理部门及经办分支机构负责人、小微企业授信业务管理人员、小微企业授信业务经办人员。

本节速览

责任认定	责任行为	渎职	尽职免责

同步自测

一、单项选择题（在以下各小题所给出的四个选项中，只有一个选项符合题目要求，请将正确选项的代码填入括号内）

1. 下列关于诉讼时效的说法中，正确的是（　　）。
   A. 向人民法院申请保护债权的诉讼时效期间通常为1年
   B. 诉讼时效一旦届满，人民法院将会强制债务人履行债务
   C. 债务人自愿履行债务的，不受诉讼时效的限制
   D. 债权银行提起诉讼、向债务人提出清偿要求或者债务人同意履行债务的，诉讼时效仍不中断
2. 下列资产保全人员在维护债权上的行为存在明显失误的是（　　）。
   A. 妥善保管能够证明主债权和担保债权客观存在的档案材料
   B. 确保主债权和担保权利具有强制执行效力
   C. 由于工作疏忽，超过诉讼时效
   D. 防止债务人逃废债务
3. 关于依法收贷的程序，错误的做法是（　　）。
   A. 人民法院审理案件，一般应在立案之日起12个月内作出判决
   B. 银行如不服一审判决，有权在判决书送达之日起15日内向上一级人民法院提起上诉
   C. 债权人请求债务人给付金钱和有价证券，如果债权人和债务人没有其他债务纠纷的，可以向有管辖权的人民法院申请支付令
   D. 对于依法设立的仲裁机构的裁决书，债务人必须履行；拒绝履行的，银行可以向人民法院申请强制执行
4. 银行债权应首先考虑以（　　）形式受偿，从严控制以（　　）抵债。
   A. 货币；物　　　　B. 物；货币
   C. 债权；资产　　　　D. 资产；债权
5. 下列关于抵债资产管理的说法中，正确的是（　　）。
   A. 银行处置抵债资产应坚持分开透明的原则
   B. 抵债资产必须经过严格的资产评估，以历史成本和市场价格相结合的方式合理定价
   C. 动产应自取得日起2年内予以处置
   D. 抵债资产收取后原则上不能出售，但是可以对外出租

二、多项选择题（在以下各小题所给出的选项中，至少有两个选项符合题目要求，请将正确选项的代码填入括号内）

1. 常规现金清收应注意（　　）。
   A. 分析债务人拖欠贷款的真正原因
   B. 判断债务人短期和中长期的清偿能力
   C. 利用政府和主管机关向债务人施加压力
   D. 从债务人今后发展需要银行支持的角度，引导债务人自愿还款
   E. 将依法收贷作为常规清收的后盾

2. 下列关于清收方法的说法中，正确的有（　　）。

A. 根据是否诉诸法律，可以将清收划分为常规清收和依法收贷两种

B. 常规清收包括直接追偿、协商处置抵（质）押物、委托第三方清收等方式

C. 采取常规清收的手段无效以后，要采取依法收贷的措施

D. 胜诉后债务人自动履行的，无须申请强制执行

E. 债权银行不可以不经起诉而直接向人民法院申请支付令

三、判断题（请判断以下各小题的正误，正确的选 A，错误的选 B）

1. 所有权、使用权不明确或有争议的资产，不能用于抵偿债务。（　　）

A. 正确　　B. 错误

2. 银行每两个季度应至少组织一次对抵债资产的账实核对，并做好核对记录。（　　）

A. 正确　　B. 错误

3. 对于核销呆账后债务人仍然存在的，应注意对呆账核销事实加以保密，一旦发现债务人恢复偿债能力，应积极催收。（　　）

A. 正确　　B. 错误

4. 渎职是指相关人员行为虽不存在故意，但违背、偏离其基本职业规范和岗位职责要求，未能完整有效地履行其岗位职责，导致银行利益受到损害的行为。（　　）

A. 正确　　B. 错误

答案详解

一、单项选择题

1. C。【解析】向人民法院申请保护债权的诉讼时效期间通常为 3 年。诉讼时效一旦届满，人民法院不可以强制债务人履行债务，但债务人自愿履行债务的，不受诉讼时效的限制。债权银行提起诉讼、向债务人提出清偿要求或者债务人同意履行债务的，诉讼时效中断；从中断时起，重新计算诉讼时效期间。

2. C。【解析】资产保全人员应从以下几个方面维护债权：(1) 应妥善保管能够证明主债权和担保债权客观存在的档案材料。(2) 确保主债权和担保权利具有强制执行效力。(3) 防止债务人逃废债务等。

3. A。【解析】人民法院审理案件，一般应在立案之日起 6 个月内作出判决。

4. A。【解析】银行债权应首先考虑以货币形式受偿，从严控制以物抵债。

5. A。【解析】抵债资产必须经过严格的资产评估来确定价值，评估程序应合法合规，要以市场价格为基础合理定价。动产应自取得日起 1 年内予以处置。抵债资产收取后原则上不得对外出租。

二、多项选择题

1. ABCDE。【解析】常规现金清收应注意以下几点：(1) 分析债务人拖欠贷款的真正原因，判断债务人短期和中长期的清偿能力。(2) 利用政府和主管机关向债务人施加压力。(3) 从债务人今后发展需要银行支持的角度，引导债务人自愿还款。(4) 将依法收贷作为常规清收的后盾。

2. ABCD。【解析】对于借贷关系清楚的案件，债权银行可以不经起诉而直接向人民法院申请支付令。

三、判断题

1. A。【解析】所有权、使用权不明确或有争议的资产不得用于抵偿债务。

2. B。【解析】银行每个季度应至少组织一次对抵债资产的账实核对，并做好核对记录。

3. A。【解析】呆账核销不代表银行放弃债权。对于核销呆账后债务人仍然存在的，应注意对呆账核销事实加以保密，一旦发现债务人恢复偿债能力，应积极催收。

4. B。【解析】不尽职行为是指相关人员行为虽不存在故意，但违背、偏离其基本职业规范和岗位职责要求，未能完整有效地履行其岗位职责，导致银行利益受到损害的行为。